骆旭旭◎著

自然垄断产业的管制
与反垄断法适用平衡机制研究

ZIRAN LONGDUAN CHANYE DE GUANZHI
YU FANLONGDUANFA SHIYONG PINGHENG JIZHI YANJIU

吉林大学出版社

·长春·

图书在版编目（CIP）数据

自然垄断产业的管制与反垄断法适用平衡机制研究 /
骆旭旭著. -- 长春 : 吉林大学出版社，2020.8
ISBN 978-7-5692-6953-6

Ⅰ. ①自… Ⅱ. ①骆… Ⅲ. ①垄断行业－政府管制－
关系－反垄断法－研究－中国 Ⅳ. ①F121.3
②D922.294.4

中国版本图书馆CIP数据核字(2020)第165804号

书　　名：自然垄断产业的管制与反垄断法适用平衡机制研究
　　　　　ZIRAN LONGDUAN CHANYE DE GUANZHI YU FANLONGDUANFA
　　　　　SHIYONG PINGHENG JIZHI YANJIU

作　　者：骆旭旭 著
策划编辑：李伟华
责任编辑：李伟华
责任校对：田娜
装帧设计：中北传媒
出版发行：吉林大学出版社
社　　址：长春市人民大街4059号
邮政编码：130021
发行电话：0431-89580028/29/21
网　　址：http://www.jlup.com.cn
电子邮箱：jdcbs@jlu.edu.cn
印　　刷：天津雅泽印刷有限公司
开　　本：787mm×1092mm　　1/16
印　　张：15
字　　数：220千字
版　　次：2020年8月　第1版
印　　次：2020年8月　第1次
书　　号：ISBN 978-7-5692-6953-6
定　　价：60.00元

绪 论

政府与市场是配置资源的两种基本手段。合理地处理好政府和市场两种手段之间的相互关系是每一个政府都必须面对的问题，也是经济法学固有的课题。由于我国的市场经济脱胎于传统的计划经济，因此我国市场经济体制改革的目的更多是减少政府对市场干预，发挥市场自由竞争机制的基础作用。党的十八届三中全会指出，要紧紧围绕市场在资源配置中所起的决定性作用，深化经济体制改革，坚持和完善基本经济制度，加快完善现代市场体系、宏观调控体系、开放型经济体系，加快转变经济发展方式，加快建设创新型国家，推动经济更有效率、更加公平、更可持续发展。但是，发挥市场机制的基础性作用并不意味着政府完全放弃对市场的有效管制。从 20 世纪 90 年代开始，我国对自然垄断产业（包括电信、电力、铁路、民航、邮政、管道燃气、信息网络等）实行政企分开的改革，一方面引进非国有资本开放市场竞争；另一方面逐步调整和设立相应的管制机构进行管制。产业管制和市场机制并行是我国自然垄断行业的改革趋势和发展方向。

2008 年 8 月 1 日，《中华人民共和国反垄断法》（以下简称《反垄断法》）正式生效，成为维护我国市场自由竞争的基本法律。产业管制的措施和行为会对市场竞争产生限制或促进的作用，不可避免地会与《反垄断法》的实施发生冲突与协调的互动关系。处理好《反垄断法》与产业管制之间的关系，是经济法学的基础理论问题，也是有效实施我国《反垄断法》的现实需求。虽然我国《反垄断法》第 7 条涉及了自然垄断行业和专营行业的规定，但是关于产业管制与反垄断审查之间的关系，我国《反垄断法》缺乏具体、明确的规定。如何对我国《反垄断法》的现有条文进行具有可操作性的解释，建构产业管制与有效实施《反垄断法》的平衡机制，对于优化我国《反垄断法》实施机制、促进我国垄断产业的体制改革具有十分重要的现实意义和理论价值。

一、问题意识：本书拟研究和解决的问题

政府产业管制与反垄断维护市场自由竞争之间的关系一直是经济学、政治学和经济法学的热点问题，并且随着经济形势变化及基础理论的革新而经久不衰。20 世纪 70 年代以后，在新自由主义理论的影响下，全球兴起了"去管制化"的自由化浪潮。2008 年爆发了全球性金融危机，自由化带来金融系统的种种问题，引起了学者"再管制化"呼声。在"去管制化"和"再管制化"博弈的宏观经济背景下，管制与反垄断法适用问题的研究再次引起了国内外学者的兴趣。

国外学者一般都结合本国的具体国情和宏观经济背景，对两者的关系进行研究。例如，美国实施判例法体系并具有发达的反垄断私人诉讼制度，美国垄断产业管制与反垄断法实施之间的关系除了体现在立法方面，更多地体现在美国法院的判例中。美国学者如谢兰斯基（Shelanski）教授、维瑟（Weiser）教授、布伦南（Brennan）教授等通过对美国法院的典型反垄断判例进行分析，研究美国反垄断法演变的理论根源。其中，2004 年以后的 Trinko 和 Credit Suisse 案，美国法院的态度转变引起了学者的理论争论，也成为研究的热点。欧盟竞争法作为推动欧盟经济一体化的重要手段，欧盟学者更侧重于研究如何更有效地实施欧盟竞争法，放松成员国政府对自然垄断行业的管制，推动欧洲经济一体化的进程。❶ 而作为经济转型国家，俄罗斯学者的研究集中体现在传统计划经济的自然垄断产业私有化后，如何协调产业管制与俄罗斯竞争法之间的关系。

---

❶ Rosemary O' Loughlin., EC Competition Rules and Free Movement Rules: An Examination of the Parallels and Their furtherance by the ECJ Wouters Decision. E.C.L.R. 2003, 24(2).

同时，在 WTO 谈判进程受阻，区域经济一体化协议勃兴的国际法背景下，一些新兴的区域贸易协议中开始将竞争议题，特别是竞争中立条款作为区域经济一体化协议中的重要内容。美国主导的《跨太平洋伙伴关系协定》(Trans-Pacific Partnership Agreement，TPP)中纳入竞争中立条款，意在要求缔约国的国有企业公平公正地参与市场竞争，这一条款被后续的 CPTPP 协议所承接。实践中，大多数的自然垄断产业控制在国有企业之中，这些产业在受到行政管制的同时也得到政府在价格、准入等方面的特殊保护。自由贸易协定中的竞争中立条款必然要求政府对自然垄断产业进行管制改革，并高效适用反垄断法。为此，研究区域贸易协定中的竞争中立条款对自然垄断产业管制改革的影响就显得十分必要。

我国学者早在《反垄断法》起草过程中就已经注意到我国产业管制与《反垄断法》之间冲突协调关系的问题，并进行了研究。关于该课题的研究，我国学者主要集中在以下几个方面：第一，通过介绍自然垄断产业改革和产业管制机制设置的国际经验，研究我国自然垄断产业的改革路径和改革模式；第二，研究竞争政策与产业政策的冲突与协调关系，从理论上分析竞争政策与产业政策的互动关系；第三，借鉴国外的理论与经验，研究政府管制与竞争政策或反垄断法之间的冲突与协调关系。

学术界现有的相关成果为我们提供了丰富的文献材料，可供本书研究的借鉴。经过资料收集和整理，反垄断法在自然垄断产业中的适用仍存在一些需要进一步理顺和研究的问题。本书拟以问题为导向，尝试对以下几个问题进一步分析和研究，以期在反垄断法修改背景下，为我国自然垄断产业中的反垄断适用问题提供有益的借鉴。

第一，在竞争政策国际化趋势下，研究自然垄断产业反垄断适用的最新发展趋势以及我国如何应对。在全球化背景下，讨论自然垄断产业的管制与反垄断法实施互动关系不仅应在本国的背景下，而且应考虑国际竞争政策的最新发展趋势以及这种发展趋势对我国的影响。

第二，从实证分析的角度看，我国应如何进一步完善自然垄断产业的《反垄断法》实施机制。早期的研究大都始于《反垄断法》颁布之前,为我国反垄断法提供了立法建议。我国《反垄断法》开始实施后,具体行业的产业管制与《反垄断法》实施的现状和未来趋势需要做更进一步的实证分析,只有这样,才能提出优化我国反垄断法在自然垄断产业实施机制的可操作性方案。

第三,针对自然垄断产业管制机构实施的管制行为,我国司法机关应在一定范围与程度上进行反垄断司法审查。我国反垄断法的实施机制不仅包括行政方式,也应包括司法方式。我国上述研究更多局限于反垄断执法机构与产业管制机构之间的协调,而关于产业管制行为司法审查必要性及限度的研究还比较少。但是,我国司法机关一方面有必要对产业管制机构的管制行为进行司法审查,防止管制行为限制竞争;另一方面必须保持一定的谨慎和克制,尊重产业管制机构的专业和权限。因此,司法机关对管制行为的反垄断司法审查应具有一定的限度。我国如何设置这种限度,以保证《反垄断法》的有效实施,也是本书希望通过研究解决的问题。

第四,关于新兴互联网产业的管制与《反垄断法》适用问题。互联网产业中具有"规模经济""网络黏性"等互联特征,形成了基础互联网平台(如谷歌、腾讯等)在市场上拥有的绝对竞争优势,具备自然垄断产业的部分特征,在一定程度上被视为新形态的自然垄断性产业。但是,互联网市场单边免费和双边市场的特征,又使得互联网产业的《反垄断法》适用不同于传统自然垄断产业。借助谷歌市场支配地位案、腾讯—奇虎的互联网反垄断案,对互联网行业的《反垄断法》适用问题进行研究,可以为我国互联网产业的《反垄断法》适用机制提供一定的借鉴。

上述问题是本书研究的方向和目标。全书试图在竞争政策国际化的背景下,以我国《反垄断法》的实施现状和自然垄断产业的管制发展为基础,分析国外的最新实践和理论,提出优化我国自然垄断产业管制与《反垄断法》实施平衡机制的建议。

二、本书的结构及结论

上述几个问题既相互关联，又具有一定的独立性。沿着问题的先后顺序，采取理论分析到具体适用的研究思路，本书将研究内容划分为以下五个部分，每一部分单独成章。

第一部分，关于自然垄断产业管制与《反垄断法》实施互动关系的基础理论。这一部分主要分析自然垄断产业管制与《反垄断法》实施的基础概念，比较美国、欧盟等发达国家及地区，俄罗斯等转型国家产业管制与《反垄断法》实施互动关系的不同模式及特点，研究竞争政策国际化对各国产业管制与《反垄断法》实施互动关系的影响。

通过本章的研究得出了以下几个结论：第一，去管制化和自然垄断产业的市场化改革是国际趋势。在新自由经济理论和管制经济学的影响下，各国从 20 世纪开启了自然垄断产业的市场化进程。第二，自然垄断产业的市场化过程应结合本国的经济制度、政治制度和产业政策的国情。各国自然垄断产业的市场化程度与进程存在很大的差异。总体上分析，发达国家的市场化进程更彻底，而发展中国家及转型国家仍处于市场化的进程中。第三，自然垄断产业的市场化进程从本质上分析是在自然垄断产业的可竞争领域内引入竞争机制。因此，自然垄断产业的市场化进程必然带来反垄断法在自然垄断产业的适用。反垄断法适用存在行政执法和司法适用两种模式。实践中出现了加强管制基础上，两种模式相互融合的发展趋势。第四，由于竞争法成为各国的普遍法律制度，区域贸易协定中引入竞争机制成了国际立法的新趋势。CPTPP、USMCA 等自由贸易协定中纳入"竞争中立条款"，要求各国逐渐减少对自然垄断产业的干预，对发展中国家的自然垄断产业改革形成了一定的压力和动力。第五，反垄断法的价值基础是反垄断法适用的基础问题。反垄断法的价值基础包括：竞争者福利理论、消费者福利理论和社会整体福利理论。我国自然垄断产业适用反垄断法的价值基础宜采用社会整体福利理论。

第二部分，关于自然垄断产业管制与反垄断法实施的一般关系及管制行为在反垄断法中的豁免或除外适用制度。这部分分析了产业管制与反垄断法实施的对立统一关系以及管制行为豁免适用反垄断法的原则和条件。

通过本章的研究得出以下几个基本结论：第一，各国在自然垄断产业中的反垄断豁免适用都具有本国国情的特殊性。美国、日本、欧盟和发展中国家由于历史传统、经济发展阶段不同，自然垄断豁免的范围也有差异。美国体现在政府管制行为的豁免制度，日本主要协调产业政策与反垄断法的关系，而欧盟则更侧重于促进欧盟的一体化，减少成员国补贴的影响。第二，随着自然垄断产业的市场化改革推进，各国自然垄断产业的豁免范围也发生变化：各国的整体趋势是逐渐缩小反垄断法的适用范围；反垄断法在自然垄断产业的适用原则从一般豁免，例外适用转为一般适用、例外豁免。第三，我国《反垄断法》第 7 条关于国有经济的条款，不能视为我国自然垄断产业的豁免条款。随着我国自然垄断产业改革的推进，我国应加强在自然垄断产业中的反垄断法适用。我国应严格限制反垄断豁免，理顺产业政策立法与反垄断法豁免之间的关系，完善行政垄断执法制度。

第三部分，关于产业管制机构与反垄断执法机构的关系研究。这部分主要研究产业管制机构与反垄断执法机构之间的分权关系与协作关系。

通过本章的研究得出以下几个基本结论：第一，自然垄断产业中的产业管制机构与反垄断执法机构的执法模式可以分为排他性执法模式、分权模式和共存执法模式三种。在竞争法优先的原则下，产业管制机构与反垄断执法机构之间形成协调、冲突和竞权三种不同的关系。不同国家的国情和行政体制不同，反垄断执法模式不同。第二，我国反垄断法早期采用的"双层三机构"执法模式存在管辖权冲突和权责混淆等缺陷，反垄断法执行效率低；2018 年国务院机构改革后，国家市场监督管理总局反垄断局成为唯一的反垄断法执法机构。但是，反垄断执法机构仍缺乏独立性、权威性和专业性，有必要进一步完善我国的反垄断执法机制。同时，我国反垄断执法机构与管制机构之间的关系需要进一步区分，这样有利于《反垄断法》在自然垄断产业中更好地实施。第三，鉴于我国正进行市场化改革的基本国情，目前我国采用的是强行业管制机构、弱反垄断执法机构的模式。随着我国自然垄断产业的改革推进，我国应逐步建立弱行业管制机构、强反垄断执法机构的执法模式。现阶段，我国应努力构建行业管制机构与反垄断执法机构各司其职、沟通协调、相互监督的友好互动关系。

第四部分，关于管制行为的反垄断司法审查限度研究。产业管制机关一般拥有制定管制规则、执行管制规则的广泛权限。产业管制机关的管制行为如果对市场竞争构成限制，司法审查的限度如何确定是一个重要问题。这一部分借助我国行政诉讼法和公法上的比例原则，分析了我国管制行为的反垄断司法审查限度问题。

通过本章的研究得出以下几个基本结论：第一，管制行为的司法审查限度可以划分为横向限度和纵向限度。横向限度是司法审查的受案范围；纵向限度是司法审查的强度。第二，管制机构的管制行为可以划分为制定管制规则的准立法行为、管制行政行为和管制裁决行为。第三，在我国刑事、民事和行政诉讼法相互独立的语境下，管制机构的司法审查限度主要体现在行政诉讼法关于反垄断行为的受案范围及审查强度上。第四，结合 2017 年修订的《中华人民共和国行政诉讼法》（以下简称《行政诉讼法》）以及《反垄断法》中关于行政垄断的规定，我国应完善《行政诉讼法》第 12 条"行政机关滥用行政权力排除或者限制竞争"的解释，尽可能扩大行政诉讼的受案范围，并根据管制行为的类型不同，将司法审查强度划分为"最低司法审查强度""中等司法审查强度"和"严格的司法审查强度"三种类型。

第五部分，该部分对新兴的互联网反垄断法适用问题进行了针对性的分析。该部分主要借助谷歌案件、腾讯—奇虎的滥用市场支配地位案件，分析我国反垄断法在互联网行业的适用问题。

通过本章的研究得出以下几个结论：第一，互联网经济产业由于平台效用、锁定效用和双边市场效应，在一定程度上具备了自然垄断产业的特征。但互联网经济产业不同于传统的自然垄断产业，传统的自然垄断产业的反垄断分析方法不能完全适用于互联网平台经济。第二，行为经济学对传统经济学的"理性人假设"进行修正，能更有效地解释平台产业的"用户依赖""支配地位"等概念，可以在一定程度上解释和分析互联网平台经济的行为。第三，分析谷歌案、腾讯—奇虎案等典型案例，可知互联网"赢者通吃"的网络效应使之成为一种新类型的自然垄断产业。我国法院在审理相关案件时，有必要考虑互联网经济的上述特征，借助行为经济学进行分析，以得出更好的结论。

目　录

第一章　反垄断法在自然垄断产业适用的基础理论

第一节　政府管制与放松管制的基础理论

一、自然垄断产业的市场失灵及经济管制

政府管制（government regulation）是指具有法律地位的、相对独立的政府机构，依照一定的法律、法规对被管制者所采取的一系列行政管理与监督行为。[1]从广义上说，政府管制包括经济性管制和社会性管制两种。经济性管制包括投资管制、价格管制及行业进入管制；社会性管制则主要包括环境管制、产品质量管制等。从经济学意义上分析，不管是经济性管制或者是社会性管制，管制的本质就是政府的行政力量借助市场机制，对资源配置进行的一种管控行为。

（一）自然垄断产业的竞争失灵

根据市场经济理论，一个国家采取市场经济意味着政府应尽可能地减少对市场的强行干预，由市场作为资源配置的主要方式对市场资源进行配置。自由竞争理论的思想最早起源于古典经济学理论。以亚当·斯密为首的古典经济学家试图论证通过完全竞争的市场机制，可以达到资源的最优配置。在《国富论》中，亚

---

[1] 刘桂清 . 反垄断法中的产业政策与竞争政策［M］. 北京：北京大学出版社，2010.

当·斯密认为市场作为"看不见的手",可以有效配置资源,保证物尽其用。但是,在一些特殊的行业中,市场作为配置资源的方式是无效率或低效率的。自然垄断产业就是市场机制失灵的主要表现之一。

自然垄断是一个古老的经济学和法学命题。但是,如何界定自然垄断产业的范围,一直是经济学和法学探讨的问题。直到目前,自然垄断产业的定义仍处于发展阶段。1848 年穆勒(J.S.Mill)在《政治经济学原理》一书中最早使用"自然垄断"一词,认为在许多私人没有能力投资或不愿意投资的领域,如公路、公共供水、供电、机场、铁路等,应由政府介入,进行投资运营。穆勒列举了一系列自然垄断的产业,但是并没有对自然垄断产业的定义和特征进行归纳。1902 年,托马斯·法勒(Thomas Farrer)描述了自然垄断行业的五个基本特征:(1)该产业能够提供某种必需的产品或服务;(2)该产业所处的生产环境和地理条件具有天然优势;(3)该产业产品无法储存;(4)该产业存在规模经济特征;(5)顾客需要可靠和稳定的供给安排,通常只能在垄断的条件下实现。托马斯认为其中最重要的特征便是这些产业的生产必须具有规模经济的特点。应该说,托马斯提出的自然垄断产业的五个特征对于早期传统的自然垄断产业表述得比较精确,现实中的绝大多数传统自然垄断产业均具备这些特征。托马斯分析了自然垄断的特征后认为,自然垄断行业中竞争是低效率的,只有政府投资或私人垄断经营,才不会导致市场失灵或投资不足。

在托马斯理论的基础上,后来的经济学家对自然垄断产业的经济特性也进行了分析。如克拉克森和米勒认为:如果规模经济足够大,使得长期平均成本曲线在相应的范围内向下倾斜,那么,就仅有一家厂家能够生存下去。这个幸存者就会把产出扩张到最大,因而达到平均总成本的最大下降,并用廉价出售的方法进行竞争,最终把对手都挤出该行业。这种情况形成的垄断就是自然垄断。❶根据上述学者的观点,自然垄断的基本特性是生产函数一般呈规模报酬递增状态,即生产规模越大,单位产品的成本就越小。

---

❶ [美]W.基普·维斯库斯著.陈甬军等译.反垄断与管制经济学[M].北京:中国人民大学出版社,2010:35-60.

与规模经济决定论不同，一些经济学家对自然垄断有不同的描述。如沃特森（Waterson）认为，自然垄断是这样一种状况：单个企业能比两家或两家以上的企业更有效率地向市场提供相同数量的产品。这些学者认为自然垄断的最显著特征是成本的劣加性。以电力产业为例，电力行业的网络固定设施成本很高，如果开放多家电力企业同时竞争，同时进行网络固定设施建设，会产生重复建设，导致浪费和不经济。在自然垄断产业中，资产沉淀性或专用性指的是传输网络及相关设备等固定资产投资只能用于特定行业的产品或服务，投资一旦形成就难以用于其他行业。资产专用性或沉淀性的存在意味着固定资产投资的风险和代价都很高，投资一旦失败，就要承担巨额的亏损。资产专用性使得自然垄断产业有很强的进入壁垒。资产沉淀性或专用性的特征会导致市场配置资源手段失灵。

随着经济学的发展，学者发现自然垄断产业的特征不仅体现在资产专用性上，而且在其他方面也有一定的扩展。现代经济的网络效应使得网络外部性也成为自然垄断产业的主要特征之一。网络外部性是新经济中的重要概念，它是指连接到一个网络的价值，取决于已经连接到该网络的其他用户的数量。网络外部性的大小意味着网络使用价值的大小。通常用梅卡夫法则来衡量网络使用价值，即网络的价值与其用户数量的平方成正比。这意味着，规模更大的网络能为用户提供更大的价值，即具有更大的外部性。也就是说，一个网络拥有越多的用户，就越能吸引新用户加入该网络，新用户的加入又使原有用户在不用增加付费的情况下增加了可连接性。这样，在位厂商就可以利用其掌握基础网络的优势，通过设置障碍增加新厂商的网络与其所有的网络相连接的难度和成本，以阻碍新的用户加入新厂商的网络，从而维持其垄断地位。

早期经济学者认为，存在成本劣加性和规模经济效应的自然垄断产业，如电力、电信、铁路、航空、邮政等，应由国家直接垄断经营或私人垄断经营。由市场的单一垄断主体提供产品比市场多个主体进行竞争提供产品更有效率。网络外部性的特征导致了互联网经济中"赢者通吃"的局面，在事实上形成"一家独大"的垄断。例如，腾讯并不存在成本劣加性的自然垄断特点，但是，其网络黏性的特点使得腾讯成为事实上的新型自然垄断企业。自然垄断情况下，单一的市场主体提供产品，市场配置资源的作用便无法发挥。因此，为防止垄断经营产生价格过高、质量低下等市场失灵问题，管制部门应对自然垄断行业进行必要的管制。

（二）管制行为的经济合理性分析

在经济学上，政府管制作为一种行政对经济的强制手段一直饱受争议。自由主义学派的经济学者和凯恩斯主义学派的学者在这方面一直存在不同的观点。凯恩斯主义学派的观点认为，由于自由市场会出现市场失灵的现象，因此需要政府进行管制，限制市场失灵。而自由主义学派学者则持反对的意见，自由主义学派学者认为市场作为一个自主体系，政府应尽量减少对市场自主的运行限制。1982年诺贝尔经济学奖得主斯蒂格勒于1971年发表的《经济管制论》首次运用经济学方法分析管制的产生，并开创了管制经济学。随后，由于美国的经济管制与放松管制的交替发展，管制理论迅速发展成为现代产业组织理论中的一个重要的研究领域。

自然垄断产业管制的经济理论基础起源于管制的公共利益理论。根据市场失灵理论，当市场出现垄断、信息不对称等失灵情况时，政府对市场进行管制与干预就具有潜在的合理性。自然垄断产业中，由于存在巨大的固定成本与沉没成本，任由市场自由进入和竞争会产生巨大的社会福利浪费。而单一的垄断企业虽然可以防止固定成本重复投入的浪费，但是必须通过价格管制、产品质量管制等管制行为防止垄断企业滥用其垄断力量。因此，政府管制可以提高社会的公共福利，具有公共利益属性。

随后，一些经济学者从交易成本的角度论证了政府管制代替市场竞争的合理性。经济学者认为，管制不仅可以对市场失灵进行必要的纠正，而且还可以有效地降低交易成本。这些学者研究后发现，由于法律的制定和执行程序烦琐，耗时冗长，由专业的管制机构对市场进行管制更有效率。❶因此，在自然垄断产业，由管制机构替代市场竞争交易成本更低、更有效。

从 19 世纪 80 年代开始，美国开始走上了经济管制之路。1887 年，美国铁路行业成为第一个受到政府管制的行业。随后，美国开始了管制浪潮，受到管制的行业不断增加。20 世纪 70 年代，美国受到管制行业的生产总值占美国国内生产总值的 17%。在日本，鉴于长期的政府主导背景，日本受到管制的产业范围远远高于美国。1985 年，日本所有受到管制行业的生产总值占日本国内生产总值的 30%。在许多发展中国家，由于民间资本弱，因此政府管制的力度往往比日本更高。但是管制产业的绩效低下也成为突出的问题。根据经济学者研究，受到管制的产业有以下几个问题难于解决：第一，资源配置低效率。经济学家对比受到管制产业的绩效和民营企业的绩效发现，民营企业的绩效远远高于受到管制的产业。第二，管制行为本身存在管制失灵的现象。一方面管制机构臃肿、行政费用不断增加，而管制反应却越发迟钝；另一方面管制中出现权力寻租、俘获与腐败现象。

二、管制失灵和放松管制的相关理论

20 世纪 80 年代以后，美国等国家出现了"经济滞涨"的现象。为了解决经济滞涨，各国政府开始放松管制。发展中国家在 20 世纪后半叶，出现了债务危机和金融危机，也凸显了政府管制在经济资源配置的低效。为了解决上述经济困境，新自由主义理论重新兴起，并席卷全世界。同时，随着各国经济的发展及垄断行业的技术进步与革新，垄断性行业由国家垄断经营的做法遭到了越来越多的质疑。此后，垄断性行业开始了去管制化的进程。2005 年起，康成（Conway）、贾诺德（Janod）和尼克莱蒂（Nicoletti）建立规制指数测度经济合

---

❶　Goneng Gurkaynak, Derya Durlu and Margaret Hagan, Antitrust on the Internet: a Comparative Assessment of Competition Law on the Internet Realm, Bussiness Law International 2013(1), pp.51-90.

作组织（OECD）主要国家垄断行业的去管制化情况。根据其研究结论，OECD的 30 个国家平均管制指数从 1975 年的 5.3，下降到 2007 年的 2.08。各国的管制指数呈现出明显的下降趋势。经济理论为管制失灵和放松管制提供了有力的解释框架。

（一）管制俘获理论

随着各国管制实践的深入，人们发现管制失灵给经济带来的障碍甚至高于市场失灵。管制俘获理论解释了管制失灵的主要原因。管制俘获理论的起源可以追溯到马克思的相关观点。马克思强调利益集团在公共政策形成方面的作用。但是真正将其理论化的是诺贝尔经济学奖获得者、管制经济学的创始人——斯蒂格勒。斯蒂格勒将管制这个因素内生化，运用经济学的方法解释了管制失灵的原因：利益集团向管制者支付"价格"，从而俘获管制政府，使得产业里或是产业间出现了进入壁垒、差别补贴等一系列无效率的政府保护措施。此后，佩兹曼 (Peltzman)、贝克尔 (Becker)、拉丰 (Laffent) 等一大批公共经济学、产业组织理论等相关领域的学者丰富和拓展了斯蒂格勒的思想。

管制俘获理论最初产生于对公共利益假说的质疑。斯蒂格勒将现代经济学的研究方法应用于管制俘获的研究，他发现受管制的产业并不比不受管制的产业具有更高的效率，从而得出政府管制为利益集团服务的结论。贝克尔发展了他的观点，认为政府可能为产业集团服务，也可能为其他利益集团服务，取决于彼此之间压力的对比。公共选择学派引入了租金的概念，从利益集团寻租和管制者创租、抽租两个方面解释管制俘获的动机。

斯蒂格勒认为每个利益集团都是自利的个体，都试图对管制机构进行"俘获"以获得集团的最大利益。但是，基于奥尔森（Olson）提出的"集团规模利益理论"，集团内部的稳定性影响了其对政府的控制能力，一个分散的和流动的集团是难于对管制机构进行俘获的。因此，在自然垄断产业中，虽然政府管制机构基于公共利益的需求，对市场竞争进行管制，但是，由于垄断产业利益集团的强大俘获能力，管制机构制定的政策并非为了维护公共利益，而是更有利于垄断产业集团利益。

管制俘获理论的提出，解释了垄断性产业的管制失灵问题。管制失灵问题的出现，动摇了自然垄断产业中管制正当性的基础。在这种理论的影响下，为了提升本国自然垄断产业的效率，世界各国开启了自然垄断产业自由化和去管制化的进程。

（二）放松管制理论

管制俘获理论解释了管制的低效和失灵问题，放松管制理论则进一步分析了新管制与自由化的关系。随着科学技术的进步，社会利益和关系更加复杂化，都对传统的管制模式提出了挑战。特别是 20 世纪 70 年代以来，西方国家出现了放松管制的浪潮，具体表现为通过对政府投资和民间资本准入重新界定，在自然垄断产业中增加民间资本的参与度，适度引入市场竞争，降低收费水平，增进社会的整体福利。斯蒂格勒在传统管制理论基础上创建出激励性管制的一般框架，形成了新管制经济学理论。其中，"激励性管制理论""可竞争性市场理论"以及"自然垄断弹性管制理论"三种理论最具有代表性。

1. 激励性管制理论

激励性管制理论建立在管制失灵分析的基础上。斯蒂格勒认为，由于信息不对称、自由裁量权和管制俘获等原因导致了管制失败。为了解决管制失灵，就应当建立激励性管制机制。所谓激励性管制，就是在保持原有管制结构的条件下，设计出既能充分激励被管制企业，又能有效约束其利用特有信息优势谋取不正当利益的管制合同或机制。综合而言，管制激励要求政府减少直接的管制行为，更多采取宏观或外部方式，关注企业的产出绩效和外部效应。激励性管制的方法主要是采取区间价格浮动、特许权投标制度等。

2. 可竞争性市场理论

可竞争性市场理论是芝加哥学派鲍莫尔提出的描述市场上厂商进入和定价行

为特点的理论。可竞争性市场理论认为，经济管制不再被认为是提高经济效率的唯一手段，即使在自然垄断产业中，只要是可竞争的，那么即使没有政府的外部干预，垄断者也会制定一种可维持价格以获得平均利润，而不是制定垄断高价。因此，管制部门应该做的不是限制准入，而是应该保证市场的自由进入。❶

3. 自由垄断弹性管制理论

伯格和奇尔赫特在《自然垄断管制》一书中提出了自然垄断弹性管制理论。根据自然垄断弹性管制理论，竞争者进入市场有障碍时，需要政府对自然垄断企业进行管制；进入市场无障碍时，可根据具体情况确定管制的强度。❷具体而言，伯格和奇尔赫特将自然垄断划分为六种情况：第一，强自然垄断，进入市场有障碍，需要价格管制，不需要进入管制；第二，强自然垄断，进入市场无障碍，企业有承受力，不需要管制；第三，强自然垄断，进入市场无障碍，企业无承受力，既需要价格管制，又需要进入管制；第四，弱自然垄断，进入市场有障碍，只需要价格管制，不需要进入管制；第五，弱自然垄断，进入市场无障碍，企业有承受力，不需要任何管制；第六，弱自然垄断，进入市场无障碍，企业无承受力，既需要价格管制，又需要进入管制。

（三）新自由主义理论

在西方经济史上，自由主义与国家管制之间的论战构成了 20 世纪的主线。20 世纪 40 年代至 90 年代，哈耶克的新自由主义理论与凯恩斯主义理论发生了激烈的论战，交叉占据着主导地位。因 20 世纪 80 年代的经济滞涨以及发展中国家的债务危机，新自由主义经济理论开始占据上风，并成为西方国家放松管制、推行自由经济的导火索。

哈耶克认为，人类社会的发展史就是一部进化史，经济制度的演进在很大程

---

❶ 张静.新凯恩斯主义经济学的兴起、发展与问题［J］.经济问题探索，2016，（4）.

❷ 颜鹏飞，曾红艳.关于国家干预主义与经济自由主义两大思潮的再研究——兼论从"社会主义市场经济"到"社会主义调节经济"［J］.经济学家，2015，（1）.

度上类似于自然界的进化过程。从本质上讲，社会进化过程就是一种竞争过程，也遵循着和生物进化过程一样的自然选择原理，即适者生存。哈耶克认为："变异、适应和竞争，不管它们——尤其在繁殖方式上有怎样的特殊机制，从本质上说都是同样的过程。不但所有的进化都取决于竞争，甚至仅仅为了维持现有的成就，竞争也是必要的。"因此，自发出现的市场经济秩序，是社会经济自发进化过程的最新进展，也是人类社会出现过的最有效率的一种经济结构体系。而个人的经济自由正是市场经济秩序最有效率的保障。对个人经济自由的最大威胁就是来自拥有管制权力的政府。为此，立法机构应该通过法律将政府的行政管制权力限制在最小的限度内。

根据哈耶克的上述新自由主义经济理论，在自然垄断产业中，政府应尽量减少其管制的范围，通过市场竞争机制进行资源配置，有利于最大限度地提高自然垄断产业的效率。

上述几种经济理论虽然出发点和论证角度不同，但是，对于自然垄断产业的改革和发展趋势却具有相同的结论：传统经济理论中认为自然垄断产业难于引入市场竞争，而需要政府管制的观点并不当然正确。自然垄断产业在一定的条件下，应该放松管制，引入市场竞争机制，解决管制失灵和低效的问题。

第二节　自然垄断产业的市场化改革进程：国际经验

传统自然垄断产业由政府管制代替市场竞争存在以下缺陷：一方面管制行政成本和寻租成本高涨；另一方面，自然垄断性产业效率低下，成为政府的财政负担。理论上，管制俘获理论以及新自由主义理论的研究成果也论证了自然垄断产业市场化的必要性。从20世纪80年代开始，世界各国，不管是发达国家还是发展中国家都开启了自然垄断性产业的市场化改革。根据世界银行的统计，发达国家的市场化改革促进了垄断产业的快速发展，取得了很大的成效。以市场竞争为导向的市场经济体制在传统的自然垄断产业中得到了有效运转。发展中国家的自然垄断性产业通过自由化改革，生产效率也得到了有效提高。

一、主要发达国家自然垄断产业的市场化进程

（一）美国自然垄断产业的改革进程

美国是世界上最典型的私有制国家。美国自然垄断产业的市场化改革进程是渐进式的放松管制进程。美国的放松管制进程起源于美国的航空业。早在福特政府时期，美国就开始对航空管制进行温和改革。美国大规模放松管制进程开始于里根政府时期。里根总统认为，美国的政府管制付出了巨大的成本，因此，必须通过"一个有深远影响的放松管制计划"来进行改革。里根政府因此设立了放松管制的工作小组，对早期的政府管制规章及制度进行逐一梳理，修订或废除。克林顿政府时期，美国在"重塑政府"理念的指导下，进一步推进放松政府管制：第一，制定放松管制法规。例如，1978年，美国颁布了民航业放松管制法规，取消了航线管制和航空价格管制。航空业放松管制后，航空客座率从55%上升到70%，生产率提高了15%。在铁路运输方面，1980年美国颁布了《斯塔格斯铁路

法》，取消了除大宗物品最高运费之外的收费管制，同时允许运输商根据市场需求放弃一些低密度的线路。第二，分拆垄断性企业。1982年美国AT&T的分拆判决是这方面最典型的案例。美国在1996年制定了《电信法》，开放了长途电信业务、企业服务、数据传输业务的市场准入，并取消了进入市话市场的法律壁垒。分拆后的美国通信服务质量有了明显的提高，设备成本下降了2/3。第三，重构政府管制制度的框架。克林顿政府于1993年发布了1288号总统令《管制的计划和审核》，从以下三个方面重构政府管制制度：（1）转变管制理念，从"放松管制"到"更集中、更有灵活性、更有力度、更有效率、个人和企业更少负担的市场化规则"；（2）改革管制方法，从以"命令和控制"为特征，转变为绩效标准、市场激励和信息战略；（3）管制机构应调查市场失灵的原因，并作为成本收益分析的操作依据。

根据经合组织的调查，美国自然垄断产业（民航、铁路、电信、天然气等自然垄断产业）在放松管制改革后重新焕发了生机与活力，成效显著。民航、铁路、电力、通信等自然垄断行业的服务质量显著提高、价格降低，获得服务的民众比例大幅度提高。

（二）英国自然垄断产业的改革进程

英国是资本主义国家中国有经济比重占比较大的国家。与美国的放松管制不同，英国垄断性产业的市场化改革主要是采取混合所有权的私有化模式。英国垄断性产业的私有化进程开始于撒切尔政府时期，大体上经历了三个主要阶段。

第一阶段为起步阶段（1979—1983年），在这一阶段英国政府共出售了英国石油5%的股份。随后，将英国宇航公司、联合港口公司和国际航空无线电公司等12个国有公司的股权出售给私人。这一阶段出售的股份数额不多，属于试水阶段，其主要目的在于降低英国政府的财政赤字。

第二阶段为深入阶段（1984—1987年），这一阶段英国提出了"大众资本主义"的政治目标，大力倡导"股东社会"。这一时期，英国政府大大加快了私有化的步伐。1984 年，政府出售了英国电信公司 50.2% 的股份。随后，英国政府又出售了英国天然气公司。出售英国电信公司和天然气公司，标志着英国政府开始系统性推进私有化进程。

第三阶段为全面阶段。1987 年开始，英国政府开始全面私有化阶段，将私有化领域扩大到亏损严重的国有企业，同时开始大规模进入公共事业和自然垄断行业。在这一阶段，英国政府开始提速政府机构和社会团体的改革。在私有化的同时，政府管制也开始放开。经过私有化和政府管制自由化改革过程，英国的垄断行业改革取得了明显的成效，劳动生产率迅速提高，亏损减少，经济增长率提高。

（三）日本自然垄断产业的改革进程

日本的国有企业可以划分为三类。第一类是国家直接经营的企业——"四现业"：造币、邮政、印刷和国有林区。它们分别由造币局、邮政省、印刷局和林业厅负责管理。第二类是地方政府经营的国有企业，包括自来水、运输、铁路、供电等公用事业。第三类是国家与私人企业合营产业。二战后，日本的国有企业进一步变迁，形成了"三公社五现业"：三公社指日本专卖公社、日本国有铁路公社、日本电信电话公社；五现业指邮政、林业、印刷、造币和酒业专卖。

第二次世界大战后，日本垄断性国有企业在实现日本经济高速发展中发挥了重要的作用。20 世纪 80 年代初，国际上，英、法等国开启了民营化浪潮；国内方面，日本国有铁路由于经营亏损出现巨额负债。两方面因素的共同推动，开启了日本国有企业的私有化改革进程。日本垄断企业的改革步骤和英国的改革步骤刚好相反，采取了先经营权与监管权分离，再私有化的进程。日本垄断性国有企业的改革采取两步走的方式：首先，对电信电话、日本专卖和国铁"三公社"进行改革，废除专卖制度，实现监管权与经营权分离，通过分割组建新公司，引入市场竞争机制。其次，国有企业通过资本市场实行民营化改革，解决国有企业的高负债问题。通过上述改革，日本垄断性行业企业的经济效益得到了明显提高，改制后第一年（1986 年）经营收费 3161 亿日元，并在 1998 年跃居世界电信电话行业的第一位。同时，改制后的垄断产业的社会效应改善明显，越来越多的民众获得低价优质的公共服务产品。

（四）发达国家放松管制的最新进展及比较

自然垄断产业因基础和国情的差异，致使美、英、日的自然垄断产业改革路径有一定的差别。但是，三个国家的总体趋势都是进一步加大自然垄断产业的可竞争领域，在可竞争领域中引入竞争体制。经合组织于 2002 年发布的一份工作报告中表述，在过去的 20 多年内，私有化和放松管制已经成为发达国家垄断性产业改革的重要手段。通过私有化和放松管制，在垄断性产业中引入私人投资，一方面提高了垄断性企业的运营效率；另一方面在垄断企业中引入市场竞争，优化了资源的配置效率。总体而言，市场化进程给发达国家的垄断产业带来了效益提升的好处，发达国家垄断性产业改革的总体方向是进一步私有化和放松管制。

二、经济转型国家自然垄断产业的改革进程——以俄罗斯为例

苏联及中、东欧等国家在 20 世纪 90 年代之前实行社会主义计划经济。20 世纪 90 年代以后，传统的国家所有制企业明显不符合市场经济的需要，这些国家开始进行市场经济改革。同时，新自由主义理论思潮的兴起，也深深地影响了经济转型国家的改革进程。西方国家与一些国际组织在向转型经济国家提供贷款支持的同时，附加了市场化改革的条件，要求这些国家转向市场经济体制，减少政府对经济的管制。从 20 世纪 90 年代初开始，这些国家普遍开展了私有化改革，并取得了一些积极的成果。以下以俄罗斯的自然垄断产业改革进程为例，分析经济转型国家自然垄断产业的改革进程。

（一）俄罗斯自然垄断产业的改革进程及成效

俄罗斯自然垄断产业的改革进程始于 20 世纪九十年代苏联的解体。从 1991

年开始，由于早期侧重于重工业和军事工业，俄罗斯经济出现了比较明显的衰退。在这种背景下，俄罗斯开始了大规模的私有化运动。在激进的私有化改革的同时，俄罗斯开启了自然垄断产业的改革进程。

由于实施社会主义计划经济体制，20世纪90年代之前，苏联自然垄断产业大都是以国营为主的形式，同时，自然垄断产业受到主管机关的严格管制。在计划经济体制下，苏联自然垄断产业发展缓慢，难以满足需求。苏联解体后，俄罗斯开始对自然垄断产业进行改革。以俄罗斯的电力行业和铁路行业为例，本节对俄罗斯的改革进程进行介绍。

20世纪90年代前，苏联的发电设备陈旧、电网结构不合理，经常发生一些发电无法正常输送的现象。从1992年开始，俄罗斯着手电力工业改革。俄罗斯电力工业改革分为两个阶段。第一阶段：股份制改革，通过第923、924号总统令，国家所有的燃料动力部重组为俄罗斯统一电力系统股份公司，负责发电、输电；地区电力联合公司重组为地区电力股份公司，负责配电。虽然这一时期俄罗斯对发电企业进行了股份制改革，但是电力工业仍然实行发电、售电、输电、配电垂直一体化国有垄断经营。第二阶段：从2000年开始，俄罗斯对电力工业进行市场化改革。2001年俄罗斯政府成立电力工业改革工作组，推动俄罗斯电力改革。2002年10月，俄罗斯政府向议会提交了电力改革"一揽子"方案，包括《电力法》《供电法》《联邦能源系统法》《能源安全法》和《自然垄断法》等法案。根据2003年通过的《电力法》，俄罗斯重组发电公司和电网公司，出售政府股权，启动电力批发市场和零售市场。

改革后的俄罗斯电力管理结构非常复杂。联邦反垄断服务局负责反垄断事项；市场运营机构负责市场规则制定及争议调解；联邦技术检查部门负责建立技术和安全标准；联邦定价部门负责对垄断服务定价；区域电力委员会负责设定配电价格。改革后的电力企业，提高了市场竞争力，最明显的效果是发电成本大幅度降低。

与电力行业改革类似，俄罗斯铁路行业改革同样是采取分离业务，引入民间资本的模式。1998 年俄罗斯政府提出了"联邦铁路运输机构改革构想"，希望通过垄断性业务和竞争性业务分离，引入民间资本减少铁路负债等方式对铁路行业进行改革。俄罗斯的铁路运输改革计划分三个阶段进行。❶2001—2002 年为改革准备阶段。这一阶段的主要任务是成立铁路改革委员会，清点资产，重组债务，修改和制定有关法律。第二个阶段的主要任务是实现政企分开，组建开放性铁路股份有限公司，实现铁路公司通过市场开展运作，更加有效地开展铁路客货运输的经营业务活动，促进俄罗斯铁路运输业的高速发展。第三个阶段的主要任务是深入进行政企分开，出售铁路公司和子公司的股票，使铁路运输业逐步实现非国有化，形成可调控的铁路运输市场，实现铁路公司的盈利。经过上述改革，俄罗斯的整个交通货运量有了大幅增长。同时，通过改革，实现了铁路技术改造加快、机车车辆使用率和生产率大幅度提高、铁路生产性固定资产损耗下降、铁路系统运营稳定性和安全性改善、主要线路运行速度提高、劳动生产率稳定增长、职工工资水平大幅提高等目标。

从俄罗斯电力和铁路行业的改革进程可以看出，俄罗斯的自然垄断产业改革更多地采取了监管体制改革与所有权多元化同时进行的方式。在监管体制上，通过行业立法的方式改变监管体制；而在所有权方面，则主要是通过引入民间资本的方式实现所有权的多元化。从改革成效上看，通过自然垄断产业改革，俄罗斯自然垄断产业的效率明显提高。

（二）转型国家放松管制进程的特点

在转型国家放松管制过程中，自然垄断产业的改革与其经济转型的进展紧密相关。一方面，自然垄断产业改革本身是经济体制改革的重要一环；另一方面，经济体制改革的进程也制约着自然垄断产业改革的速度和深度。由于转型国家早期实施计划经济，因此，自然垄断产业的市场化改革路径不同于发达国家。改革的前提是政企分开，政府减少对自然垄断企业实际运营的干预。俄罗斯的经验

---

❶　Demsetz H. Why Regulate Utilities?［J］. Journal of Law and Economics, Vol.11, No.1 1969, pp. 55-65.

说明，转型国家自然垄断产业的改革难度更大，需要更谨慎的步骤，而不能完全照搬发达国家的经验。不同转型国家的政治、经济体制不同，市场经济法律制度完善程度不同，改革的方向和进程也有差异。由于垄断产业关系到国计民生，因此，转型国家大都采取循序渐进、逐步深入的改革步骤。改革过程中，在政企分开、引入市场机制的同时，需要制定和完善反垄断相关法律，才能有效地维护垄断性产业的市场竞争。

三、发展中国家自然垄断产业的市场化进程

二战后，发展中国家开始争取国家经济主权，并对外资进行征收和国有化。在二战后初期，外资经济的国有化导致了国有经济中占比过高，政府的债务压力大。经历了 20 世纪 80 年代的债务危机后，发展中国家开始了垄断性产业的市场化进程。与发达国家和转型国家的改革进程不同，发展中国家自然垄断产业的改革进程与争取经济主权独立、发展民族经济的进程交织在一起。以拉美国家——阿根廷的改革进程及绩效为例，下文对发展中国家自然垄断产业的改革进行分析。

（一）阿根廷自然垄断产业的改革进程

改革前，阿根廷的国有企业基本上垄断了钢铁、能源、矿业、交通运输、电信等部门，工业产值约占整个工业总产值的 40%。同时，国家行政管制机构对国民经济各行业实行严格的管制。国有经济在阿根廷早期实现经济主权独立、发展民族经济方面发挥了重要的作用。但是，由于国家的过多干预，大多数国有企业经济效益差，出现了亏损现象，给国家财政带来了巨大的负担。20 世纪 80 年代末的金融风暴成了压倒阿根廷经济的最后一根稻草。由于恶性通货膨胀严重，阿根廷的政治、经济和社会形势不断恶化，要靠外国和国际组织的援助才能渡过难关。国际货币基金组织、世界银行在提供贷款时，要求阿根廷进行市场化改革。

在内外压力之下，阿根廷政府开始从自然垄断性国有企业私有化入手，全方位推进市场经济体制改革。

1.阿根廷的电力私有化改革

电力私有化改革之前，阿根廷实行发、供、用统一管理，垄断经营。由于管理混乱、经营亏损，国家的电力投资与电力需求之间存在巨大的供需矛盾。为改变这一局面，阿根廷于1991年12月颁布了《电力改革纲要》，并于次年制定了《电力法》，推动了电力行业的私有化进程。

1993年，在电力法的框架下，阿根廷将电力部门划分为发电公司、输电公司和配电公司三大部分。发电企业和电网分离，各自独立经营，独立核算。发电公司通过电力市场直接向配电公司和大用户售电。输电公司不允许买卖电力，只能收取输电费用，配电公司向终端用户经销电力。在此基础上，阿根廷将国有电力企业的股份向社会公开出售转让。同时，为彻底改变电力垄断经营的局面，阿根廷建立了全国性的电力市场。将电力产品分为期货市场和零售市场两部分进行交易。

在管制机构方面，阿根廷成立两个新的管制机构：国家电力管制委员会和电力市场管理公司。电力管制委员会由5人组成，其成员由阿根廷总统任命。电力管制委员会是具有准司法权、立法权和行政权为一体的独立管制机构，其主要职能是实施电力管制、对电力企业和电力市场实行监督，保证电力市场的正常竞争秩序。电力管制委员会的具体职责为：负责实施《电力改革纲要》以及有关承包合同的法律规定；制定和监督实施电力管制的各项法规；防止电力市场垄断经营和不正当竞争；建立电价基本原则，并保证实施。

经过放松管制和私有化改革，阿根廷的电力产业获得了很大的发展。电力企业的效率得到提高，电力装机容量每年增长10%，电力供需矛盾得到解决。同时，全国的平均发电电价也大幅度下降，居民电价降低了17%~19%，工业用电下降了26%，商业用电下降了12%~14%。同时电力私有化也使阿根廷的财政状况得到明显改善。

2. 阿根廷的电信私有化改革

阿根廷电信秘书处于 1987 年颁布了三项法令（第 1651 号、第 1757 号、第 1842 号法令），放松电信业管制。1989 年通过的《国家改革法》加快了私有化改革的步伐。根据《国家改革法》，阿根廷修改了《国家电信法》进一步与私有化改革不符的条款，取消了政府对电信业的专营权。阿根廷电话公司和电信公司的股权分别于 1991 年 12 月和 1992 年 3 月公开发售，正式开始了电信私有化改革。2000 年，阿根廷宣布全国电信市场开放。

阿根廷电信私有化改革后，电信产业吸引了大量外国资本，仅在私有化改革后的前 7 年，就增加了 60 亿美元的投资。同时，电信企业的服务质量和服务效率得到了很大的提高。如新安装电话线路成本减少了 2/3，电话的数字化程度从 11% 提高到 76%。

从阿根廷的电力和电信改革进程可以看出，阿根廷的自然垄断产业改革基本上是采取立法先行，先完善行业立法设立独立管制机构之后，再对自然垄断产业进行私有化改革的方式。从改革的绩效看，自然垄断产业改革后，市场全面开放，自然垄断产业的绩效得到大幅提高。

（二）发展中国家自然垄断产业市场化的特点

发展中国家垄断产业市场化改革的主要原因就是为了减少债务负担，增加财政收入，利用外资提高垄断性产业的管理水平和服务水平。根据世界银行的统计，1990—2007 年间，发展中国家垄断行业通过市场化改革共获得超过 1.2 万亿美元的投资，给发展中国家带来了超过 3000 亿美元的财政收入。改革后，发展中国家垄断性产业的效率得到大幅提高，服务水平和服务质量有效提升。但是，与发达国家相比，发展中国家垄断性产业的发展水平和市场化程度仍然较低。与此相对应，发展中国家自然垄断产业的效率仍比较低，供给不足。发展中国家的自然垄断产业仍需要进一步推进市场化改革。

四、国外自然垄断产业改革的启示及我国的改革进程

上文分析了发达国家、发展中国家与转型国家的自然垄断产业改革进程，不同国家的改革进程存在差异。比较国外自然垄断产业放松管制的改革进程，可以为我国自然垄断性产业的改革提供一些有益的经验。

（一）国外自然垄断产业改革的启示

不同国家的政治、经济体制不同，自然垄断产业的改革方式及进程也不同。但是，国外自然垄断产业的改革进程也出现了趋势性的共通之处。这些趋势性的共通之处可以作为我国自然垄断产业改革的借鉴和启示。

第一，放松管制，在可竞争环节引入竞争已经成为国际趋势。早期各国在自然垄断产业中都通过采取国有产权的方式进行投资。并采取管制机构控制市场准入、价格强管制等方式维护消费者合法权益以发展本国的产业。但是，随着实践的深入，受到严格管制的自然垄断产业的低效率现象越发凸显。各国在"新自由主义"理论的影响下，开始对管制行业进行放松管制的改革。各国改革的路径略有不同，但是基本思路都是在可竞争环节引入竞争。虽然发达国家、转型国家和发展中国家垄断性产业的改革路径、市场化程度存在较大差距，但是总体趋势都是推动私有化和市场化。

第二，立法先行，放松管制的前提是完善行业管制立法与反垄断法。各国在放松管制的过程中，一般都通过立法先行的方式。垄断性产业改革涉及国计民生，在改革之前，政府应进行必要的舆论宣传，在学术上充分讨论。在形成一定共识后，应适时出台有关法律，成立专门机构负责实施。例如，美国在放松管制中制定了《电信法》《电力法》，阿根廷在 1990 年通过了《国家改革法》，各国通过行业立法明确了管制的方向和目标，并为自然垄断性产业的改革提供法律依据。立法先行包括完善行业管制立法、出台反垄断法等。

第三，不同国家国情不同，垄断性产业的改革进程和路径也不同。虽然各国放松管制的目标是一致的，但是，不同国家的政治体制、经济体制、法律基础不同，各国放松管制的进程和路径存在差异。例如，美国早期的市场经济基础雄厚，垄断性产业改革主要是放松管制，具体体现为颁布放松管制法规、分拆垄断性企业等；俄罗斯作为转型国家，垄断性改革进程与经济体制改革进程相配合，分为大私有化和小私有化两个阶段。阿根廷垄断性改革的主要目标在于解决其面临的财政危机，因此采取相对激进的私有化步骤。

第四，放松管制与反垄断法适用应同步推进。放松管制与市场化是自然垄断产业改革的国际趋势。在自然垄断产业受到严格管制的背景下，反垄断法在自然垄断产业中适用空间不大，政府管制政策代替了竞争法发挥作用。但是，随着放松管制进程的加快，市场竞争成了自然垄断产业中资源配置的方式。相应地，各国放松管制的同时，在自然垄断产业可竞争领域开始适用反垄断法。从国际经验分析，维护自然垄断产业中市场竞争已成为自然垄断产业改革的方向和目标之一。因此，反垄断法与产业政策相比较，具有优先适用的地位，产业政策应尽量符合竞争目的。同时，政府产业政策应以竞争为导向，充分尊重和发挥市场竞争机制的基础性作用，不得与竞争政策的基本原理和基本制度相违背。

(二) 我国自然垄断产业的改革进程及思路

我国垄断性行业在国民经济中占据了很重要的地位，垄断行业产值约占我国GDP 的 40%。但总体而言，我国垄断性产业运营效率低下、垄断现象严重，管制措施直接介入企业日常经营管理，反垄断法难于有效实施等问题突出。垄断性产品的价格高、垄断性行为给民营企业带来高成本负担，妨碍了我国民营企业的转型升级。因此，加快我国垄断性产业的改革，不仅有利于我国市场经济改革的进一步深化，而且可以有效地释放垄断性产业的生产力，推动我国经济的转型和升级。

1. 中国自然垄断产业的改革进程及存在问题

中国大部分垄断性产业都属于基础设施产业。改革开放前，我国的基础设施落后，供需矛盾突出。改革开放后，我国逐步加大在基础设施方面的投资，基础设施的垄断性产业高速发展。20 世纪 90 年代末，在国际社会垄断性产业去管制化的趋势下，我国在石油、电信、民航、电力等垄断性产业开始引入竞争，并取得初步成效。但是，我国垄断性产业改革始终不系统，时断时续、进程缓慢的现状，已经成为我国市场经济改革和社会发展中的一个突出问题。具体而言，我国垄断性产业改革存在以下问题。

第一，行政垄断突出，市场化机制落后。我国的垄断性行业都无一例外地带有行政垄断色彩。❶改革开放 40 多年来，垄断企业改革走过了以下几个阶段：1995 年制定"九五"规划之前，垄断行业改革处于零散阶段。"九五"规划实施后，自然垄断产业的改革正式启动。2002 年党的十六大作出"推进垄断行业改革"部署以来，垄断产业改革艰难推进。党的十七大也进一步提出深化垄断行业改革。但是，总体而言，我国垄断性产业改革"攻坚"之战打得十分艰苦，进程缓慢。我国垄断行业的业务由中央或地方行政部门垄断经营，政府部门既是经营者，又是政策制定者和执行者的现状没有得到明显改变。垄断性企业受到行政垄断的保护，是造成我国垄断行业低效率的主要原因之一。

第二，垄断行业管制立法滞后，垄断行业产权、治理、竞争、管制和价格模式改革滞后。纵观国际社会垄断行业改革的经验，垄断行业改革的前提是立法先行。2008 年 8 月 1 日《反垄断法》正式生效实施，但是，我国特定垄断产业管制法未进行相应的修改，远远滞后于垄断产业的改革进程。例如，《电力法》《电信条例》《铁路法》等这些法律大多制定于垄断行业改革之前，其立法目的是保证国家基础设施的安全，维护垄断企业的合法运营，而非维护垄断产业的市场自由竞争。我国垄断产业中的一些管制政策甚至与反垄断法的内容相冲突。

第三，垄断行业改革系统性不足，单一模式改革效果不显著。垄断性产业改

---

❶ 戚津东. 中国垄断行业市场化改革的模式与路径［M］. 北京：经济管理出版社，2013：14.

革的方向是放松管制，加大可竞争领域的市场竞争。现阶段我国的经济体制正处于深化市场经济改革的转型发展过程中，改革的难度比发达国家更大。我国同时是一个发展中大国，改革涉及面又比一般发展中国家广泛。这就决定了我国垄断性产业改革应更加强调系统设计和整体推进。由于过去的改革重点在产权和治理模式上进行，这就造成了我国垄断行业改革存在系统性不足的问题。在实践中，我国垄断性产业政企不分的现象或企业受到行政干预的现象仍十分突出。关于能够发挥市场机制作用的运营、竞争、价格和管制问题，改革还未真正深入。

2. 中国自然垄断产业深化改革的思路

由于垄断行业已经形成巨大的既得利益集团，改革的阻力非常大，改革进程严重滞后。但是，中国垄断性产业进一步深化市场化改革的方向和趋势是毋庸置疑的。整体而言，中国垄断性产业深化改革的思路如下。

第一，建立整体渐进性的垄断产业改革策略。垄断性产业的改革是一个系统工程，涉及政府、行业、企业等多个主体，涵盖产权、竞争、管制等多方面内容。同时，垄断性产权改革的进程与成效又与一个国家的政治、经济和法律环境息息相关。因此，我国垄断性产业的改革应该是整体改革的模式。另一方面，垄断性产业提供了国计民生的产品，在国民经济中具有特殊的地位和作用。我国进行垄断性产业改革应保持一定的慎重。具体改革路径应该是由易到难，逐步推进的渐进式改革。

第二，放松管制，进一步明晰管制职能和行政职能。中国垄断性产业管制改革的目标是放松管制。但是，垄断性产业的放松管制也应该有步骤、有计划地进行。长期强行政管制的传统与习惯，使我国垄断性产业受到管制机构的行政管制。我国管制机关的行政管制不仅包括管制职能，而且还深入企业的方方面面，影响垄断性企业的市场化运作。在我国，放松管制的前提是简政放权、明晰管制机构的管制职能和行政职能。

第三，完善行业管制与反垄断法适用的平衡机制。立法先行是国际上垄断性产业改革的一致做法，也是法治国家的基本要求。我国进行垄断性产业的市场化改革，前提是建立完善的反垄断法适用机制，保证垄断性产业放松管制后不滥用市场地位，侵害消费者的合法权益。同时，垄断性产业放松管制，并不意味着不需要管制。垄断性产业与一般产业比较，具有一定的特殊性。行业管制与反垄断适用应形成合理的平衡机制，共同维护垄断性产业的效率与竞争。因此，在垄断性产业改革的同时，应完善我国反垄断法在垄断性产业的适用机制。

第三节　自然垄断产业的反垄断法适用问题

管制俘获理论解释了垄断性产业管制低效率问题。因此，各国开始了垄断性产业的去管制化进程。去管制化后的垄断性产业形成了一个市场竞争和垄断产权相结合的混合性经济体——一方面大部分的基础设施行业仍然无法实现市场竞争，由国有企业垄断经营的同时，受到管制机构相关准入政策及价格限制的相应管制；另一方面在可以由市场决定的领域，垄断性产业开始引入民营资本，实现民营化或合营化，有效竞争。也就是说，去管制化的过程是市场竞争逐步代替管制政策的过程。因此，去管制化使得市场竞争和管制混合成为自然垄断产业的资源配置手段。自然垄断产业从开始的完全豁免适用反垄断法，转变为一般应适用反垄断法。给反垄断法在自然垄断产业中的适用带来一系列问题：反垄断法在管制行业适用模式如何？如何确定管制行业中反垄断法适用的基本原则？竞争政策的国际化对垄断性产业的反垄断法适用产生何种影响？本节在上两节理论分析的基础上，对这些问题进行分析。

一、自然垄断产业中反垄断法适用的发展趋势

（一）反垄断法适用的两种模式

纵观不同国家的反垄断法适用，有两种基本的适用方式：第一种方式是法院通过审理反垄断案件实现反垄断法的适用；第二种方式是反垄断执法机构通过行政执法实现反垄断法的适用。虽然大多数国家同时采取以上两种适用方式，但是，基于不同国家的传统、行政体制，适用过程中的侧重不同，形成了两种不同的反垄断法适用模式：法院主导模式和行政执法主导模式。

第一，法院主导模式。法院主导模式是法院在反垄断法的适用及解释中起了

主要作用，反垄断法通过私人诉讼案件得到有效适用。例如，美国由于其普通法传统以及司法的重要地位，采取法院主导型的适用模式。虽然司法部与贸易法委员会是反垄断法的行政执法机构，但是司法部和贸易法委员会一般不行使直接裁决权，通过法院行使裁决权。这种模式中，反垄断诉讼是反垄断法适用的主要手段和方式。反垄断执法机构同样通过起诉的方式实现反垄断法的适用。

第二，行政执法主导模式。行政执法主导模式主要通过反垄断执法机构的执法来适用反垄断法。虽然私人也可以提出反垄断民事诉讼，但是反垄断私人诉讼很少，胜诉率也很低。大陆法系国家通常采取行政执法为主的模式。在日本、德国等大陆法系国家，反垄断法适用模式主要倚重反垄断行政执法，私人诉讼极少。❶ 在日本反垄断法的执行体制中，公正交易委员会扮演着极其重要的角色。立法将执行和实施反垄断法的大部分权力委任给了该委员会，建立起了以公正交易委员会为核心的实施反垄断法的体系。日本学者将这种状况称为"公正交易委员会中心主义"。

（二）两种适用模式的比较

相对而言，两种不同的反垄断法适用模式都具有其优势。

采取法院主导型的适用模式有以下几个优点：第一，法院集中对反垄断问题进行裁决，可以有效防止行政机构受到利益集团的俘获，保证裁决结果的公正性。在自然垄断产业中，产业集团具有更强的政治游说能力，这种游说能力会影响执法机构的判断。执法机构的公正性不如独立的司法机构。第二，法院可以通过案例方式对反垄断的相关规则进行细化和解释，丰富和完善了反垄断法。反垄断法中的大量用语，如"正当理由""公共利益""试图垄断"等具有很大的裁量空间。法院通过案件裁决，可以对上述用语进行具体和细化，丰富和促进了反垄断法的发展。第三，通过私人诉讼可以扩大反垄断法的适用范围。与反垄断法执法机构相比，私人诉讼的当事人作为垄断行为的直接受害人，具有更大的积极性

❶ 陈建安.日本公有企业的民营化及其问题，[M].上海：上海财经大学出版社，1 ：265.

去提出反垄断诉讼，进而推动反垄断诉讼的发展。通过私人诉讼的方式，可以更有效地发现垄断行为。

但是，法院主导型的适用模式同样存在以下缺陷。

第一，专业性的缺乏。特别是在垄断性产业中，一些行业部门需要拥有专业的人员才能进行判断，而法院工作人员是法学专家，并不是技术专家或行业专家，对于管制领域中的一些专业性和技术性问题难于判断。如电信领域中，对电信领域的流量价格合理性进行判断，必须分析上述价格方案的合理性和技术可行性，法院明确缺乏相应的能力对上述问题进行分析和判断。

第二，司法程序的被动性。法院应按照严格的司法程序进行审理，并进行裁决。严格的司法程序意味着保障双方举证期限、上诉程序等漫长的司法程序。在美国，反垄断诉讼案件的平均审理期限是 17 个月，远远高于普通案件 9 个月的审理期限。在新西兰的 Clear 电信准入案件中，Clear 向法院提起私人诉讼，但该案经过一审、二审等漫长的程序，耗时 4 年，最终还未能形成最终裁决。而 4 年的时间，电信的市场情况已经发生变化，最终的裁决对双方已经没有意义了。

第三，司法有效管制手段的缺乏。有些限制竞争行为可以通过禁令、赔偿损失等方式进行救济，但有些限制竞争行为则无法通过司法救济方式获得救济。按照霍温坎普的观点，许多垄断行为本身利用了市场自由竞争机制，难于通过司法方式获得有效救济。例如，拒绝交易行为的有效救济方式是强制垄断者与受害者进行交易，但是，法院更愿意采取损害赔偿的救济方式而非强制交易。波斯纳认为，反托拉斯的法院由此背上了监督商业关系运作的任务，而法院没有条件去有效地完成这样一项职能。美国反垄断专家阿瑞德（Adreed）也认为，对拒绝交易的理想救济方式是管制，而非法院审判。"反垄断法无法对合同进行救济，因为强制交易要求法院承担和管制机构一样的随时控制职责。"

最后，司法救济模式难于实现"纠正原、被告诉讼能力不平等"与"控制滥用诉权"的平衡。在反垄断诉讼中，原、被告之间的能力、地位和经济实力存在巨大的差距。如电信垄断中，普通的电信消费者难以有足够的资源和能力与电信公司相抗衡。但是，如果改革相关规则，如举证责任、三倍赔偿等，又容易引起滥用诉权等现象出现。美国克莱顿法规定了反垄断三倍赔偿诉讼制度，结果导致了美国大量反垄断律师以此作为牟利机会，滥用诉权。波斯纳法官曾批评美国20世纪90年代的反垄断私人诉讼判决，认为大多数判决都是错误的。反垄断私人诉讼只是律师牟利的工具而已，而其代价就是给被诉企业带来巨大的诉讼成本，并扼杀了技术创新。

学者分析，行政管制的反垄断执法与法院个案式的执法方式还存在目的上的差别：通过行政管制的反垄断执法，其目的在于促进社会的整体福利，而非对具体个人实现救济；通过法院个案式的方式执法，更侧重于对受害者的救济，而非社会整体性救济。行政管制的反垄断法适用方式的优势恰好有效解决上述法院适用模式的缺陷。

（三）两种适用模式的融合

不同国家之所以采取不同的模式，其原因在于其政治体制，行政权与司法权之间的关系不同。随着全球竞争政策的推广以及法律制度的相互借鉴与移植，两种模式已经出现了相互融合的发展趋势。

一些原先私人诉讼欠发达的国家和地区，纷纷加强反垄断私人诉讼。日本2000年对反垄断法私人诉讼制度进行修改，扩大了反垄断私人诉讼的范围，确定了文件资料提供制度以及弹性损害赔偿规则。特别是日本《反垄断法》第24条增加规定了禁令救济制度。该法修订以后，日本私人当事人提起反垄断禁令诉讼从此有了明确的法律依据，多了一条执行反垄断法的合法渠道。❶2005年7月修改实施的德国反限制竞争法同样扩大了私人反垄断诉讼的范围，在原告范围、集体诉讼、证明责任、转嫁抗辩等方面作出了有利于反垄断私人诉讼的修改。欧盟委员会则在2005年和2008年先后发布了《违反欧共体反托拉斯规则的损害赔偿诉讼绿皮书》和《违反欧共体反托拉斯规则的损害赔偿诉讼白皮书》，扩大了私

---

❶ 王健.日本反垄断法的私人执行制度——历史演进与最新发展［J］.太平洋学报，2007，（7）：1-9.

人反垄断损害赔偿诉讼的范围。

相应地，原本注重私人诉讼的美国却进一步扩大了反垄断执法的管制化。美国学者弗雷德·麦克切斯尼就认为："反垄断就是经济管制。它的实质是对特定经济关系的管制：固定价格的水平协议、竞争者之间联合的协议，等等。反垄断进行的是和其他类型管制在传统上已经在处理的同样的管制。"美国反垄断法执行的管制化体现在以下几个方面。

第一，独立竞争执法机构的建立与竞争执法分权。州际商业委员会的设立推动了美国独立管制机构的勃兴。独立管制机构具有专业的团队、技术人员，成为独立于立法、行政和司法部门之外的第四部门。大量的管制机构会对垄断型产业的价格、准入进行管制，并监督和限制管制行业的垄断行为。管制机构的兴起在一定程度上加快了反垄断执法的管制化。

第二，芝加哥学派经济效率理论的推广。20世纪80年代以后，芝加哥学派的经济效率分析成为反垄断法适用的主要分析方法。而相比较法院适用而言，行政管制机构更具有经济学的分析能力，其调查能力比法院更胜一筹。大部分经济学家都非常熟悉如何从产业管制的角度来设定静态和动态的"合理价格"。例如，以"全部长期增量成本"为基础的定价模式在基本电信设施市场上有着广泛的应用，是目前管制改革中占主导地位的模式。

第三，反垄断指南成为反垄断法适用的重要组成部分。各国的反垄断法条文都相对模糊，反垄断执法机构在执行反垄断法时会颁布反垄断法执法指南。如美国的联邦贸易与司法部共同颁布的《并购指南》，其中的HHI市场集中度测试在美国反垄断法适用中影响深远。虽然反垄断指南只是反垄断法执法机构的内部政策和文件，但是，经过多年的演变，指南已经成为反垄断法执行机构的制定法。

第四，同意裁决的广泛使用。同意裁决是未经法院审理，而由双方当事人自愿达成协议的一种反垄断法执法方式。❶同意裁决可以节省执行成本与资源，增强反垄断法实施结果的确定性，因此在反垄断法执法中得到广泛适用。据统计，

---

❶ Richard A. Epstein. Consent Decrees in Theory and Practice: Why Less is More［M］. AEI Press, 2007：p.5.

美国反垄断执法中，越来越多的反垄断案件由反垄断法管制机构与企业达成了同意裁决告终。

（四）管制行业中反垄断法的适用趋势

在自然垄断产业中，不仅反垄断法执法机构发挥作用，而且行业管制机构在反垄断执法中也发挥了重要作用。反垄断执法机构、行业管制机构、法院在反垄断法适用中的分权和主导性不同，因此形成了管制行业中反垄断法适用的行政主导模式和法院主导模式。在自然垄断产业中，行政主导模式的行政机构不仅包括反垄断执法机构，而且也包括行业管制机构。但是，由于国际竞争政策的推动作用，管制行业的反垄断法适用出现了两种模式相融合的趋势。比较国际上不同国家的经验和实践，管制行业的反垄断法适用体现出以下的发展趋势。

1.反垄断法在管制行业中适用的管制化趋势

如前所述，在管制俘获理论和新自由主义理论的双重影响下，放松管制成为世界各国解决自然垄断产业低效率的主要手段。放松管制就是在垄断性产业中引入竞争机制。因此，在垄断性产业中，竞争法成了维持市场竞争的主要法律。

虽然反垄断法适用存在行政管制主导模式与法院适用主导模式，同时两种模式存在相互融合的趋势，但是，基于自然垄断产业的特点和管制性质，自然垄断产业通过行政管制模式可以更有效地解决自然垄断产业的竞争问题。自然垄断产业中反垄断法的适用出现了行政管制化的趋势。行政执法在反垄断法适用中发挥了越来越重要的作用。虽然法院在反垄断法适用中仍然不可或缺，但是相比反垄断执法机构发挥的作用，法院适用处于附带或补充的地位。

在行政主导反垄断法适用模式下，行业管制机构与反垄断法执法机构的竞争执法权分配存在以下三种不同的情况。

第一，管制行业主管机构独立享有反垄断法执法权。基于自然垄断产业专业性、技术性的特点，有的国家将反垄断法的执行事项全部交给管制行业主管机构负责，反垄断法执法机构不负责自然垄断产业的执法事宜。之所以采用这种模式，主要是因为产业监管机构拥有相关领域的专家，且在掌握第一手信息方面，也是一般竞争执法机关所无法比拟的。例如，在英国，通过设置新的管制机构取代竞争法主管机关，作为执行竞争法的主体。

第二，反垄断机构独立执法的反垄断法模式。虽然管制机构在自然垄断行业中的判断具有专业性的优势，但是，过分熟悉和参与被管制的企业，使得主管机构"被俘获"的可能性大大增加。有的国家通过反垄断法执法机构执行反垄断法，而管制机构只负责制定技术标准，不负责反垄断法的执行事宜。反垄断执法机构单独适用反垄断法的模式，可以维持反垄断执法的独立性，防止反垄断执法受到干预。例如，美国的管制机构不具有反垄断法的执法权限，反垄断法执法事宜由司法部和贸易法委员会统一负责。

第三，管制机构与反垄断法执法机构并行执法。产业监管机构全盘负责竞争执法会危及竞争政策的统一实施，很多国家的经验表明，监管机构处理被监管行业竞争案件一个很大的问题是，它们在被监管企业与其竞争对手或消费者的争议中，往往站在被监管者的立场上，从而会损害处于弱势地位的经营者或消费者的利益。而由反垄断执法机构独享执法权，又会面临相关领域专业知识欠缺和信息掌握不充分的问题，而且废除了产业监管机构，难以保证某些管制目标，如普遍服务、互联互通的实现。在一些国家，管制机构与反垄断法执法机构都有权执行反垄断法。两者在执行反垄断法过程中相互配合、相互协调。通过管制机构与反垄断法执法机构的相互配合，可以更好地发现管制行业的垄断行为，更好地管制垄断性产业的限制竞争行为。例如，加拿大广播电视电信委员会和竞争局就电信产业内的竞争事项共同行使管辖权，为消减冲突，实现案件处理的协调一致，两部门于1999年经过谈判发布了一个联合声明。根据该声明，在互联互通和接入准入事项上，广播电视电信委员会有权行使管辖权，即使该事项涉及滥用支配地位或拒绝交易等竞争问题。产业内发生的固定价格、串通投标和维持价格等活动则属于竞争局单独处理的部分；产业内发生的企业合并和独家经营、捆绑销售等市场销售实践活动，由两家机构共同管辖。

2.法院通过对反垄断法执法行为进行司法审查

虽然行政管制成为垄断性产业的主导适用模式，但是，不管采取哪种类型的行政主导方式，为了限制行政管制行为和反垄断行政执法的滥权，管制行业主管机关关于垄断行业的政策都应受到法院的司法审查。管制机构的管制行为或执法行为违反了反垄断法，任何人都可以向法院提出诉讼。法院可以依据反垄断法对管制机构的管制行为的合法性作出判断。也就是说，法院司法审查虽然由于专业性、程序性等缺陷难于在自然垄断产业中成为主要的执法模式，但是，并不排除法院司法审查对行政管制行为进行监督，维护该行为符合消费者的利益。

因为反垄断法执法适用管制化趋势，所以管制机构和反垄断执法机构具有独立性和准司法性。但是，管制机构的司法权应受到法院的司法审查。同时，由于司法权的被动性，以及对行政执法机构专业判断的尊重，司法机关对于反垄断执法机构的约束仅在当事人对反垄断执法机构所作的裁决不服时才能启动，因此司法机关与反垄断执法机构之间仅是被动的司法监督关系。换言之，法院的司法审查权限应克制在一定的限度内。例如，在一般情况下，法院在审理当事人的上诉时，往往基于反垄断执法机构的听证记录做出裁判，而且也不再承认新证据等。

二、自然垄断产业中反垄断法适用的一般原则

自然垄断产业改革的前提是建立反垄断法有效实施的机制。垄断性产业中反垄断法实施机制的建立应遵循以下法律原则。

（一）一般适用、例外豁免原则

豁免制度是反垄断法的重要组成部分。自反垄断法诞生之日起，豁免制度就如影随形，成为反垄断法适用的重要组成部分之一。放松管制前，自然垄断产业受到政府的严格管制，往往豁免适用反垄断法。如美国 1914 年《克莱顿法》第 7 条规定："下列委员会授权完成的交易，本节不适用：美国民航局、联邦电信委

员会、联邦电力委员会、洲际商业委员会、证券交易委员会、美国海运委员会、农业局。"进一步明确了豁免管制机构的行为适用反垄断法。日本实施反垄断法初期,大力推行产业政策。如果反垄断法与产业政策发生冲突,产业政策优先适用。在日本自然垄断产业发展初期,政府在自然垄断产业中实施专卖制度,豁免适用反垄断法。

由于反垄断法的缺位,自然垄断产业中限制竞争行为肆虐。自然垄断产业具有很强的控制市场能力,也具有很强的实施垄断行为的危险。垄断性产业中限制交易、强制交易、滥用市场支配地位、交叉补贴等限制竞争行为经常出现。有学者认为:政府管制机构受到利益集团的俘获或信息不对称,难于有效地对限制竞争行为进行管制或因受到俘获而采取限制竞争的管制行为。反垄断法豁免的弊端逐渐显现,各国的自然垄断性产业开始适用反垄断法并缩小除外适用和豁免的范围。

随着垄断性产业改革的深化和全球化的发展,反垄断法在自然垄断产业中的豁免适用范围不断缩小。垄断性产业适用反垄断法成为国际趋势。例如,美国1996年通过的《电信法》明确规定,电信领域应适用反垄断法。1998年修改的德国《反限制竞争法》取消了对电力行业的豁免。2000年日本废止了《禁止垄断法》第6章第21条对电力等自然垄断行业的豁免适用。有学者认为,"反垄断法豁免的范围不能过宽,尤其不能迁就现实,传统上认为属于自然垄断的行业并非天经地义,要注意科学技术发展带来的新变化,适时地在一些行业打破垄断、引入竞争;反垄断法的豁免并非全面的、绝对的,而是有条件的、相对的。"●

因此,反垄断法在自然垄断性产业中的适用原则从原先的一般豁免转变为"一般适用、例外豁免"。也就是说,除非行业法明确规定豁免适用反垄断法,那么反垄断法在该自然垄断产业应该得到适用。

● 史际春,王先林.必要的监控手段——中国的反垄断法应规定的限制竞争暨垄断[J].国际贸易,1998,(12):29-31.

（二）成本效益原则

成本效益原则的理论基础是自然垄断行业的有效竞争理论。根据有效竞争理论，完全竞争虽然理论上很完美，但是却具有非现实性。现实中的市场状态应该是介于竞争与垄断之间，既可以发挥竞争效应，又能发挥规模经济优势的市场竞争格局。主要表现为：市场上存在众多的买者和卖者，没有垄断现象，新企业能进入市场；存在优胜劣汰的压力，促使企业改进产品、降低费用，使生产在效率高、规模适当的企业中进行；能节约过高的销售活动费用。

也就是说，有效竞争是一个企业适度竞争与适度规模相结合的一个区域状态。在自然垄断产业中，一方面应在可竞争环节引入竞争机制，另一方面应在市场竞争失灵的环节豁免反垄断法，通过制定管制政策、限制市场准入数量、控制价格标准的方式配置资源。

自然垄断产业中的反垄断法适用应该遵循成本效益原则。通过成本效益原则，一方面在放松管制的环节适用竞争法，另一方面在需要实现规模经济的环节维持适度的经济集中，提高企业的经济效益和国际竞争力。同时，将管制成本与反垄断法适用成本相比较，实现资源配置手段最优化。成本效益原则能有效结合市场竞争机制的资源配置功能和规模经济的规模效应，平衡自然垄断产业的反垄断法适用。

（三）协调适用原则

管制政策与反垄断法都是市场失灵的产物，它们都具有相同的目的——促进市场竞争，提高经济效率。但是，自然垄断产业具有专业性、技术性和综合性的特点，管制政策可以更有效地提高自然垄断产业的效率。反垄断法在自然垄断产业的适用应尊重管制行为的专业性，因此，自然垄断产业中反垄断法的适用应克制在一定的限度内。同时，管制机构基于维护系统安全、产业合理发展的正当理由，需要出台一系列的管制政策。这些政策即使在一定程度上限制了市场竞争，只要经过合法授权，反垄断法也不宜过多介入。

另一方面，自然垄断产业应受到反垄断法的有效监督，防止管制机构受到俘获而不作为。管制机构发现自然垄断产业的垄断行为，应该采取有效的行政措施禁止垄断行为。当管制措施难于有效地遏制、限制竞争行为，管制机构受到利益集团的俘获而不作为时，反垄断法可以作为补充适用法律，对上述行为产生威慑作用。

原则上反垄断法在自然垄断产业的适用应与管制手段相协调。一方面，管制政策制定和实施过程应尽可能符合竞争价值取向，减少与反垄断法的直接冲突；另一方面，在反垄断法适用过程中，应尊重管制机构的决定。在管制机构不作为或难于作为时，反垄断法作为最后的经济自由防线来维护市场的自由竞争秩序。管制政策与反垄断法二者是相互协调，互为补充的关系。

三、竞争法的国际化与管制行业的反垄断法适用

（一）竞争法的国际化发展趋势

国际社会构建统一多边竞争法机制的尝试在二战后国际经济秩序的重构中就已经开始实践。二战后，西方国家开始思考如何迅速恢复西方的自由市场经济，而维持国际市场的自由贸易与竞争便成为经济秩序重构的目标之一。作为布雷顿森林体系的一部分，国际社会提出了在联合国架构内构建国际贸易组织的设想。国际贸易组织的宪章性文件——《哈瓦那宪章》内容不仅仅包括自由贸易，而且还包括投资、服务和限制垄断行为。《哈瓦那宪章》成为国际社会管制国际垄断行为的第一次尝试。

《哈瓦那宪章》第五章"限制商业"明确规定了保护自由竞争的机制，在宪章的第 45 条、第 46 条、第 47 条、第 48 条、第 50 条和第 51 条等条款，分别对垄断行为、防止垄断的义务、垄断调查的程序等作出了较为明确的规定。除了实

体性的规定，《哈瓦那宪章》还规定了国际贸易组织对于限制性商业行为的磋商、起诉和调查机制。正是因为如此，一些学者认为："宪章的规定太超前了，脱离了国际社会的实践。"❶

由于美国国会出于美国主权弱化的担忧，没有批准《哈瓦那宪章》。因此，国际贸易组织中设计的国际竞争法机制没有建立。关贸总协定作为一个临时适用的协议并没有专门关于竞争法机制的规定。事实上，二战刚结束初期，国际社会的主要关注点还集中在关税壁垒上。主权国家的关税壁垒和非关税壁垒是国际经济自由的主要障碍。在战后经济恢复阶段，许多国家还实行战时计划经济管制，这个时期的经济自由化议题更多集中在消除国家对经济的阻碍，此时是消极自由化阶段。

20世纪90年代，随着关贸总协定多轮谈判的努力，主权国家的关税和非关税壁垒已经大幅度削减和消除，国际经济自由化水平得到很大提高。国际经济自由化受到私人跨国大企业的干预与破坏也开始引起了国际社会的重视。国际经济从消极自由化阶段逐步进入积极自由化阶段。国际经济积极自由化阶段不仅要求主权国家拆除经济壁垒，而且需要国际社会对私人破坏自由竞争的行为适度干预。在这种情况下，20世纪末乌拉圭回合谈判中，构建国际统一竞争法机制的设想又被学术界和一些缔约方提出，成为讨论的议题之一。

国际社会对建立国际竞争机制的努力，不仅停留在理论论证上，而且也进行了实践的尝试。这种实践尝试的场所主要集中在世贸组织（WTO）、经合组织(OECD)和联合国贸发会议(UNCTAD)等三个主要的国际组织。在这三个国际组织中，WTO的尝试引起国际社会的高度关注和讨论。这主要因为OECD和UNCTAD的决议大都是非拘束性的，其讨论更多是学术上的研究。另外，OECD的成员大多为发达国家，其立足点多站立在发达国家的角度，而难于获得发展中国家的信任；UNCTAD则旗帜鲜明地以保护发展中国家的利益为己任，同样缺乏发达国家的强力支持。WTO已经成为一个涵盖服务贸易、投资、知识产权的一

---

❶ Roger Zach. Towards WTO Competition Rules: Kluwer Law International，1999. p.12

体化国际经济组织,其议题范围已经不仅仅局限于传统的货物贸易。另外,WTO也已经克服了其前身关贸总协定在组织性方面的不足,加强了其法律功能。一些学者提出对 WTO 进行宪政化改革的建议。更重要的是,WTO 的成员广泛,不仅包含发达国家和地区,而且还包含发展中国家和地区,在某种意义上已经成为"经济联合国"。在 WTO 中构建国际竞争法机制的尝试更具有代表性。

1. 乌拉圭回合中构建国际多边竞争法机制的尝试

早在乌拉圭回合的谈判过程中,竞争议题就被作为学者讨论的焦点之一。秩序自由主义学者认为应该对 WTO 进行宪制化的改革,而在 WTO 中构建一个超国家的国际竞争法机制就是其宪制化改革的一个方面。因此,秩序自由主义学者希望能在 WTO 中构建国际多边竞争法机制。秩序自由主义学者在提出国际反垄断法草案后,试图通过影响力将其方案纳入 WTO 的诸边协议中,但是,这种激进的方案引起了主权国家的担心,并未获得大多数主权国家的赞同。在各国文化和经济发展水平差异巨大的情况下,秩序自由主义者的经济立宪方案很难实现。因此,退而求其次,秩序自由主义学者建议在 WTO 的框架下制定一套国际竞争规则的"诸边贸易协议"。该协议对国际竞争最低标准和程序的统一进行了规定。例如,由独立的"国际反垄断机构"对国内竞争法的执行有效性进行监督。但即使是这种"退让"的方案,也未能得到主权国家的有效支持。秩序自由主义学者关于国际反垄断法草案的建议未能被纳入 WTO 的议题中。

2. 新加坡会议——竞争议题的提出

乌拉圭回合谈判结束后,投资、服务贸易和知识产权贸易议题被纳入 WTO 的范畴。WTO 在推进经济自由化方面又向前迈进了一大步,因此,许多主权国家又建议在 WTO 中进行竞争议题的谈判。应该说,国际社会之所以将解决竞争问题的目光锁定在 WTO 之中,有其原因。第一,WTO 的目的在于促进贸易自由化,从而提高全球的经济效益和消费者福利。然而,只靠减少国家间的政府壁垒并不能有效地实现这一目标,而必须借助竞争法对私人限制壁垒进行规范,才能实现全球自由贸易。第二,竞争法和贸易法具有相近的目的,因而在 WTO 内部开展竞争问题的讨论，比较容易进行。第三，WTO 是现在国际社会中最大的经济性国际组织，在 WTO 内部进行国际竞争法的讨论，有利于推广国际竞争法被各国所接受。第四，WTO 完善的争端解决机制有利于国际竞争法的执行。WTO 的争端解决机制运行以来，发挥了很好的作用。在 WTO 内部建立国际竞争法体系，则同样可以利用 WTO 的争端解决机制解决竞争争议问题。

欧共体一直希望通过折中的方式在 WTO 中构建国际竞争法机制。欧共体对竞争政策议题持非常积极的态度，主张在 WTO 框架下建立一套规范各国竞争法及其执行方式的核心原则，最终达成一项多边竞争协议。欧共体强调，现阶段的谈判目标仅在于促成 WTO 就国际竞争规则的基本原则达成协议，由各成员国自愿将其纳入本国竞争政策中，这样不仅不会淡化现有竞争法规，而且还会强化各国行政机关竞争政策的权限。欧共体认为谈判应侧重于建立竞争政策的一般性原则和放松市场管制。同时，欧共体强调，在构建国际竞争法机制中，必须考虑发展中国家成员国的合法利益和忧虑。欧共体认为，现有的国际社会不可能建立像秩序自由主义学者构想的理想的国际竞争法机制。欧共体反对赋予 WTO 调查和处理国际限制竞争行为的权力，主张 WTO 应关注与国际贸易和国际投资有关的跨国限制竞争行为，而不干涉各国国内的限制竞争行为，也不应阻碍 WTO 成员运用更先进的竞争法规则。现有的国际竞争机制应该以合作、协调为主。除了欧共体外，一些主权国家如日本、加拿大等也支持在 WTO 中建立国际竞争法机制。

根据欧共体的提议，WTO 成立之初的新加坡议题中列入了贸易与竞争的工作议题，1996 年 12 月，在新加坡召开的 WTO 第一次部长会议上决定成立 WTO 贸易与竞争工作小组。《新加坡宣言》第 20 条声明："建立一个工作组研究成员国提出的包括反竞争行为等有关贸易与竞争政策关系问题，以期确定 WTO 框架内值得进一步考虑的任何领域。"工作组的工作性质主要是分析性和研究性的。1997 年 4 月 24 日 WTO 部长会议指派法国竞争审议委员会副主任委员 Frederic Jenny 先生担任工作组主席，并于 1997 年 7 月召开第一次工作会议，讨论以下议题：贸易与竞争政策的目标、原则、概念、范围和方法之间的关系，它们与发展和经济增长的关系；收集和分析有关贸易和竞争政策现行的方法、标准和活动，包括其实施的经验、与贸易有关的国家的竞争政策、法律和方法；现行的 WTO 规范；双边、地区性的和多边的协议和行动；贸易和竞争政策的相互作用；企业和协会的反竞争行为对国际贸易的影响；国家垄断、排他性权力和管制政策的管辖；投资与竞争政策的关系；贸易政策对竞争政策的影响等。工作组在 1997 年和 1998 年向 WTO 提交了第一和第二个工作报告。工作报告主要包括三个方面的内容：第一，贸易与竞争政策的目标、原则、概念、范围和方法之间的关系，以及它们与发展和经济增长的关系；第二，对有关贸易与竞争政策的现有手段、标准和活动，包括对它们的应用经验进行评估和分析；第三，贸易与竞争政策之间的相互作用。

1999 年 11 月到 12 月召开的第三次西雅图部长会议上，在 WTO 中构建国际竞争法机制的议题没有取得任何进展，只能留待 2001 年 11 月在卡塔尔多哈召开的第四次部长会议上解决。这期间，工作组提交了 1999 年、2000 年和 2001 年的三份工作报告。这三份工作报告在前两份工作报告的基础上，进一步对 WTO 中构建国际竞争法机制的问题进行研究。这三份工作报告的研究主题集中在四个方面：第一，WTO 基本原则（包括国民待遇、透明度和最惠国待遇）与竞争政策的关系；第二，促进成员间，包括技术领域合作和交流的途径；第三，竞争政策对于实现 WTO 的目标，包括促进国际贸易所起的作用；第四，成员提出的关于工作组授权研究贸易与竞争政策相互关系的其他问题。

3. 多哈部长宣言——竞争议题的研究

2001 年 11 月 WTO 第四届部长会议通过了会议宣言。会议宣言（即《多哈部长宣言》）针对竞争政策是否在 WTO 下进行谈判以及如何进行谈判等问题进行了讨论。宣言第 23 段："认识到有这样一种主张，即，建立一个多边框架，来加强竞争政策对国际贸易和发展的贡献，也认识到第 24 段提到的应在该领域对技术支持和能力建设进行加强的需要，我们同意在 WTO 第五届部长级会议后，以《谈判方式会议》上经由明确一致达成的决定为基础，来进行谈判。"第 24 段：

"我们认识到发展中国家和最不发达国家需要在该领域获得更多的技术支持和能力建设，包括政策分析和发展，以便他们能更好地评估更加紧密的多边合作对他们的发展政策和目标以及人力和机构建设的影响。以此为目的，我们应与其他有关政府间组织，包括联合国贸易与发展会议，进行合作；并通过适当的地区和双边渠道为他们的需求提供更多和适合的资源支持。"第 25 段："从现在到 WTO 第五届部长级会议这段时间，贸易和竞争政策互动工作组将就以下方面的澄清做进一步的工作：核心原则，包括透明度、非歧视和程序上的公平以及核心卡特尔（hardcore cartels）规定；自愿合作方式；支持通过能力建设逐步地加强发展中国家的竞争机制。对于发展中国家和最不发达国家参与者的需要应给予完全的考虑，应就解决这些需要给予适度的灵活性。"

工作组在 2002 年对《多哈部长宣言》中提出的问题进行了研究，并提交了 2002 年的工作报告。报告主要集中在四个方面。

第一，《多哈部长宣言》第 25 段宣称的基本原则如何适用于竞争领域。这部分包括以下议题：（1）在竞争政策和竞争法律中适用 WTO 的基本原则的适当性及在多边框架下适用这些原则的优势；（2）《多哈部长宣言》中所列举的透明度、非歧视性原则和公正程序原则的可能适用范围；（3）关于具体的原则，在多边框架下的适用竞争政策，与适用国内竞争政策的执行及其他国内工业政策和发展中国家的政策的关系；（4）在多边框架下可能采取的其他原则，特别是特殊差别待遇与包容性问题。

第二，关于核心卡特尔的管制。涉及的问题包括：核心卡特尔的危害，尤其是对发展中国家的影响；在国内和国际层面上处理核心卡特尔所需要的措施；包括联合国贸易与发展会议（United Nations Conference on Trade and Development，下文简称 UNCTAD）和经济合作与发展组织（Organization for Economic Co-operation and Development，以下简称 OECD）在内的相关的国际组织在处理这类问题时所采取的手段。

第三，自愿合作的方式。这一主题包括以下内容：（1）在全球经济环境下，禁止企业反竞争行为的国际合作的必要性；（2）在竞争政策多边协议中自愿合作的可能模式；（3）关于有关可能模式的问题、考虑和保留；（4）其他更有约束力的合作模式；（5）《多哈部长宣言》第25段其他因素和其他相关的机制性问题。

第四，通过能力建设帮助发展中国家增强竞争法的能力。关于这方面的讨论涉及一系列的问题，包括：（1）《多哈部长宣言》中第25段所指的通过能力建设和宣言中第24段所称的技术援助之间的区别；（2）能力建设与发展中国家（包括转型国家）在执行竞争政策时遇到的困难；（3）现存的能力建设计划的特点和限制；（4）未来项目的性质、设计和执行；（5）能力建设与竞争政策可能框架其他因素的关系。

工作组在2003年又进一步对多哈会议中提出的竞争问题进行了研究。2003年的报告集中在三个方面：第一，对2002年报告中成员方提出的问题进行研究及解答。具体包括：（1）关于在多边框架下建立一个包含《多哈部长宣言》第25段所提及的要素的竞争政策的优点与不足；（2）第25段所列出的核心原则即透明度、非歧视和程序公正原则的潜在范围和具体适用；（3）在多边框架下采纳这些原则应有的考虑，包括这些原则与国内竞争法实施程序的关系及其与发展中国家的产业政策和其他政策之间的关系；（4）国际卡特尔所带来的危害以及相应的应对措施；（5）WTO成员方在这一领域合作可能采取的形式及范围；（6）其他在多边层次上开展竞争政策合作的途径。第二，分析国际竞争机制中的争端解决机制和专家评审（peer review）机制。第三，发展中国家适用国际竞争法机制中的灵活性和能力建设问题。❶

4.坎昆会议与竞争政策的国际协调

由于各方的分歧，竞争议题在坎昆会议上最终没有形成一致的意见。预期中

---

❶ WT/WGTCP/7.自从1996年新加坡会议成立了"工作组"后，从1997年起，每年有一份年度报告，总结一年来"工作组"在协调、汇总各成员方对有关贸易与竞争问题的讨论清况。报告的编号是1997（WT/WGTCP/1）、1998（WT/WGTCP/2）、1999（WT/WGTCP/3）、2000（WT/WGTCP/4）、2001（WT/WGTCP/5）、2002（WT/WGTCP/6）、2003（WT/WGTCP/7），https://docs.wto.org/dol2fe/Pages/FE_Search/FE_S_S006.aspx?.

的国际统一竞争规则没有出台。但是，WTO 对竞争议题的研究，不能说没有任何效果。竞争议题在世界贸易组织中的谈判，使得越来越多的国家注意到反垄断法实施的重要性。越来越多的国际组织（如 OECD）和国际学术团体（如 ICN）研究竞争政策，也使得国际竞争政策开始国际化和趋同化。越来越多的国家制定了反垄断法，并借鉴国外经验完善本国的反垄断法适用机制。在一些区域性经济一体化安排中，已经开始将竞争政策的融合作为制度安排。各国反垄断法的适用出现越来越高的相似度，反垄断法实施的重要性得到国际社会的一致认可。伴随着各国自然垄断产业的去管制和自由化进程，各国自然垄断产业的反垄断法适用也开始相互借鉴，出现了一些共通之处。

（二）自由贸易协定中竞争中立原则的提出

世界贸易组织的努力在很大程度上促成了主权国家竞争法的制定与出台。在反垄断法得到各国认可的基础上，自由贸易协定开始将竞争作为一项重要的议题纳入谈判范围。晚近签署的自由贸易协定中，大都专章对竞争议题进行规定。而其中与自然垄断产业具有最直接关系的竞争条款就是"竞争中立条款"。

竞争中立条款是指任何市场主体不能因为其所有权而在竞争中处于优势或劣势地位。竞争中立条款起源于欧共体的国有企业条款，并在 2003 年的澳大利亚-新加坡自由贸易协定中首次正式出现。2008 年以后，金融危机给欧美经济带来了巨大的打击。欧美国家认为，金砖国家的国有企业得到了政府补助而在国际市场竞争中占据优势。在这种背景下，以美国为首的西方发达国家开始推行在自由贸易协定中纳入竞争中立条款。典型的是，美国最近签署的 USMCA 协议已经将竞争中立条款作为协议的主要条款。TPP 协议，以及后续承接的 CPTPP 中也已纳入竞争中立条款。

TPP 前身是跨太平洋战略经济伙伴关系协定（亦称为 P4 协议），最初由亚太经济合作组织成员国中的新西兰、新加坡、智利和文莱四国发起成立。2009 年11 月美国正式宣布加入并主导协定的谈判，2011 年 11 月日本加入谈判。2016 年

2月4日TPP12个成员国在新西兰奥克兰正式签署了TPP协定。虽然由于利益考量，美国退出TPP协议。但后续承接的CPTPP协议基本保留了TPP协议以"竞争中立"为核心内容的"国有企业和指定垄断"章节，其不仅规定要求适用于主要从事商业活动的大型国有企业（成员国直接拥有超过50%的股份资本，或通过所有者权益控制50%以上投票权的行使或拥有任命董事会或其他同等管理机构大多数成员的权利），而且还规定所涉国有企业需基于商业考虑（Commercial Considerations）和"非歧视待遇"（Non-discriminatory Treatment）作出经营决策。同时该章节还明确政府不得为国有企业提供"非商业性帮助"，从而损害其他市场主体的公平竞争和缔约国产业经济；成员国法院对外国国有企业在本国领土内实施商业活动享有管辖权，但要确保监管中立；提升国有企业透明度以及适用例外等多项内容。

国际层面，OECD也开展竞争中立原则的研究。2011年OECD公司治理小组先后发布了两份公司治理工作报告，包括《竞争中立与国有企业：挑战与政策选择》（*Competitive Neutrality and State-Owned Enterprises: Challenge and Policy Options*）和《竞争中立：在公有企业和私营企业之间保持公平的竞争环境》(*Competitive Neutrality: Maintaining a Level Playing Field between Public and Private Business*)。这两份报告是在总结经济合作和发展组织"国有企业公司治理指引"全面实施经验的基础上完成的，同时还强调了在确保"竞争中立"方面，还有很长的路要走。

为了避免市场的扭曲，确保国有企业和私营企业在市场中能够有一个公平的竞争环境，经济合作和发展组织在报告中专门规定要建立"竞争中立"框架，并要求框架的建立应当完全与经济合作和发展组织"公司治理指引"兼容。同时，经济合作和发展组织还提出寻求获得"竞争中立"必须解决的问题，具体包括：合理化国有企业商业活动的运行模式、识别成本、商业回报率、透明度要求、税收中立、债务中立、监管中立等。

(三) 竞争中立原则与管制行业的反垄断法统一适用

竞争法的国际化发展趋势使得各国越来越重视反垄断法的适用，也使得各国的反垄断法制度越来越融合。另一方面，在自然垄断产业的私有化改革下，放松管制已成为各国自然垄断产业改革的一致趋势。这两种趋势的发展，使得管制行业的反垄断法适用也出现了以下共同的特点。

第一，反垄断法在自然垄断产业中适用成为普遍趋势。自然垄断产业放松管制改革的结果是，市场竞争机制开始在自然垄断产业中发挥作用。而自然垄断产业大都是由大型国有企业改制而来，其庞大的经济体量容易滥用市场支配地位，侵害市场的自由竞争秩序。因此，在自然垄断产业改制之前，各国都制定行业管制立法，并明确反垄断法在自然垄断行业的适用。自然垄断产业中适用反垄断法已成为各国自然垄断产业改革的一个普遍趋势。

第二，自然垄断产业中的反垄断适用制度出现趋同性。自然垄断产业的反垄断法适用存在管制机构适用为主、反垄断法执法机构适用为主和司法机构适用为主等不同模式。但是，随着竞争法国际化趋势，各国的反垄断法适用机制出现了趋同的态势。采取传统行政主导模式的国家开始注重法院的作用，在制度上鼓励反垄断私人诉讼，避免行政管制恣意行为；而采取司法诉讼主导模式的国家更注重行政机构的执行力，以提高反垄断法执行的效率。

第三，自由贸易协定中纳入竞争中立条款，进一步促使自然垄断产业中竞争法的适用。自然垄断产业早期由于具有自然垄断性质和巨大的早期投资，由国有经济垄断经营。放松管制的结果是，各国开启了自然垄断产业的混合所有制进程，在自然垄断产业中引入竞争机制。但是，不可否认的是，在许多国家，特别是发展中国家和转型国家中，自然垄断产业中仍然是国有企业占据绝对份额。自由贸易协定中的竞争中立条款意味着政府不得因为自然垄断产业的所有权性质而采取不同的政策。政府有必要保证自然垄断产业的国有企业与民营企业在同一起跑线上竞争。竞争中立条款必然要求自然垄断产业统一适用反垄断法。

第四节　自然垄断产业适用反垄断法的价值取向：社会整体福利

法的价值取向对法律的适用具有指引的作用，同样会影响反垄断法的具体实施机制。反垄断法条文的概括性、价值多元化使得价值取向对反垄断法的适用具有更大的影响。研究反垄断法在自然垄断性产业的适用有必要对反垄断法的价值基础进行分析。

从 2014 年开始，我国反垄断执法机构频出动作，开始对垄断性产业进行必要的执法：原国家工商总局对微软操作系统涉嫌反垄断进行调查；国家发改委对奔驰等国外品牌汽车 4S 店售后服务涉嫌反垄断进行调查；国家发改委对高通垄断行为开出巨额罚单。这些调查和处罚行为是我国反垄断法正常执法的表现，却引起了国外媒体对我国反垄断执法不够专业、选择性执法的质疑。我国有关部门多次强调，我国的反垄断执法"一视同仁"，不存在"内外有别"。

我国反垄断法实施产生的这些质疑有多种原因，但是也提出了普遍的问题：我国反垄断法在自然垄断产业中应如何适用；我国反垄断法如何确定其保护的福利标准，以保证反垄断法实施结果经济合理性的同时，与自然垄断产业的有效管制改革良性互动。

一、反垄断法的福利标准为何重要

由于反垄断法立法条文本身的抽象性和概括性，反垄断法在适用过程中一直存在着"误判"（false positive，经济行为实际上不具有垄断危害效果，而执法机构或法院判决违法）和"漏判"（false negative，经济行为实际上具有垄断危害效果，而执法机构或法院未判决违法）的担忧。在实践中，要正确判断一个反垄断案件，法院或执行机构需要首先分析经济行为对市场竞争会或将会产生何种效果。经济行为产生的经济效果往往不是单一的，而是多重的、复杂的和综合的。大多数的经济行为一方面促进竞争、提高效率的同时，另一方面又对市场竞争产生不利的影响。基于此，合理原则成为反垄断案件适用的主要原则之一。随着反垄断法与经济学的融合，法院或执行机构借助经济理论模型分析经济行为产生的或可能产生的经济后果已经成为通行做法。

但是，更基础的问题是，以什么价值标准判断经济行为带来的社会效应。换言之，反垄断法如何评价经济理论模型的分析结果。要解决这个问题，不能仅仅依靠经济理论，而应该进一步分析反垄断法保护的法益——反垄断法的福利标准。根据福利经济学的观点，反垄断法保护的法益不仅仅是竞争的过程，而且更重要的是竞争的结果——经济福利。"竞争法的意义体现在其追求的竞争过程本身以及与竞争相关的经济福利。竞争法既要关注市场行为对竞争的限制、扭曲，维护竞争过程本身，创造相互争胜的市场环境；也应考虑竞争作为手段所能实现的经济福利。"上述的两个基本问题是相互关联的，而福利标准更为基础。福利标准的选择不仅是判断经济行为的最终价值判断标准，而且是分析经济行为的经济理论的伦理基础。在反垄断案件中，采取不同的福利标准，会影响反垄断分析的视角，最终产生不同的结果。

我国《反垄断法》立法条文中内化了消费者福利、公共利益、经济效率等多种价值取向，导致了反垄断法适用过程中福利标准的不确定性。但这种不确定性也正是我国反垄断法受到"内外有别"质疑的原因之一。我国反垄断法适用过程中应明晰和统一福利标准，更好地增强我国反垄断法的一致性，有利于我国在自然垄断产业改革过程中，建立合适的反垄断法适用机制。本节对我国反垄断福利标准的理论争议和实践进行分析，并借鉴国际趋势提出我国反垄断法实施中应采取的福利标准。

二、三种不同的福利标准

福利一词来源于福利经济学。早期学者认为福利存在广义福利和狭义福利之分。广义的社会福利包括由于对财务占有而产生的满足，涉及"自由""家庭幸福""正义"等内容，难于有效计量；而狭义福利仅仅指经济福利，也就是经济效用，可以用货币计量。随着福利经济学研究的深入，学者发现福利在英文文献中存在两种表述"well-being"和"welfare"。"well-being"更多指人的心理状态（幸福不幸福），难于用经济标准衡量，应翻译为福祉。福利经济学研究的福利应重点放在能够客观衡量的经济福利上。据此，经济福利是"经济学中用于测度产业绩效的标准概念，它可以衡量经济中不同集团的总福利状况"。根据经济福利的这一概念，本书将反垄断法的福利标准界定为：在反垄断经济分析中，以哪一利益群体的经济福利状况改善作为合法性的判断规则。

反垄断法滥觞于美国。谢尔曼法诞生之日起，反垄断法应采取何种福利标准就成为美国学术界争论的热点。在美国的反垄断实践中，不同时期采用不同的福利标准往往导致案件的处理结果截然相反。同时，不同经济理论背后的价值取向差异也与福利标准差异紧密相关。根据反垄断法的价值取向和保护法益不同，美国反垄断学术界提出三种不同的福利标准。

（一）竞争者福利标准

竞争者福利标准认为反垄断法的价值取向是公平和自由，目的在于保护相关市场上的弱小竞争者，禁止任何限制自主竞争或导致市场集中的行为。根据这种标准，垄断者达成的捆绑销售或排他性交易协议，损害了弱小竞争者的自由选择权利，本身就构成违反竞争法的行为，而不需要进一步分析经济行为是否会促进社会福利的增长。在采取"竞争者福利"标准的情况下，法院更多采取"本身违法"原则。在美国著名的"铝公司案"中（United States v. Aluminum Co. of

America），主审法官亨德（Hand）就是采取"竞争者福利"标准作为判案依据。在铝公司案中，美国联邦政府起诉铝公司通过一系列的排他性行为，包括排他性合同等，维持其合法获取的市场支配地位。该案的主审法官亨德经过谨慎的审理后认为，企业可以通过优良的产品质量、远见、战略等获得市场竞争优势。但是，如果企业利用市场支配地位的优势未给其他竞争者提供合理的进入机会，这种"利用"本身就违反谢尔曼法。同时，亨德法官认为反垄断法维持市场的竞争结构，而铝公司的行为破坏了竞争结构，因此也违反了反垄断法。从理论上分析，亨德法官认为反垄断法的立法目的是保护弱小竞争者，采取的是"竞争者福利标准"。

（二）消费者福利标准

消费者福利标准认为反垄断法的价值取向在于经济效率。从反垄断法与芝加哥学派经济理论联姻开始，"广义的消费者福利"一直被视为反垄断法适用的基本标准。采取广义的消费者福利标准，法院可以判断经济行为是否属于反垄断法禁止的范围。这一方法在美国"标准石油公司"案中，得到首次适用。在该案中，法官适用了"合理原则"，认为应该以被诉行为是否促进"广义的消费者福利"来判断其是否"合理"。但是，正如有的学者指出，"消费者福利"一词在美国学术界和实务界具有误导性，它时而解释为经济效率，时而又解释为消费者利益。❶ 相应的，广义的"消费者福利标准"也可以进一步划分为两种不同的福利标准。

一些学者认为，"消费者福利"仅仅指相关市场上购买者或潜在购买者的福利。这种界定主要关注被诉垄断行为是否影响相关市场上的分配正义。这种界定将"消费者福利"等同于潜在"市场购买者福利"，也就是说，反垄断法应当禁止减损市场购买者福利的所有经济行为，即使该经济行为促进了分配效率，提

---

❶　Warran Pengilley, Access to Essential Facilities: An Unique Antitrust Experiment in Australia, 43 Antitrust Bulletin 519, 525 (1998).

升社会总福利。从经济理论上进行技术分析，购买者福利标准只关注垄断行为在相关市场的"消费者剩余"，而不考虑相关市场上生产者的福利。采取这种标准，反垄断法应该禁止所有减损"消费者剩余"的行为，并对资源分配效率采取敌对态度。

（三）社会总体福利标准

另一部分学者对"消费者"采取广义的理解，认为消费者不仅包括相关市场上的购买者或潜在购买者，还应包括社会上的全体人员，甚至包括采取限制竞争行为的经营者及其股东。采取这种观点的学者认为，采取限制竞争行为的经营者同样是反垄断法保护的对象，在衡量垄断行为的效果时，不能忽略对经营者福利增加的衡量。也就是说，这种观点认为福利纯粹在购买者和生产者之间的分配只是零和博弈，不会影响社会的总体利益，而反垄断法只需要禁止减损社会总体福利的限制竞争行为。从经济理论上进行技术分析，社会总体福利标准采取卡多尔 - 希克斯的效率标准判断垄断行为的合法性，而不考虑福利在购买者和生产者之间的分配。只有垄断行为减损了卡多尔 - 希克斯效率，才被视为违法行为。采取总体福利标准的学者包括哈伯格（Arnold Harberger）、博克（Robert Bork）等。

上述两种标准的主要分野在于是否关注"分配效率"。在经济学理论上，经济效率包括"分配效率"和"生产效率"。广义的消费者福利标准认为，经济福利是经营者福利和消费者福利的总和，而无须考虑消费者与经营者之间的财富转移。而狭义的消费者福利标准则认为只有经济利益可以传导给消费者，才被认定为符合反垄断法的行为。为了更好地区分两种福利标准，本书将狭义的消费者福利标准称为消费者福利标准，而广义的消费者福利标准称为社会总福利标准。

三、学术争论：我国反垄断法福利标准的选择

反垄断法在我国作为舶来品，其形成和制定深受美国与欧盟制度的影响。而

反垄断法的实施制度也在很大程度上借鉴了美国及欧盟的相关制度。在反垄断法方面，我国是学术先行的情况。也就是说，早在我国反垄断法正式生效之前，我国学者就以"法律移植"的方法，借助"美欧情景"先从理论上对反垄断法的制度和实施进行了研究。这种研究惯性和"情景模拟"使得我国反垄断法实施后，我国的反垄断学术研究仍然受欧美发达国家和地区理论的影响。

竞争者福利标准作为保护竞争者，而非保护竞争过程的一种标准，偏离了反垄断法的立法目的，在美国学术界饱受批评。在铝公司案判决二十多年后，博克（Bork）法官在重新审视谢尔曼法的立法意图和立法历史后，认为铝公司案中采取"竞争者福利标准原则"误解了谢尔曼法的立法原意。博克法官采取了"新古典经济学的价格理论"，认为反垄断法的目的在于促进所有消费者福利需求的满足，也就是促进社会的总体福利。为此，在20世纪80年代以后，竞争者福利标准已经被美国学术界所抛弃。消费者福利标准和社会总福利标准成为美国学术界争论最激烈的两种福利标准。考察我国现有的文献发现，我国学者关于反垄断法福利标准的研究也受到美国上述趋势的影响。

（一）我国法学学者的观点

我国法学学者的主流观点是，我国应采取消费者福利标准。张永忠博士认为，消费者福利标准具有自洽性、正当性。消费者福利标准有利于实现公平分配，适用起来又比较简便，已经成为反垄断法实践中矫正效率主张的基准，成为竞争效果分析的重要标杆。消费者福利标准可以作为滥用市场支配地位违法性的独立的、重要的认定标准，消费者福利标准也可以在经营者集中审查中嵌入效率标准，或者在垄断协议豁免审查中独立作为一种标准去矫正整体经济福利标准的"劫贫济富"，实现反垄断法提高经济效率，维护消费者利益的立法目的。应品广博士的观点相对折中一些，认为应平衡社会总福利与消费者福利的权重，采取社会本位下的消费者福利导向标准。具体而言，在分析反垄断法的效果时，应注重社会的整体福利变化，而非仅仅关注消费者的利益作为最终归宿。但是，在分析过程中，可以初步以消费者的利益作为分析起点。还有些法学学者虽然没有直接提出福利标准的选择，但在其文章分析中简要阐明了消费者福利标准的观点。例如，黄勇教授在互联网产业"相关市场"之界定中，认为如果互联网企业损害竞争进而影响到了"消费者福利"，那么可以直接越过"相关市场的认定"。上述观点显示了黄勇教授对消费者福利标准的认可。叶明博士在分析判断独家交易条件时，也认为应重点考虑消费者福利，只要侵害了消费者福利，那么就可以认定独家交易成立。

（二）我国经济学者的观点

与法学学者一致地倾向于消费者福利标准不同，经济学学者更强调社会总福利标准的理论正当性。余东华教授在比较了社会总福利标准与消费者福利标准的差异后，认为我国在经营者集中审查中目前应采取社会总福利标准。余教授提出，从反垄断法的内在逻辑和经济学合理性考量，社会总福利标准更符合反垄断的公正要求。在垂直限制竞争协议的强生公司案中，我国两位经济学者作为专家证人出庭，并同时表述了社会总福利标准的基本观点。上诉人聘请的龚炯博士在专业意见中分析"限制转售价格协议"往往导致社会总福利的损失，同时消费者福利也不一定增加。虽然龚博士没有区分社会总福利与消费者福利的权重，并认为本案中限制转售价格协议大大减少了消费者福利剩余，社会总体福利也遭到无谓损失。从龚博士的陈述中可以看出其认为社会总福利是最终标准。被上诉人聘请的专家谭国富教授认为该案的限制转售价格协议增加了社会总福利，且对消费者福利的负面影响小。谭教授同样涉及了社会总福利和消费者福利问题，但同样从谭教授的表述中可以看到其侧重于社会总福利标准的论证。在两位专家的论证中，虽然都涉及了消费者福利与社会总福利的论述，但是可以看出两位专家在论证中更侧重于社会总福利的损失标准。

（三）两种观点的分析

事实上，我国法学学者与经济学学者不同观点背后的原因在于价值取向不同。由于缺乏精确的数学模型分析工具，法学学者更强调公平和对弱小消费者的保护，因此法学学者的标准中消费者福利保护一直是核心的重要标准。而经济学学者更关注整体经济发展和经济效率，因而更注重社会总福利标准。

四、实证考察：我国反垄断法实践中的福利标准

我国《反垄断法》第1条关于反垄断法立法目的的描述中，将"保护市场公平竞争""提高经济运行效率""维护消费者利益和社会共同利益"并列陈述，事实上是内化了反垄断法的多种价值取向。反垄断法价值争议也延伸到福利标准的认定中，法学学者与经济学学者关于福利标准的分歧，进一步模糊了反垄断法在实践中的适用标准。那么，在具体的反垄断法适用实践中，我国反垄断法适用的福利标准是什么？

由于历史原因和制度惯性，我国目前的反垄断法执法是分散式的执行体系。我国反垄断法规定了国务院反垄断法委员会承担组织、协调和指导反垄断行政执法工作的任务，而具体的反垄断法执法初期则由国家发改委、商务部和工商总局三个部门分头执行反垄断法。❶同时，我国的《反垄断法》第50条规定了反垄断民事诉讼制度，最高人民法院也因此制定了《最高人民法院关于审理因垄断行为引发的民事纠纷案件应用法律若干问题的规定》。法院可以依法审理当事人因垄断协议和滥用市场支配地位行为受到损害而提起的民事诉讼。因此，我国反垄断法的实施实践包括反垄断执法机构的执法行为和法院的反垄断法司法判决两个方面。为了类型化研究我国反垄断法的实施实践，本书分别考察垄断协议、滥用市

---

❶　林来梵，张卓明.论法律原则的司法适用——从规范性法学方法论角度的一个分析［J］.中国法学，2006，（2）：122.

场支配地位和经营者集中审查的反垄断法实施实践中一些有代表性的案件，分析我国反垄断实施机构及法院在执行和审理反垄断案件中内含的福利标准。

（一）垄断协议认定的福利标准

垄断协议是反垄断法禁止的垄断行为之一。美国谢尔曼法第 1 条规定："根据本法规定，所有限制州际或对外商业贸易，以托拉斯或其他形式组成联合，签订合同或秘密协议的，都属于违法行为。"《欧共体条约》第 81 条规定："所有影响成员国之间贸易，并以妨碍、限制或扭曲共同市场内竞争为目的或产生此效果的企业之间的协议、企业联合组织的决议和一致行动，应被视为与共同市场不相容而被禁止。"我国的《反垄断法》第 2 章则区分横向垄断协议和纵向垄断协议，并分别加以管制。

国家发改委初期具体负责价格垄断协议的行政执法。国家发改委 2011 年颁布了《反价格垄断规定》，作为反垄断法实施的配套细则。仔细解读《反价格垄断规定》的条文，可以看出国家发改委规定采取消费者权益福利标准的倾向。根据《反价格垄断规定》的规定，"没有正当理由"的价格垄断行为是非法行为。而判断"正当理由"的标准，不仅包括"能够显著降低成本、提高效率"，而且还包括"能够使消费者分享由此产生的利益"（《反价格垄断规定》第 14 条第 3 款）。

实证考察国家发改委 2013—2014 年公告的一系列行政处罚案件，消费者福利标准是国家发改委处罚的主要标准。在 2013 年浙江财产保险公司横向垄断协议一案中（发改办价监处罚〔2013〕7-29 号文），国家发改委认为被调查公司的行为"剥夺了消费者的选择权""损害了消费者福利"，因此该行为是违反反垄断法的行为。在国家发改委处罚汽车零部件固定价格协议案（发改办价监处罚〔2014〕3-9 号文）和轴承固定价格协议案（发改办价监处罚〔2014〕10-13 号文），发改委以损害了"消费者福利"作为违反反垄断法的判断依据。在后续的一系列案件中，发改委的处罚行文同样都以"损害消费者福利"作为违法标准。

在法院审理垄断协议案件中，北京锐邦涌和科贸有限公司诉强生（上海）、强生（中国）医疗器材有限公司纵向垄断协议案（以下简称强生案）是我国反垄断法实施中很有意义的案件。媒体评论强生案是我国首个纵向垄断协议案例，且最终原告在二审中获得胜诉。强生案中，原告作为强生公司长达15年的经销商，在北京大学人民医院采购竞标过程中因违反经销合同中限制转售价格条款而降低价格竞标，遭受两被告处罚，先是被取消在部分医院的经销权，继而被完全停止供货，遭受重大经济损失。为此，原告向上海市第一中级人民法院起诉被告的限制转售价格条款属于反垄断法中的垄断协议。上海市第一中级人民法院审理后认为："固定或转售价格协议并不必然违反反垄断法"，应进一步考察协议是否具有"排除或限制竞争的效果"。但由于原告未能完成举证责任，因此一审驳回了原告的全部诉讼请求。

一审败诉后，原告向上海市高级人民法院提出上诉。与专家论证更侧重于社会总福利损失不同，二审法院更倾向于分析竞争行为对"消费福利"的损失。二审法院在审理了相关事实后认为，纵向协议更应以"排除、限制竞争效果为必要条件"。分析"排除、限制竞争效果"，必须明确"经济效果的分析评价方法"。基于此，二审法院分析了限制转售价格限制竞争效果与促进竞争效果两个方面。在限制竞争效果方面，二审法院认为本案的限制转售价格协议限制了品牌间的竞争，"消费者利益由此受损"；同时维持了强生公司的价格体系，排挤了有效率的经销商，"损害消费者福利"；在促进竞争效果方面，被告提出的促进销售网络建设未能"使消费者获利"。因此，二审法院认为，本案的纵向协议具有排除、限制竞争效果，属于垄断协议。从二审法院的分析中，可以看出法院给予"消费者福利"更高的权重。

娄丙林诉北京市水产批发行业协会案（以下简称北京水产批发行业协会案）中，法院同样采取了消费者福利标准。娄丙林为北京京深渔隆海鲜行的经营者，北京市水产批发行业协会要求协会的成员不得折价销售獐子岛扇贝。娄丙林起诉北京水产行业协会的上述行为是固定价格行为，要求赔偿损失。北京市第二中级人民法院审理后，认为上述固定价格行为并不必然给娄丙林带来损失，但是最终会损害消费者利益，因此属于固定价格的垄断协议无效。北京市高级人民法院在审理上诉案件中，同样支持了上述标准。

通过上面的实证分析，发改委和司法部门以损害消费者福利作为认定垄断协议的主要依据。因此，在垄断协议的认定上，我国实践中采取的是消费者福利标准。

（二）滥用市场支配地位认定的福利标准

与垄断协议，特别是横向垄断协议，适用较为严厉的违法标准相比，滥用市场支配地位的认定标准要高。反垄断法禁止"滥用"市场支配地位的行为，但是并不反对企业通过竞争获得"市场支配地位"。经济学家和法学家认为"能具有市场支配地位是竞争优势的结果"，法律上应该给予保护而非禁止。❶

滥用市场支配地位的早期执法机关为原国家工商总局。在原国家工商总局的一系列案件中，原国家工商总局以消费者损失作为违法的依据。例如，原国家工商总局在处罚首例滥用市场支配地位的案件中，原国家工商总局强调了惠州净水公司具有市场支配地位，而其强制供水交易损害了消费者福利，因此属于垄断行为。❷

在司法案件中，滥用市场支配地位同样采取了消费者福利标准。奇虎诉腾讯案是奇虎与腾讯在互联网领域中3Q大战中的一环。该案中，奇虎公司向广东省高院起诉认为，腾讯公司强制互联网消费者"二选一"的行为是滥用市场支配地位的行为。广东省高院审查了即时通信软件的相关市场以及腾讯公司的市场份额后，认为腾讯公司不具有市场支配地位，因此不能认定腾讯公司违反反垄断法。但是，在认定腾讯公司不违反反垄断法的前提下，广东省高院进一步对"二选一"行为和"搭售行为"进行分析。广东省高院认为，"二选一"行为侵害了消

---

❶ 史际春，杨子蛟. 反垄断法适用除外制度的理论和实践依据［J］. 学海，2006，（1）.

❷ 《不给工程就停施工用水广东首件滥用市场支配地位垄断案结案》，http：//www.saic.gov.cn/jgzf/fldyfbzljz/201401/t20140120_141315.html.

费者的选择权，因此"缺乏正当性"；而"搭售行为"并未侵害消费者的选择权，因此"搭售行为"并不成立。从上面广东省高院的判决分析，是否侵害了消费者的选择权，侵害消费者权益是法院判断违法的主要标准。最高人民法院维持了广东省高院的判决。无独有偶，在陕西广电案中，是否侵犯消费者的选择权同样是判断构成垄断行为的标准。在该案中，吴某琴作为陕西广电的消费者，认为陕西省广电捆绑基本服务和付费服务的收费方式滥用市场支配地位。西安市中院一审认为陕西省广电的捆绑销售行为侵犯了原告的选择权，应认定为违反反垄断法的搭售行为。❶陕西省高院驳回了一审判决，而驳回理由是"消费者选择权既然存在，就不符合搭售行为的构成要件"。❷虽然在陕西广电案中，一二审的判决结果截然相反。但是，导致截然相反判决结果的原因在于法院对于事实的认定，而不是福利标准的分歧。一二审法院都以是否侵犯消费者福利作为判断案件的标准。在华为诉IDC案件中，一二审法院同样认为："必要专利进行打包许可符合效率原则，特别对跨国公司而言有利于降低成本进而有利于提高消费者福利，不宜认定该行为是限制竞争、违反反垄断法的"。❸

（三）经营者集中审查中的福利标准

经营者集中审查早期由商务部下属的反垄断局具体负责。虽然我国在经营者集中审查方面制定了大量法规和规章，但是经营者集中制度的具体实施仍然是一个难题。《反垄断法》第28条规定了审查经营者集中的标准："是否可能具有排除、限制竞争效果"。同时，该条还进一步规定，即使经营者集中行为"可能具有排除、限制竞争效果"，还需要进一步分析"对竞争产生的有利影响和不利影响"及"公共利益"。如果"对竞争产生的有利影响明显大于不利影响"或具有"公共利益"，那么商务部可以作出不予禁止的决定。因此，主管机构并非对集中行为的"对错"进行判断，而是"利弊"的对比判断。换言之，经营者集中审查适用合理原则，而非本身违法原则。经营者集中审查适用合理原则意味着反垄断

---

❶　（2011）粤高法民三初字第2号。

❷　西安市中级人民法院（2012）西民四初字第00438号民事判决。

❸　（2013）陕民三终字第00038号。

主管机构并不能仅仅依照法律条文就能作出正确的决定，而更多的是需要借助反垄断经济原理进行"利益衡量"。而判断案件的福利标准就成为商务部"利益平衡"的指挥棒。

对商务部❶禁止经营者集中和附条件集中的公告进行分析，可以分析出商务部具体审查的福利标准。商务部禁止经营者集中的案例有两个：可口可乐并购汇源果汁案和马士基、地中海航运、达飞设立网络中心案。在可口可乐并购汇源果汁案中，商务部适用了"传导原则"，并认为并购会"进而损害饮料消费者的合法权益"。❷ 虽然在该案中，并购方提出了"提高效率"会提升社会整体福利的抗辩，但是这种抗辩由于没有证据可以证明其会给消费者带来利益。商务部最终禁止了该并购行为。因此，从该案的分析思路看，决定该案的最终标准是"消费者福利标准"。在马士基、地中海航运、达飞设立网络中心案中，虽然没有直接点名消费者，但是在有关经营者影响分析中，商务部认为"交易方可能利用其增强的市场控制力损害货主的利益"。从这个意义上分析，该案的核心性标准还是"消费者福利标准"。商务部附条件集中的案例中，同样可以看出"消费者福利标准"在商务部判断案件中的重要作用。在微软收购诺基亚设备和服务业务案件中，商务部重点考虑了微软的专利许可可能给中国手机市场造成的影响，并认为可能会"危害市场竞争"，结果是"直接损害消费者利益"。

对于产生效率但会损害消费者利益的并购行为的态度是判断"社会总福利标准"与"消费者福利标准"主要标志之一。在商务部并购审查规定上，并没有明确区分"效率"和"消费者利益"的权重。但是，从商务部公告相关案例的具体分析思路可以看出，商务部主要关注"并购行为是否具有限制竞争的效果"，从而损害消费者利益。如果限制竞争的效果会损害消费者的利益，那么商务部就会特别关注该并购行为。换言之，如果并购产生的效率无法传导给消费者，未给消费者带来利益，那么并购就会被禁止。

---

❶ 2018 年以前我国反垄断执法由商务部反垄断局进行。

❷ 商务部公告 2009 年第 22 号

五、我国自然垄断产业中反垄断法的福利标准选择

从我国市场经济改革开始，如何通过市场的力量进行资源配置就成为经济学和法学研究的重要议题。党的十八大再次坚定了简政放权，充分发挥市场活力的方向。因此，反垄断法作为维护市场自由竞争的基本法律被赋予了更重要的地位。反垄断法执法过程中应以什么福利标准作为准则，是反垄断法实施中的前置性问题。社会总福利标准和消费者福利标准在价值取向上具有细微差异，而我国的经济学界和法学界在标准选择上存在不同的观点。

从反垄断法的具体实施上分析，采取社会总福利标准需要衡量和比较社会不同利益集团的收益与损失。即使经济行为损害到消费者福利，但促进了社会总体福利，例如提高效率、增强创新，那么也不被视为垄断行为。而消费者福利标准则将一切损害消费者福利的经济行为视为垄断行为。所以，社会总福利标准相对宽松，但适用过程中需要衡量更多的因素，需要借鉴经济模型进行衡量分析，技术层面上更为复杂，这就要求反垄断实施机构具有更高的能力。相反，消费者福利标准相对严格，只要分析是否损害消费者利益，适用也相对简单。

实证研究发现，我国反垄断法适用过程中虽然会综合考量社会总福利和消费者福利，但总体上分析，还是适用消费者福利标准。我国反垄断法执法初期，采取更加严格而简单的消费者福利标准，不仅有利于营造反垄断法的威慑氛围，而且方便执法机构的执法。但是，为了更好地消除"内外有别"的疑虑，增强预见性，发挥反垄断法的作用，我国应从消费者福利标准向综合性福利标准转变，并以社会总福利标准为主，消费者福利标准为辅。特别是我国的自然垄断产业，大都脱胎于早期的国有企业，受到主管机关的严格管制。确立社会总福利为主，消费者福利为辅的福利标准，有利于我国自然垄断产业的改革和反垄断法的有效适用。

第一，我国《反垄断法》于2008年正式实施。反垄断法实施多年来，反垄断法的实施效果并未尽如人意。2014年开始，我国反垄断法执法机构加大了反垄

断法的执法。从实施效果上分析，在反垄断法实施初期，采取消费者福利标准，严格执行反垄断法，可以简化反垄断法的实施难度，增强反垄断法的威慑力，是可行的。但随着我国执法和司法机构反垄断法实施经验的丰富，反垄断法执法机构应加大对反垄断案件的分析深度，重视经济行为对社会总福利的影响。正如有的学者考察了我国反垄断法实施初期的一系列案件后，认为我国反垄断法案件并不具有反垄断法的诉因，是反垄断伪案。这充分说明了反垄断法单纯采取"消费者福利标准"带来的困境。事实上，我国反垄断法的条文也显示实践中采用社会总福利标准的合理性。我国《反垄断法》第 1 条在反垄断法的立法目的中，明确了维护消费者利益和社会公共利益的目的，也就是说消费者福利只是其中的标准之一。《反垄断法》第 15 条也规定，如果垄断协议可以促进技术进步、维持经济景气等公共利益，不适用反垄断法的规定。这些规定凸显了消费者福利并非我国反垄断法的单一福利标准，适用反垄断时应综合考虑社会的总体福利。

第二，社会总福利标准中更符合经济模型的分析结论。反垄断法是和经济学联姻最密切的法学学科之一。在美国的反垄断法实施历史上，经济学对反垄断法的实施产生了巨大的影响，并推广到各国反垄断法的适用。根据经济学的理论，判断一个行为的合理性在于这个行为是否能达到帕累托最优。而判断帕累托最优的立足点是整体经济效益，而非某一利益群体的经济效益。为此，大多数的经济学教科书中经济模型中对反垄断法的分析更多以社会总福利和社会总效率的损失为基础建立模型。随着我国反垄断法实施的深入，应增强我国反垄断法实施的合理和有效性，我国反垄断实施中必然要增强经济合理性分析。为此，采取社会总福利标准更符合经济理论对于反垄断法的期待，也更有利于我国实践中采用经济模型分析案件。

第三，反垄断法目的是维护市场自由竞争，而非单纯保护消费者权益。消费者权益保护主要应依据消费者权益保护法，反垄断法不应该越俎代庖。不容否认，消费者权益的保护是反垄断法的重要目标之一。但是，反垄断法作为经济宪法，其核心价值在于维护市场的自由竞争秩序，保证市场机制成为资源配置的有效机制，其目的与消费者权益保护法还是存在区别的。消费者权益保护法更多从消费者的权益出发，设计在市场不对称情况下，如何倾斜性地保护消费者权益。消费者权益保护制度的立足点和出发点更多在于保护弱者——消费者。因此，消费者权益保护法中的大多数制度具有不平等性。但是，正如有学者所称，反垄断法是保护竞争的过程，而非保护竞争弱者。❶反垄断法不等同于消费者权益保护法，应更均衡各个群体的福利。将消费者福利作为反垄断法的最终福利标准，将在一定程度上混淆了《反垄断法》与《消费者权益保护法》的界限。社会总福利标准不仅仅考虑消费者福利剩余，而且比较均衡生产者的福利剩余，更符合反垄断法的地位和立法意图。

第四，强调社会总福利标准为主是国际反垄断法适用的趋势。反垄断法的福利标准在美国的反垄断实施过程中，一直存在很大的争议。但是，进入 21 世纪以来，美国经济学界和反垄断法实践机构，都一直坚持将社会总福利标准作为反垄断法的福利标准。英国在 2012 年取消了公平贸易委员会（Office of Fair Trading）和竞争委员会（Competition Commission），设立统一的竞争和市场机构（Competition and Market Authority），目的在于竞争法及消费者权益保护法的不同功能。学者在评论中，对英国竞争法的改革表现出肯定的态度："（英国）竞争机构的改革是受欢迎的。保护消费者应该是消费者权益保护法的目的，而非竞争法的目的。因为竞争法应该是客观而非主观的。"英国的上述改革也得到了欧盟和 OECD 相关成员国的肯定。为此，随着我国进一步融入国际经济，我国的反垄断法应进一步的国际化。我国反垄断法的适用标准应是社会总体福利标准。相应的，在我国自然垄断产业的市场化过程中，我国反垄断执法机构应以社会总体福利标准作为反垄断法在自然垄断产业中的适用价值基础。

---

❶ 孔祥俊.反垄断法原型［M］.北京：中国法制出版社，2001：176.

第二章　自然垄断产业的反垄断法豁免制度研究

　　在竞争政策国际化的趋势下，各国的反垄断法关于自然垄断产业的规定出现了趋同化。同时，社会总体福利标准成为反垄断的适用标准，也使得反垄断法的适用出现管制化趋势。但是，自然垄断产业一方面受到管制机构的管制，另一方面又需要适用反垄断法，会产生管制与反垄断法适用的冲突。自然垄断产业在多大程度上适用反垄断法体现了管制与竞争之间的分权关系。因此，研究反垄断法在自然垄断产业中的适用关系，首先应研究反垄断法的豁免制度，进而确定反垄断法在自然垄断性产业的适用边界和豁免范围。由于自然垄断产业的改革进度和市场化程度不同，不同国家在自然垄断产业的豁免制度不同。比较不同国家的反垄断法豁免制度以及在自然垄断产业中的适用情况，对垄断性产业的反垄断法豁免进行类型化研究，有助于研究我国反垄断法在自然垄断产业的豁免和适用制度。

第一节 自然垄断产业豁免反垄断法适用的理论

一、反垄断豁免制度与除外适用制度的概念

（一）豁免与除外使用的概念比较

对于反垄断豁免与反垄断的除外适用这两个概念，国内外学者存在不同的观点。有的学者将除外适用和反垄断豁免视为同一概念，也有的学者认为两者存在区别，不可混淆。许光耀教授仔细研究了欧盟竞争法制度后，认为两者是不同的概念。反垄断法的适用除外 (exception) 是指对特定经济领域不适用反垄断法，将其除外于反垄断法的适用范围。该领域即使表面上符合垄断行为的构成要件也不受反垄断法的调整。而豁免 (exemption) 则是有"网开一面"的意思，即对于违反反垄断法的行为，由于其符合反垄断法本身规定的免责条件，因而反垄断法对其不予禁止。❶许光耀教授进一步分析认为，除外适用与豁免从管制方式、自由裁量权、管制对象、效力范围以及发展趋势方面都存在重大差异。根据许光耀教授的观点，除外适用是将某一领域或某一主体排除在反垄断法的适用范围之外，而豁免则是某一行为符合反垄断法的免责条件，而不视为违反反垄断法，换言之，豁免是行为的反垄断合法性判断，而除外适用是反垄断法的不适用。

但是，也有的学者对许光耀教授的区分提出了质疑。黄勇教授认为，许光耀教授的区分只能在欧盟竞争法的语境中才具有意义。如果将上述概念界定放到美国的反垄断法语境中，这种区分就会发生错误。美国的反垄断法中只有豁免的概念，而不存在反垄断法的除外适用的概念。同时，考察美国反垄断豁免的有关制度，美国反垄断法豁免的含义恰恰就是欧盟竞争法中的除外适用。

---

❶ 许光耀. 欧共体竞争法通论 [M]. 武汉：武汉大学出版社，2006，163-164.

进一步分析欧盟竞争与美国反垄断法产生概念差异的原因在于法律规定不同。欧盟竞争法主要规定在《里斯本条约》的第 101 条。《里斯本条约》第 101 条的立法体例是该条的第 1 款规定竞争法的普遍适用性，第 3 款对积极效果大于消极效果的限制竞争行为进行合法化豁免。而美国反垄断法并没有这种规定，对于产生效率大于损失的垄断行为，则是通过法院适用合理原则直接判断合法性。美国的垄断豁免更多是指，反垄断法实施过程中与管制政策、宪制程序等其他法律制度发生冲突，通过法院判例或单行法豁免反垄断法的适用。因此，美国反垄断豁免从意义上更符合欧盟反垄断除外适用的概念。

因此，许多研究美国反垄断法的学者在使用反垄断法豁免或反垄断法除外适用时都没有进行明确的区分。例如，孔祥俊认为："从一般意义上说，反垄断法上的豁免制度是指对于在形式上符合反垄断法禁止规定的行为，因其符合免除责任的规定而从反垄断法规定的使用中排除出去，豁免又可以译为除外，这只是翻译方法的不同。"❶ 符启林主编的《经济法学》认为："反垄断法的豁免（或称为除外、例外）条款，是反垄断法的重要条款之一。豁免条款是指反垄断法中专门设置的规定某些特定领域，某些特定事项或者某些特定情况下的垄断行为不适用反垄断法的条款。即反垄断法对这些特定领域、特定事项或者特定情况下的垄断行为，虽然在形式上符合反垄断法禁止规定，但总体上看有利于社会整体利益，是从反垄断法规定的适用范围中排除出去的法律制度。"美国学者也承认，"豁免"在美国反垄断法中并不是一个十分精确的概念，其仅仅是对排除适用反托拉斯法的一个"松散"称谓而已。

（二）本书的界定

虽然从欧盟竞争法的语境分析中，许光耀教授关于豁免与除外适用的概念区分具有很强的说服力，但是，从实践效果上分析，不管是豁免制度还是除外适用制度，其最终效果都是排除经济行为非法性垄断后果的认定。同时，在新自由主

---

❶ 孔祥俊.反垄断法原理［C］.北京：中国法制出版社，2001，358.

义理论的席卷趋势下，自由竞争制度作为基本的全球性经济制度的普遍建立，反垄断法的普遍适用性得到了各个国家的认可。管制行业私有化改革和放松管制，管制行业整体排除反垄断法适用已经越来越不被大多数国家认可。取而代之，仅仅在符合某些条件的情况下，自然垄断产业的某些领域或某些方面豁免适用反垄断法。同时，为了更好地涵盖欧盟与美国的相关制度，并进行比较分析，本书对管制产业的反垄断法排除适用制度与反垄断法豁免制度不做细化区分，将两者都统一界定为反垄断法豁免制度。

为此，本书反垄断法豁免（或除外适用）是指，出于社会政策、经济政策的考虑，在某一产业的某些领域或某些情况下不适用或排除适用反垄断法的制度。为了更好地行文，下文统一称为反垄断法豁免制度。

二、自然垄断产业豁免反垄断法的原因分析

在研究反垄断法豁免制度设计是否合理之前，有必要对反垄断法豁免产生的原因和制度基础进行研究。任何一个国家的反垄断法豁免制度设计都是建立在一定的理论基础上。反垄断法豁免的理论基础是管制行业中反垄断法豁免制度研究的前提性问题。管制行业从早期一般性豁免适用反垄断法，到后期"一般适用，例外豁免"的变化，体现了反垄断法适用的原因和制度背景的发展变化。总体上，管制行业豁免反垄断法适用的原因可以从宏观角度和微观角度两个方面进行分析。

（一）自然垄断产业豁免反垄断法的宏观原因

管制行业豁免适用反垄断法的宏观原因在于反垄断法适用与产业管制之间产生的冲突。

"管制"是发达国家政府管理市场经济的一种特殊形式。伴随市场经济的发展和管制的实践，发达国家逐步从"管制建立"到"解除管制"和"管制改革"，

但是，"管制"与"市场"的关系并非简单的"非此即彼"的关系，"管制"与"市场"的优劣在"自由主义理论"和"凯恩斯理论"的争论之中，逐渐相互吸收和渗透。

自由竞争的市场不可能做到商家的个别利益与消费者利益以及社会利益的完全一致。由于自发形成的价格，没有也不可能完全反映商业活动的社会成本，所以仅仅依靠价格机制，不能完全消除企业和私人行为带来的负面"外部效果"，甚至有了普通法、宏观调控和反垄断法还不够，还需要政府对企业活动做出直接的干预。西方主流经济学关于"市场失败"的理论，强化了人们对这一问题的认识，从而为政府实行管制，提供了系统的理论根据。

从经济和法律意义上分析，管制行业反垄断法实施中凸显了一个悖论：第一，反垄断法的目的在于管制垄断行为，维护市场的自由竞争，降低制度成本；第二，反垄断行为本身是一种管制行为，而这种管制行为同样会产生制度成本。反垄断执法与管制同样属于管制行为，具有促进市场效率的相同目的。从这个意义上分析，反垄断法与管制政策的冲突，本质上是两种管制行为的冲突，应根据行为的目的和效果判断两者的优先性。因此，管制行业使用反垄断法豁免具有一定合理性。具体分析如下：

第一，市场经济是反垄断法实施的基础。市场经济的基本原理在于：人类社会的资源相对于人类的欲望或需求是有限的，解决资源有限性与人类欲望无限性之间矛盾的有效手段之一，就是通过市场竞争机制实现稀缺资源的有效配置。但是，市场机制的不完善及失灵现象，导致垄断、信息不对称等配置无效率现象出现。为了防止市场失灵现象产生的经济配置低效，政府需要介入市场，采取必要的反垄断管制措施。但是，在一些特殊的领域，如自然垄断产业，由于前期投入巨大的沉没成本，完全自由竞争不仅不能实现产业效率，而且会造成前期重复投资的巨大浪费。而拥有基础设施网络的企业，由于网络的基础作用，在市场上拥有市场支配地位。政府管制和市场竞争作为两种手段相互作用才能更好地提高自然垄断性产业的效率。在这种情况下，在一定程度和范围内豁免特殊产业和特殊行为的反垄断法适用，可以更有效地在自然垄断产业中实现管制与竞争的平衡。例如，许多国家将农业领域、专卖领域或公共事业服务领域列为反垄断豁免行业就体现了这样的一种冲突与调和。

第二，反垄断法只是国家实现其市场经济的一种手段，而非目的。美国著名的法学学者波斯纳在《反托拉斯法》中认为："最后要考虑的问题是'竞争'概念——对反托拉斯法而言，这显然是一个基本的概念——与竞争和垄断的经济学理论之间的关系。具体而言，如果我们假定反托拉斯政策要根据对垄断问题的经济分析来制定，那么，对于那些虽然是垄断性的而不是竞争性的，但是却比竞争性的做法更有效率的行为，如何对待他们才是正确的？……既然允许实行该垄断时的社会福利会大于禁止该垄断时的社会福利，并且，在经济分析中，我们重视竞争是因为它提高了效率——也就是说，竞争是一个手段而不是目的——那么，看来只要垄断可以增进效率，就应该容忍垄断，甚至鼓励垄断。"从这个意义上分析，只要反垄断法的适用不产生增进效率的效果，则应该豁免适用反垄断法。基于自然垄断产业的特性，实现一定的规模经济才是最有效率。基于此，自然垄断产业中过度竞争不仅不会产生效率，而且会导致资源浪费的不经济效果。根据波斯纳的观点，如果自然垄断产业中过度竞争导致出现重复建设等不效率现象，那么，就应在自然垄断产业中豁免适用反垄断法。

第三，反垄断法的实施应以本国的经济利益为出发点。虽然市场经济和自由主义经济理论具有很强的扩展性，但是，不容否认的现实是，目前国际社会还是建立在由主权国家组成的威斯特伐利亚体系之上。主权国家与主权国家之间存在着利益一致性，也存在着相互之间的利益博弈。因此，在国家利益的支撑下，不同国家会对本国的一些特殊产业实施反垄断豁免。二战后，各国的民族资本为了在国际竞争中获得比较优势，要求本国政府出台积极的产业政策对本国产业进行扶持，在反垄断适用上豁免适用特定产业。例如，出口卡特尔豁免就是典型的例子。虽然出口卡特尔与普通卡特尔一样具有限制竞争的特性，但是，各国在本国的反垄断法中都以明示或者默示的方式对出口卡特尔进行豁免。1918 年美国的

《韦伯波默林法》对出口卡特尔豁免的程序和实体性要件进行规定。自然垄断产业关系到本国的国计民生，国家为了保证本国的自然垄断性产业控制在本国资本中，也会对自然垄断产业中限制外资准入的制度实施豁免反垄断法。

第四，反垄断法的实施应充分考虑本国经济体制、法律与社会传统。由于各个国家历史、文化和传统之间存在较大的差别，因此反垄断的豁免涉及不同社会利益关系的协调。在协调社会利益关系中，不能不考虑社会关系的历史沿革，以及利益关系产生的背景。竞争政策的国际化在很大程度上促进了反垄断法实施制度的趋同化，但是，不容否认，法律适用仍然在很大程度上具有地方性、民族性的特点。因此，基于各国不同的历史传统，各国在反垄断法豁免制度上有不同的设计。例如，美国体育产业中的"棒球豁免"就具有很强的美国历史和制度的色彩。欧盟给予政府财政补贴反垄断豁免的原因在于维护欧共体的一体化进程及成员国国家主权的平衡。自然垄断产业中，同样会基于本国的管制政策和管制传统，制定具有特色的反垄断法豁免制度。

（二）自然垄断产业豁免反垄断法的微观原因

上述从宏观角度分析了自然垄断产业中豁免适用反垄断法的原因。但是，随着经济理论的发展，自然垄断产业一般性的豁免反垄断法已经不可行。自然垄断性产业并非整体性地豁免反垄断法适用，而是在一定程度和领域豁免反垄断法。因此，从微观角度对豁免原因进行分析，有助于更好地分析自然垄断产业应在何种范围或程度上豁免适用反垄断法。

相比于市场竞争的自发秩序，经济学认为管制行为在配置资源，保护消费者福利方面具有比较优势，而管制机构在管制自然垄断性产业中具有专业性、独立性的特点，正是这些优势给予了管制行为豁免适用反垄断法的合理性理由。具体分析如下。

第一，自然垄断产业的竞争与管制悖论。从经济学的角度分析，在一个自然垄断的市场中，市场参与的主体过多会导致基础设施建设的浪费，从成本上分析是不效率的。但是，单一的产品提供者导致的市场垄断又会导致垄断高价，损害市场的分配效率。解决自然垄断悖论有两种方式：其一，价格控制方式。允许市场上只存在单一的控制性企业，但要通过行政管制立法对产品价格进行控制（产品的价格＝产品的成本＋合适的利润率）。这种价格控制方式的缺陷是垄断性产业不会有效地控制自己的成本。美国1996年《电信法例》颁布之前，采用该方法。其二，强制市场准入。通过行政管制立法强制要求市场上的企业的公共设施允许其他企业准入。美国1996年《电信法例》（TCA）就采用这种方法。1996年《电信法例》第251条规定：本地电信企业有义务向其竞争者开放网络基础设施。但是，实践中本地电信企业不愿意开放本地的网络基础设施，会通过设置不合理的加入条件和加入价格，使得外来竞争者加入本地电信在现实中具有不可能性。反垄断法的救济方式主要是禁令、损害赔偿等，在解决自然垄断悖论上不具有效率。相比较而言，管制机构的管制行为在解决自然垄断的竞争与管制悖论方面更具有效率。在管制行为更具效率的情况下，应豁免反垄断适用。

第二，管制机构具有更强的专业性。自然垄断产业一般是具有很强专业性的产业。这些产业中的价格合理性、准入标准具有很强的专业性。管制机构依据其专业知识制定的管制政策，反垄断法执法机构难于进行实体性分析和判断。不管是反垄断执法机构，还是审理反垄断案件的法院，作为一般性的反垄断法实施机构，都只能对一般性的经济问题进行判断，确缺乏相应管制行业的专业性。以电信行业为例，对于电信的各个环节、设施以及需要的成本，管制机构拥有更多的技术和专业的人才，能对管制行业进行管制和判断。但是，反垄断法实施机构和法院，虽然对经济原理和竞争制度有专业的判断，但是缺乏相关管制行业的技术性指标和对参数的了解，同样在相关市场的界定、垄断价格的合理性等方面难于准确分析。因此，面对管制机构基于其专业知识而作出管制行为，反垄断法应保持一定的克制。

第三，管制行为不仅仅具有经济目的，往往还有环境保护、劳动权等社会目的。经济行为的实施不仅会产生经济效益，而且在一定程度上会产生社会效果。

例如，一个经济效益很好的印染产业，可以产生很好的经济效益，但是也会产生环境污染等不良的社会效果。反垄断法实施机构在实施反垄断法时，往往仅仅关注垄断行为的经济效益而忽视了垄断行为可能产生的社会效果。相反，管制机构在进行管制行为时，不仅会注意到经济行为的经济效益，而且会关注经济行为的社会效果。自然垄断产业，如电力、电信、天然气、铁路等，大都是关系到国计民生的产业。自然垄断的产品的安全、供应不仅具有经济效益，而且具有很强的社会效果。因此，自然垄断产业中的管制政策，即使在经济上可能限制竞争，但是可能具有社会公益效果。因此，具有社会公益效果而不具有经济效益的管制行为，应在一定程度上豁免适用反垄断法。例如，为一个偏远的山村提供电力供应服务，基础设施投入及产出比较分析，不具有经济合理性。管制机构出台强制命令要求自然垄断企业提供电力供应服务的政策可能违反经济自由原则，但从社会效果上分析却具有正当性和合理性。

三、自然垄断产业豁免反垄断法的理论基础

反垄断法是一门与经济理论紧密相关的法律。波斯纳曾说过："如今在反垄断法问题上，除了经济学理论，还有其他观点吗？"经济理论同样为自然垄断产业在一定程度上豁免适用反垄断法提供了相应的理论解释。

（一）网络经济理论

作为微观经济学中的一个古老问题，规模经济理论一直受到众多经济学家的关注。传统经济学一般认为，产业的单位生产费用随着产业规模的扩大而不断扩增。但生产费用中包括固定费用和可变费用两部分。当一个产业的固定费用在远远高于可变费用的情况下，只有企业的生产规模达到一定的界限，才能实现企业的盈利。因此，在实现最优的企业规模之前，单位生产费用处于递减过程，对继续扩大规模是有利的。

　　传统的规模经济理论、范围经济理论和成本劣加性构成了自然垄断产业的基本特点。但是，传统的规模经济理论难以有效解释为何有些自然垄断产业必须引入竞争，而有些部门需要维持垄断。规模经济、范围经济和成本劣加性无法解释自然垄断产业的核心特征，特别是具有网络特征的产业。随着自然垄断产业放松管制国际化进展以及经济理论的发展，早期规模经济理论被网络经济理论所替代。

　　按照系统论的观点，网络是由多个节点和连接构成的网状系统。网络经济是一种特殊的经济形态，它包括传统的物理网络经济，如铁路网、自来水网络等和信息网络经济，如互联网产业经济等。❶在网络经济形态中，形成了有别于传统规模经济的网络经济效益。规模经济和网络经济效益是两个不同的概念，二者存在异同。相同点在于：产出的增长比例大于要素投入的增长比例，生产率提高，平均成本反而下降。区别点在于：规模经济只要满足规模越大，成本越低即可；而网络经济中网络结构才是网络经济核心特点。网络的中心控制功能和结构效应使得网络经济的黏性高于规模经济。

　　根据网络经济理论，网络经济效益和规模经济二者只要具备其一就符合自然垄断的必要条件。同时，根据规模经济和网络经济效益的强弱，将自然垄断产业重新进行划分：特别是把强规模经济或弱网络经济效益视为弱自然垄断，把弱规模经济从自然垄断领域里排除出去，划归到竞争领域。只有具备强网络经济效益的条件才能构成强自然垄断。完全自然垄断产业的特点具有较强的网络经济效益，竞争机制所产生的效益无法与其相比，以至于任何竞争机制的引进都只能导致低效率的重复建设，增加社会总成本，而不会带来任何消费者剩余。

　　根据上述理论分析，传统的自然垄断产业可以划分为可竞争领域、弱自然垄

❶　孔祥俊.反垄断法原理［M］.北京：中国法制出版社，2001：176；王先林.竞争法学［M］.北京：中国人民大学出版社，2009：188；时建中.反垄断法——法典释评与学理探源［M］.北京：中国人民大学出版社，2008：6；曹康泰.中华人民共和国反垄断法解读——理念、制度、机制、措施［M］.北京：中国法制出版社，2007：15；尚明.反垄断法理论与中外案例评析［M］.北京：北京大学出版社，2008：35.

断领域和强自然垄断领域。不同的领域,适用或豁免反垄断法的情况不同。在具有强网络经济效益的强自然垄断领域中,垄断机制比竞争机制更有效率。例如,在通讯、公共交通、电力等固定成本高的网络建设产业中,面对一定规模的市场需求,与两家或更多的企业相比,单一企业能够以更低的成本供应市场。在这种情况下,政府有必要允许市场只存在一家单一独大的企业提供上述的产品和服务,同时对上述的企业的行为进行管制,防止上述企业侵害到消费者的合法利益。如果上述的管制行为与反垄断法相冲突,国家会在一定程度上豁免上述产业管制措施的反垄断法适用。

(二)产业政策理论

产业政策理论起源于马歇尔两难问题。马歇尔在其名著《经济学原理》中提道:生产组织形式也是生产要素之一,因为生产者可以通过规模经济获得规模经济性,产品单位成本不断下降,市场占有率不断提高,但追求规模经济的结果经常会导致垄断,垄断使经济失去活力,阻碍竞争机制在资源合理分配上发挥作用。由此他认为规模经济和垄断是相互矛盾的。马歇尔的两难观点事实上一端是通过产业政策集中实现规模效率,另一端是分散的自由市场竞争。因此,在实现一个国家的经济发展过程中,是通过产业政策的集中优先发展民族经济,还是通过反垄断法的竞争优先发展民族经济,就成为一个国家在反垄断豁免与适用过程中的政策选择。

产业政策是 20 世纪 70 年代以来才在世界各国广泛使用的概念。产业政策一般以各个产业为直接对象,保护和扶植某些产业,调整和整顿产业组织,其目的是改善资源配置,实现经济稳定与增长,增强国际竞争力,改善与保护生态环境等。为了实现这些经济性的或社会性的目标,产业政策要求政府对每个产业和企业的生产活动、交易活动进行积极或消极的干预,直接或间接地介入市场的形成和市场机制。产业政策的内容相对比较庞杂,但整体上可以划分为产业组织政策、产业结构政策、产业技术政策和产业布局政策四类。产业结构政策和产业组织政策是产业政策制度中的两个最基本组成部分。日本是产业政策相对发达的国家。日本产业政策的推行和产业结构的调整，主要是通过经济政策的法律化进行的。这可分为两类：一类是制定"一般法"，如通过对反垄断法的修改，放松对控股公司的限制，促进企业兼并和联合，实现经济规模，提高竞争力；另一类是制定"特别法"，如通过制定各种振兴法、产业结构改善法等，直接影响产业发展。产业政策理论作为发挥后发优势的一种手段，日本的产业政策制度得到了许多国家，特别是发展中国家的认可和借鉴。

从目的上分析，产业政策和竞争政策都是资源配置的形式。产业政策和竞争政策在政府的公共管理中都扮演着重要角色。实现二者的协调统一需要对其功能和作用进行清晰的认识，并根据当前经济发展的状况做出最优化的配置。❶ 产业政策从功能和作用上可以划分为两类：一类是弥补市场失灵而制定的；另一类是实现一定的目的而对被选择的产业进行的特殊扶植政策。为了保障产业政策的有效实施，在产业政策法律化的情况下，一般通过反垄断法豁免适用给产业政策让路。例如，扶持本国弱势产业发展的产业政策往往得到反垄断法豁免。后发展国家为了发展本国的民族产业，提升本国产业的市场竞争力，面对该产业的市场已经被外国企业垄断的情况，本国企业需要撑起发展并达到一定规模，才能打破"进入壁垒"，与外国的公司进行公平竞争。为了本国的长远利益，政府会通过反垄断法对现有垄断企业进行管制，同时通过豁免制度豁免本国中小企业卡特尔发展本国产业。

---

❶　See Alan J. Meese Reframing the (False?)Choice Between Purchaser Welfare and Total Welfare, Fordham Law Review, Vol 81，2197-2251.

第二节 自然垄断产业的反垄断法豁免：国外经验与比较

自然垄断行业的管制与豁免往往涉及本国的经济发展水平、社会公益等因素的衡量，因此，不同的国家基于不同的经济发展阶段和产业形态，以及国家、市场之间互动历史，自然垄断行业中的反垄断适用与豁免也处于一个动态的平衡过程中。他山之石，可以攻玉。考察其他国家和地区自然垄断行业的反垄断豁免制度，可以为我国制定管制行业反垄断豁免制度提供必要的借鉴。

大部分国家的反垄断法都设置了豁免条款，对特定的管制行业进行豁免。为了对国外管制行业的反垄断豁免制度进行全面的考察，本书以经济发展程度、文化传统和反垄断法的发展程度为标准，选择了美国、欧盟、日本以及经济转型国家的反垄断法为例进行比较分析。

美国和欧盟作为发达国家及地区，其反垄断法的实施经验和理论，对国际反垄断法的适用有深远的影响。其中，美国的反垄断法实施制度与欧盟的竞争法实施制度存在着体系上的差别。而日本作为中西方文化综合的一个国家，其经济形态和产业模式具有更多的"民族卡特尔"色彩，其产业政策优先的早期制度为日本民族工业的发展提供了广阔的空间。由于日本产业政策与反垄断法之间的关系，日本管制行业的反垄断豁免具有特殊性。而俄罗斯等经济转型国家，在实施其反垄断法过程中也充分考虑到其转型特点，对我国的反垄断法豁免制度制定也具有借鉴意义。

一、美国自然垄断产业的反垄断豁免制度

美国是反垄断法实施的鼻祖。从一定意义上分析，世界上许多国家的反垄断制度，都是对美国自由价值和美国经济模式模仿的结果。美国反垄断法被视为经济宪法，在美国经济生活中发挥了重要作用。

同时，美国曾经是"管制的资本主义"的一个典范。虽然像许多其他国家一样，美国政府也直接拥有一些重要的公司（比如田纳西流域管理局、地方公共电力事业、邮政体系、机场、码头和运输公司），但是相比之下，美国的"国有化程度"是很低的，而美国政府拥有的许多资源，例如国有土地和国家公园，在宪法原则下不可以从事商业性盈利活动。也许正是这个原因，导致美国政府对经济的干预，更多地集中在政府管制私人公司的市场行为方面。

在实施反垄断法的同时，美国从 1913 年开始建立了各式各样的管制机构对经济进行管制。1914 年，美国建立了联邦储备系统（中央银行）和联邦贸易委员会（FTC），随后，建立了罐头业与畜牧围栏管理局（1916 年）、食品和药品管理局（1931 年）、联邦通讯委员会（1934 年）、联邦证券与交易管理委员会（1934 年）、联邦海运委员会（1936 年）、民用航空委员会（1938 年）、联邦公路局（1966 年），进入 20 世纪 70 年代后，又设立了联邦铁路局（1970 年）、环境保护署（1970 年）、联邦邮资委员会（1970 年）、国家公路交通安全局（1970 年）、消费品安全委员会（1972 年）、能源管制局（1974 年）和核管制委员会（1974 年）等，连同州一级的政府管制部门，到 1975 年美国共有一百几十个政府管制机构，而受管制行业的产值占全部 GDP 的四分之一。

由于过度的管制以及反垄断适用的豁免制度，"管制失灵"成为美国经济的一个重要问题。兰迪斯教授在 20 世纪 60 年代开始指责管制体制的僵化和无能。他断定"拖沓已经成为联邦管制的标志"。随后，诺贝尔经济学得主斯蒂格勒教授发掘出大量资料证明"管制失灵"对经济效率的负面影响，要比所谓的"市场失灵"更加严重。美国经济开始了"管制改革"，反垄断法在管制行业的豁免适用问题进入了新的动态平衡中。

（一）美国管制行业反垄断法豁免的基本原则：例外豁免

1890 年谢尔曼法的出台，是美国正式建立反垄断制度的标志。但是，谢尔曼法并没有对"限制贸易行为""垄断化"等用语进行清晰的界定。1914 年《克莱顿法》进一步补充和明确了美国的反垄断法相关实施制度。例如，《克莱顿法》将特定类型的价格歧视行为、捆绑销售行为和合并行为认定为非法，只要满足"实质性减少竞争或者企图垄断"的条件。但是，在规定三倍赔偿制度的同时，《克莱顿法》规定了劳工组织的反垄断法豁免。

除了《克莱顿法》关于劳工组织反垄断豁免的规定外，谢尔曼法和《克莱顿法》并没有对反垄断法的豁免进行特别规定。但是，如果就这样单纯地字面上理解美国反垄断法的豁免制度，就会出现巨大的偏差。事实上，美国大多数行业都曾从国会得到反垄断豁免。超过 20% 的全国私人经济行为，遍布二十多个行业，都被或曾被反垄断法豁免所影响。美国司法部曾确认过 16 个能获得反垄断豁免的经济行为和行业，包括：农业、能源、运输、银行、保险、媒体、学术、棒球行业等。

在美国反垄断的适用过程中，大量的自然垄断产业都获得过反垄断法的豁免。特别是 20 世纪初期，美国经济进入管制经济时期，管制行业豁免反垄断法获得司法实践的认可。例如，在 1963 年纽约证券交易所案件中，美国最高法院认为，1934 年的证券交易法允许证券交易所进行必要的管制行为而不适用反垄断法。

但是，"管制失灵"问题的提出，让美国开始反思过于宽泛的反垄断豁免制度。管制行业开始立法，在行业立法中明确了反垄断法的一般适用。同时，美国法院认为反垄断法的适用与政府管制行为是可以并行的。反垄断的适用并不会影响政府管制的效果和目的。在 1973 年 Otter Tail Power Co. v. United States 案件中，最高法院认为，尽管根据《联邦能源法》的规定，联邦能源委员会拥有独立的权限管制能源企业的网络互联，但是美国最高法院还是认为应对该行为进行《反垄断法》第 2 条的审查。而在兼并审查方面，美国法院分拆美国电话电报公司的案例，更被认为是反垄断适用的典型案例。

美国在自然垄断性产业适用反垄断法的过程中，形成了垄断性产业适用反垄断法的基本原则：由于美国国会立法未明确豁免管制行业的反垄断法适用，因此，美国法院一般认为管制行业不能豁免适用反垄断法。换言之，反垄断法与行业管制立法是并行适用的关系，管制行业的管制行为不仅应符合管制立法而且应接受反垄断法的审查。管制机构因本身的行业特点对特别行为进行管制，这种管制行为或管制立法在一定程度上会对市场的自由竞争进行限制。这些管制行为是否可以豁免反垄断法，美国法院采取了"明显不一致"的标准。在管制立法与反垄断法之间存在明显冲突的情况下，才可以豁免适用反垄断法。

（二）美国自然垄断产业豁免反垄断法的新发展

行业管制立法与反垄断法适用之间的关系，美国立法上存在三种不同的情形：第一，在行业管制立法中明确豁免适用反垄断法。❶ 如《韦布-波默伦法》明确豁免出口行业协会的出口卡特尔管制行为；在《麦克卡兰-费古森法》（Mccarran-Ferguon）中，明确豁免保险行业的州管制行为适用美国的反垄断法。只有在州管制立法没有规定的情况下，反垄断法才适用于保险行业。第二，在行业管制立法中明确保留反垄断法的适用。如 1996 年的《联邦电信法》明确保留了反垄断法在电信行业的适用。第三，更多的行业立法并没有明确行业管制立法与反垄断之间的关系，而这种关系则由法院在长期的司法实践中确定。

美国反垄断法在自然垄断产业中适用的司法实践并非一成不变，而是随着经济理论、管制机构的发展而发生变动。整体上，美国反垄断法在自然垄断产业的适用以 2004 年的 Trinko 案件为界，可以划分为两个阶段。

1. 2004 年前反垄断法在管制行业的适用

在行业立法中明确保留反垄断法适用的情况下，美国最高法院的案例主要集中在电信行业。美国 1996 年的《联邦电信法》中明确规定："本法的任何规定不解释为修改、减损或取代反垄断法的适用。"在《联邦电信法》中，美国最高法院提出了管制行业反垄断法适用的两大原则。

第一，"反垄断诉由的独立性原则"。反垄断诉由的独立性原则意味着原告提

---

❶ Herbert Hovenkamp. Exclusion and the Sherman Act ［J］. UNIVERSITY OF CHICAGO LAW REVIEW, 2005：147.

出反垄断诉讼应存在独立于管制法规的理由。在 1996 年的《联邦电信法》中，要求电信经营者向当地竞争者开放其网络接入系统，以促进竞争。在第七巡回法院的"Goldwasser v. Ameritech Corp"案中，原告声称美国科技公司（Ameritech Corp.）的行为不符合 1996 年电信法案中的为竞争者提供当地接入的规定而违反谢尔曼法第 2 条的规定。法院审理后认为原告无法提供独立于 FCC 规则的反垄断的诉由，法院驳回了原告的反垄断诉讼。在随后的 Trinko 案件（Law Offices of Curtis V. Trinko v. Bell Atl. Corp.）中，法院却做出了不同的判决。在 Trinko 案件中，原告 Trinko 是 AT&T 的纽约用户。而 AT&T 在 1984 年分拆后，一直未经营纽约的本地通话业务。该业务由 Verizon 公司经营。AT&T 一直申请加入本地的通话业务，但遭到了拒绝。因此，AT&T 无法给 Trinko 提供及时的本地通话服务。据此，Trinko 起诉 Verzion 违反谢尔曼法和《联邦电信法》的规定。地区法院审理认为原告起诉主要依据 1996 年《联邦电信法》的规定而未存在独立的反垄断诉由，驳回了原告的诉讼请求。但是，第二巡回法院撤销了地区法院的判决，认为原告的起诉可以依据"基本设施"原则提起反垄断诉讼，且具有独立于 1996 年《联邦电信法》的反垄断诉由。由于原告诉求比较模糊，巡回法院用"可能"的措辞推断独立诉由，更多的是法院行使自由裁量权的结果。本案的判决从法理上分析，并没有和 Goldwasser 案件的结论相冲突。只是法院在解读原告的诉求时，采取了更广义的解读。在管制机构对限制竞争行为实施有效管制的情况下，重叠适用反垄断法就没有必要。反垄断法的手伸得太长，不仅会增加行政成本，而且可能会扰乱管制机构的行政管制计划。

第二，明显不一致原则。明显不一致原则是美国法院最初在 Silver v. New York Stock Exchange 案件中提出的原则。根据该原则，行业立法对反垄断法与管制机关之间的关系在没有明确规定的情况下，法院仅仅在"最小程度"上豁免反垄断法在管制行业的适用——管制行为是实现特定管制目的所必需的手段。

明显不一致原则的适用，法院采取以下两层次的判断。首先，协调反垄断法与管制立法，尽量减少两者的冲突。在 Silver v. New York Stock Exchange 案件中，法院认为应该尽可能从协调管制立法与反垄断法的角度解释反垄断法在管制行业的适用，而非简单地排除反垄断法在管制行业中的适用。在 Otter Tail Power Co. v. United States 案件中，最高法院认为仅仅是在管制法规中规定管制机构拥有对限制竞争行为进行管制的权力，但并不意味着可以豁免适用反垄断法。该案中，联邦能源法案规定联邦能源委员会有权力禁止能源企业的拒绝交易行为。在原告向法院起诉过程中，被告认为该案不应该适用反垄断法而应交由联邦能源委员会处理。但最高院否定了这种观点。在 Phonotele, Inc. v. AT&T 案件中，第九巡回法庭的法官也认为，仅仅在联邦通信法案中规定了联邦通信委员会拥有监管权力，并不排除反垄断法的适用。

其次，判断和分析管制立法与反垄断法的冲突程度。在接下来的 Gordon v. New York Stock Exchange 案例中，法院进一步解释了"明显不一致"的程度。法院认为如果反垄断法的适用会导致管制机构在未来的管制行为中无法履行其法定的职能，那么就构成了"明显不一致"，该管制行为可以豁免适用反垄断法。在 Gordon 案中，证券代理机构认为证券交易委员会固定交易费率的管理行为违反了反垄断法的规定。但法院认为，固定交易费率是证券交易法授予证券交易委员会维护证券市场安全的主要措施之一。虽然固定交易费率行为表面上限制了交易商的自由竞争，但是对固定交易汇率行为进行反垄断审查将导致证券交易委员会的未来证券管制行为难于实施，明显有悖于证券交易法的基本目的。因此，证券交易委员会固定费率行为是证券交易委员会实现管制目的的必要手段。在 United States v. National Ass'n of Securities Dealers 案中，法院将"明显不一致"解释为管制机构行使的限制竞争管制行为属于国会明确立法授权，那么可以构成"明显不一致"豁免适用反垄断法。

2. 2004 年后反垄断法在管制行业的适用

Trinko 案最终上诉到美国最高法院，最高法院认为案件的焦点在于"违反 1996 年电信法案的拒绝接入义务的行为是否构成反垄断法的独立诉由"。美国最高法院重点查明了以下案件事实：首先，Trinko 案的本质在于 Verizon 拒绝为竞争者提供平等条件的接入服务。单方拒绝交易行为虽然在反垄断法上一直被认为是违法行为，但是在拒绝交易行为的反垄断诉讼中，原告却需要承担更大的举证责任。原告在案件中需要证明：（1）被告具有独占地位；（2）被告的拒绝交易行为不具有商业上的合理考虑。其次，FCC 执行 1996 年电信法案管制法规中明文规定了 Trinko 的单方拒绝交易义务。管制法规这些维持竞争规定的程度已经不弱于谢尔曼法的规定。同时，从举证责任上分析，管制法规要求的举证责任要远远低于反垄断的举证责任。违反谢尔曼法的规定必然构成违反 FCC 管制法规的规定，而违反 FCC 管制法规的规定却不必然构成违反谢尔曼法。因此，美国最高法院撤销了巡回法院的判决，驳回了原告的反垄断诉讼。

在 Trinko 案中，美国最高法院驳回原告反垄断诉讼的最主要理由在于将成本收益分析法引入了"明显不一致"的分析。根据美国最高法院的思路，如果在管制法规与反垄断法规定并存的情况下，应分析适用反垄断法所产生的边际成本与边际效益。也就是，适用反垄断法是否能带来边际收益，如果无法带来边际收益，则不应该适用反垄断法。

Trinko 案三年后，美国最高法院审理了 Credit Suisse v. Billing 案。原告起诉认为，被告的联合串通定价行为及共谋行为违反了证券法和谢尔曼法的第一条规定。法院审理后，认为被告的联合串通定价及共谋行为违反了证券法。但是否适用反垄断法，最高法院认为应审查反垄断法的规定是否与证券法的规定产生"明显冲突"。最高法院认为，由于证券法并未对是否豁免反垄断法的适用明文规定，因此，法院应划分证券法与反垄断法之间的"合理"边界。对于合理边界的认定，法院认为管制机构有权基于证券行业的经济特点，允许一些合作行为。而法院由于缺乏这方面的专业知识，可能会出现错判行为。串通定价行为和共谋行为虽然是明显的反垄断法谴责行为，但是，错判的风险会对管制机构的管制行为产生困扰，而构成管制法规与反垄断法的"明显不相容"。

Credit 案中，最高法院对管制行业的反垄断法豁免走得更远。在不存在明文豁免规定和"明显不一致"的情况下，最高法院豁免了管制行业的反垄断豁免。

而最高法院判决的理论依据同样是成本收益分析法。最高法院认为判断风险产生的成本将远远高于适用反垄断法产生的收益。

（三）反垄断法豁免在管制行业中放松趋势的评价

在 Trinko 案和 Credit 案中，法院驳回原告反垄断诉讼的主要原因都在于利用成本收益分析法，法院认为错误判决比误漏带来的成本更高。美国法院采取这种态度的两个主要原因在于：第一，20 世纪 80 年代以来，美国法院对反垄断诉讼采取了宽松的态度，而这种宽松的态度导致美国反垄断诉讼的过度勃兴。甚至有的学者认为，反垄断诉讼三倍赔偿制度已经成为少数律师牟利的法律工具。因此，反垄断诉讼的过度勃兴遭到了美国工商业界的诟病。因此，美国最高法院在进入 21 世纪后对反垄断诉讼采取了谨慎的态度。第二，芝加哥学派的反垄断经济分析影响了美国反垄断诉讼的分析理论。

美国最高法院错判成本高的假设存在几个方面的问题：第一，管制机构已经高效地执行了限制竞争管制法规的假设不成立。由于管制机构目标多元和管制捕获的原因，管制机构并不一定是高效地执行管制法规。第二，防止反垄断诉讼滥用可以采取其他方式，而不是粗鲁地简单地排除反垄断法在管制行业的适用。在过去的三十年期间，美国法院已经通过提高反垄断原告的举证责任等方式降低了原告的胜诉率，达到了降低反垄断法滥用的风险。在 2001 年到 2010 年十年间，美国法院提出了 22 起关于"基本设施"的反垄断案件，19 起被直接驳回了起诉。因此，有的学者认为，美国反垄断法豁免在管制行业中已经走得很远。

（四）管制行业反垄断法豁免的特例分析

自然垄断产业的反垄断法豁免是建立在美国反垄断法豁免的基础上的。因此，分析自然垄断产业的反垄断法豁免，有必要对美国反垄断法在几个特殊产业的豁免制度进行研究。以下就美国几个特殊产业的反垄断法豁免制度进行介绍。

1. 体育产业中的反垄断法豁免制度

了解美国反垄断行业豁免制度，不可回避的是美国职业棒球豁免制度。美国的棒球运动于 1838 年在纽约诞生。1858 年，国家棒球运动员协会的成立标志着棒球运动职业化进程的开始。随后，美国在 1869 年成立了第一个棒球俱乐部。俱乐部的纷纷设立以及棒球冠军赛的举办，将美国的棒球运动推向商业化和职业化的顶点。

谢尔曼法并没有明确规定棒球豁免。美国职业棒球豁免是通过美国高院的一系列案件逐渐确立的。1922 年美国最高法院通过案例确定了棒球豁免制度。在该案中，美国棒球联邦联盟起诉美国棒球联盟和职业联盟，认为棒球联盟和职业联盟之间的协议和协调行动，违反了美国反垄断法。美国最高法院作出判决认为，棒球运动是一种公开体育运动，而非"贸易及商业"，因此，棒球联盟不适用美国的反垄断法。该案被视为美国反垄断法豁免棒球运动的开端。20 世纪 60 年代后，体育无线传播技术开始普及，美国棒球联赛的无线电转播开始商业化。1922 年案件确立的棒球反垄断法豁免一直受到学术界的质疑。

在后续的一系列案件中，美国法院对棒球商业行为的豁免保持了相同的态度：棒球豁免是在美国司法历史中形成的，对该司法传统改变应该由美国国会处理。例如，在 1969 年的 Flood v. kuhn 案件中，纽约南区地方法院以"棒球豁免"不受反垄断法管制的理由驳回了 Flood 的诉讼。不同的是，随着棒球职业的进一步商业化发展，对棒球反垄断法豁免的反对声音不断增强。美国法院在棒球领域适用反垄断豁免的范围也开始调整并发生变化。在 Postema 诉国家职业棒球俱乐部联盟案中，法院认为"联邦联盟"案确立的棒球豁免是有限范围内的豁免，并不是在任何情况下都可以适用。

1998 年，美国国会改变了原有对棒球豁免三缄其口的态度，通过了 Curt Flood 法案。Flood 法案明确了美国职棒大联盟（Major League Baseball，下文简称 MLB）球员与其他项目的运动员一样享有反垄断法的权利。换言之，与 MLB 球员雇佣有直接关系或影响的行为、协议，都与其他影响到州际贸易的职业体育运动在相同程度上受到反垄断法的管制。但是，该法案并未涉及棒球运动的"特许经营权"、体育转播等领域。在这些领域，棒球同样享有反垄断豁免。

美国体育产业一直坚持市场化和产业化的方向，因此，反垄断法在一般情况下可以适用于体育产业。但是，美国棒球产业豁免反垄断法，起因在于1922年的棒球案件中美国最高法院确立了职业棒球联盟不属于经济领域，而豁免其反垄断法适用。虽然棒球豁免一直受到各种质疑，但是，基于判例法的传统以及历史原因，美国维持棒球豁免制度。同时，由于体育职业联盟不仅具有经济意义，而且还具有体育运动管理职能，反垄断法在体育职业联盟的适用中具有一定的特殊性——即反垄断的适用与豁免应考虑"竞争平衡"的要求。同时，在体育职业联盟的专业领域，美国法院在适用反垄断法中保持宽松的态度，尽量减少对专业领域判断的干预。

2. 州管制行为的反垄断法豁免

美国实行市场经济已经长达200余年，是一个市场经济高度发达的国家。传统的观点认为，美国市场是一个自由、统一的市场，不存在地区封锁等市场分割现象。事实上，美国各州对于经济的管制及封锁，从美国建国时起就存在。同时，美国各州为了实现一定的目的，会对州内的经济行为进行必要的管制，制定不同的管制政策。这些管制政策在一定程度上与反垄断法适用存在着冲突。根据反垄断法的普遍适用性，原则上州管制行为如何限制竞争，同样应适用反垄断法。但是，根据联邦主义政制，美国的州政府享有一定程度的主权。基于主权豁免原则，联邦最高法院通过案例确立了"州行为原则"，豁免州主权机关行为的反垄断法适用。但是，对于"州行为"如何界定，以及州管制行为的反垄断豁免范围，由于涉及州与联邦的宪法关系及原则，比较复杂。同时，美国最高法院关于州行为的态度也不是一成不变的。1984年，国会制定了《地方政府反垄断法》明确规定，地方政府限制竞争行为不能根据州行为原则获得豁免。但是，基于尊重地方政府权限原因，司法机关在介入州管制行为时显得十分慎重。从总体上分析，州管制行为的反垄断法豁免应具备两个前提：第一，州管制行为是合法的管制行为；其次，州管制行为应在一定程度上豁免适用反垄断法。同时，即使州管制行为被认定违反反垄断法，那么如何适用救济制度也存在着差异。

（1）州管制行为本身应具有合法性

州管制行为得到反垄断法豁免的第一个前提基础是，州管制行为是合法行为。非法或不合法的州管制行为，本身就属于不合法行为，当然不能豁免适用反垄断法。美国司法机关在判断州管制行为的合法性时，一般根据以下两个原则。

第一，正当程序原则。

正当程序原则是英美法系限制政府权力和保障公民基本权利的重要制度和原则，其本质是通过司法机关对立法机关和行政机关行为的检验和审查，实现司法权对立法权和行政权的约束，最终实现对个人基本权利的维护。行业组织制定管理行业的管制规定，首先面对的是其权力来源的合法性问题。因此，在美国，正当程序原则就成为审查管制行为合法性的首要原则。

将强制权力授予私人部门长期被视为违反正当程序原则。在 Eubank v. City of Richmond 案件中，最高法院判定一部允许 2/3 物业的所有人有权划定建设区域的地方法规违反正当程序。在判决中，美国最高法院认为该法规授权部分物业的所有人实际控制和支配其他物业人的权力，并未有合法的程序保障其他人的权利，因此违反了正当程序原则。[1] 在随后的 Thomas Cusack Co. v. City of Chicago 案件中，芝加哥立法限制街头广告，但是该法规定如果该街区的大部分房屋所有人同意，则可以不限制广告。该立法与 Eubank 案件不同，最高法院认为该法的豁免规定并不违反正当程序原则。学者们分析，Eubank 案件与 Thomas 案件的不同在于，前一个案件是授权部分人对非管制现状进行管制的权力，而后一个案件是授权部分人对管制现状解除管制。

从法律层面上分析，Thomas 案件在一定程度上放松了 Eubank 案对正当程序的要求，但是，实践中 Thomas 案件不应该被过分宽泛解读。在 Washingtong ex rel. Seattle Tittle Trust Co. v. Roberge 案件中，最高法院认为三分之二业主同意即可

---

[1] Eubank v. City of Richmond 226 U.S. 137（1912）.

在该区域内建立慈善老人和小孩房屋的法规违反正当程序原则。最高法院在比较Thomas 的判决时，认为 Thomas 涉及的街头广告事宜与本案的设立慈善房屋事宜相比，对其他业主的损害相对小，并没有存在多少实质性的麻烦或障碍。

因此，从上述三个案件可以看出地方管制法规符合正当程序原则应该符合两个基本要件：首先，管制规定是放松管制；其次，涉及事项本身对他人利益影响较小。

第二，禁止授权原则。

美国行政法上的禁止授权原则的学理根源在于美国的三权分立原则。根据美国宪法的三权分立原则，美国的立法权、行政权和司法权分别由美国国会、政府和法院行使，并相互进行监督。因此，立法权属于立法部门的"专属"权力。立法部门只能在一定程度和范围内将立法"专属"权力授权给"行政部门"或"行业协会"，才不违反美国宪法的规定。该原则是美国的禁止授权原则。美国的禁止授权原则要求立法部门不能将立法权限"不清晰"地授权给其他机关，不管是行政部门还是非政府部门。

美国行政法上的禁止授权原则经过几个世纪的发展，起起落落，法院在适用过程中甚至出现冲突与矛盾的判决。同时，在美国的联邦层面和各州层面，适用禁止授权原则"宽严也不一致"，并经常和正当程序原则混用。

在联邦层面，《联邦宪法》第 1 条第 1 项规定："宪法所授予的立法权，均属于参议院和众议院组成的美国国会。"美国联邦宪法的这条规定来源于美国制宪者的分权思想。但是，随着行政事务和管理职能的不断扩大，立法机构已经难于满足社会实践的立法需求。立法机构将部分的立法权限授权给行政机构或其他专业性的管制机构的授权立法情形不断出现。对于立法机构将立法权限授权给其他机构是否违宪，从一开始就存在支持者和反对者的两种不同声音，争论不休。

反对授权的学者主要有以下两个观点：第一，授权会削弱美国民主。美国的民主体制建立在三权分立的基础上，立法权由议会行使，行政权由政府行使。由民众选举的议会代表通过民主表决制定的法案，民众才应受其约束。国会通过行政机关立法，减少了立法机关的责任，但是违背了"统治者应基于被统治者同意"的基本民主法理。第二，授权会危害美国的自由。自由是美国宪法的核心价值之一。授权立法会危害到《美国宪法》第1条规定的自由理念。美国的自由理念要求任何限制自由的制度和立法，都应经过国会的充分辩论。授权立法的行政机构容易被某一利益群体俘获，从而危害到民众的自由。

支持授权的学者主要有以下两个观点：第一，授权立法使立法机构难于有效地回应社会的立法需求，是现代社会管理性事务爆发的产物；第二，行政机构更加专业，更加理性，因此，比较立法机构而言，行政机构的立法更有效率。

因此，美国法院在联邦层面适用禁止授权原则显得十分谨慎。在大量的案例中，最高院的法官都对授权立法采取"肯定"的态度，只是要求授权时应提供一个足以拘束被授权者的"明确原则"。在1935年的Panama Refining v. Ryan案中，美国最高法院并不关心被授权的机构是政府机构或非政府的行业协会，而主要要求是授权的范围不应该过分广泛。Panama案中，最高院认为："立法机关可以授权给工业协会或贸易组织根据其专业制定有关规章，但是，授权必须明确具体的范围。"

除了联邦层面的禁止授权原则，在美国州层面也存在禁止授权原则。美国联邦禁止授权原则的法源在于《联邦宪法》的第1条，仅仅适用于联邦层面。在州层面，各州都根据自身情况适用不同的禁止授权原则。有些州的禁止授权原则的适用类似于联邦层面，比较宽松。但是，也有的州适用禁止授权原则比联邦层面更加严格，有的州采用不同的禁止授权原则。例如得克萨斯州基于本州宪法的授权条款，采取不同的禁止授权原则，特别是针对私人代理组织。首次采用该原则的案例是宣布象鼻虫消除基金的授权行为属于非法授权。

首先，法院认为象鼻虫消除基金是非政府组织。法院认为基金具有一些政府机构的特征，特别是税收豁免和资金来源。但是，基金同样具有一些非政府组织的特征。因此，法院认为基金本质上应该认定为非政府组织。

其次，对于授权非政府组织的效力，法院采取了八个方面的测试判断授权的合法性：（1）该非政府组织的授权行为是否受到政府机构或其他政府部门的有效审查；（2）受到非政府组织管制行为影响的人是否在决策过程中得到代表；（3）该非政府组织的授权是否仅限于制定规则或包含对特定人的执行制度；（4）该非政府组织是否拥有与其公共职能相冲突的利益；（5）该非政府组织是否授权刑法方面的职能；（6）该授权是否具有明确的期限、范围和标的指向；（7）是否该非政府组织拥有特定资格和培训；（8）立法是否提供足够的标准指导非政府组织的工作。而在本案中，基金明显不符合上述八个条件。

从上面可以看出，与美国联邦仅仅只要求"明确的标准"相比，得克萨斯州的标准明显要比联邦层面更严格。也就是说，非政府行政机构要合法获得管制授权更难。

（2）管制行为豁免反垄断法适用应限制于职能范围内

非政府组织的管制行为，特别是由行业从业人员组成的协会自我管制行为，可能通过制定规则限制竞争，引发反垄断问题。根据美国的宪法，州行为可以根据"州政府行为豁免"原则豁免适用反垄断法。非政府组织的管制行为在多大程度上可以视为州政府行为，从而豁免适用反垄断法，取决于该组织公共职能的范围。

在1943年Parker v. Brown案件中，法院确认了州行为豁免原则。根据州行为豁免原则，州行为可以豁免适用美国的反垄断法。在随后的California Retail Liquor Dealers案件中，法院进一步明确了州行为豁免原则适用的两个条件：其一，根据明确的州政策行事；其二，州政府进行有效的监督。

对于州政府行政机构，美国最高法院在Town of Hallie案件中认为，"对于政府行政机构的行为，有效的州政府监督要件可以不要求"。在美国具有很大影响力的Areeda-Hovenkamp反垄断文章中，也认可了最高法院的上述观点。对于非政府组织而言，豁免的行为应该是非政府组织得到合法授权的公共职权行为。但对于公共协会或政府授权组织的行为，如何判断行为主体是否具有政府公共因素是一个难题。路易斯安那州法院在注册会计师协会案中，将会计师协会认定为公共组织，即使该协会是由相关竞争的注册会计师组成的。法院认为，考虑到会计师协会的公共职能，可以将会计师协会类似于公共政府组织。在一个起诉公立高校垄断特定农产业检验服务的案件中，第十巡回法庭同样认为考虑到公立高校的性质、章程和资金来源，应将公立高校视为政府组织。第二巡回法庭在一个案件中，同样认为城市发展公司可以享受豁免有效监管的要求，因为其也具有公共利益的因素。

有些州法院对于公共机构的认定更加严格。俄勒冈州律师协会制定一项规则，规定协会是该州律师执业保险的唯一提供商。第九巡回法庭并没有直接豁免律师协会"有效监管"的条件，而是分析了一系列条件（协会是俄勒冈州的公共机构，其财政记录应该接受公共审计等）后，认为州律师协会可以视同政府机构，从而享受州行为豁免。

第一巡回法庭采取同样的方法和思路。斯蒂芬法官（Stephen Breyer）在审理马萨诸塞州药品管理机构的一系列对竞争产生影响的管理行为，包括限制药品广告、通过邮件方式或设立便利店的方式销售药品时，认为判断药品管理机构是否是公共机构，应分析该公共机构的职能，以及私人会员在机构中是否享有控制权，在港口管理机构案件中，斯蒂芬法官采取了同样的分析思路。第十一巡回法庭在分析案件中，通过分析独立管制机构的政府职能属性，确定是否属于政府机构。

相比多因素实质认定的观点，美国联邦贸易委员会（Federal Trade Commission，下文简称"FTC"）的观点更侧重于分析机构的代表性利益——机构是否会受到私人商业利益的影响或驱使。在 2011 年的北加州牙医委员会案中，FTC 认为只有管制机构的行为能够完全独立于被管制的对象时，才能豁免进一步审查是否符合"有效监督"。在分析管制机构是否独立时，FTC 进一步分析了管制措施的财政利益、是否由市场私人参与者控制及管制措施的最终受益者三个因素。在牙医案中，FTC 认为牙医委员会主要由牙医组成，而其管制的牙齿美白业务是牙医的主要业务之一。委员会作出的非牙医不得进行牙齿美白的决议存在排除竞争的私人利益及动机。因此，委员会并不能豁免"有效监管"的条件。

因此，根据 FTC 的分析，行业管制机构如果仅仅代表行业的利益而非代表公共利益，则需要进一步分析该管制行为是否受到有效监督。如果未受到行政机构的有效监督，那么，就不能豁免适用反垄断法。

（3）管制行为违反反垄断法的认定

如果州管制行为无法豁免适用反垄断法，在实践中，需要进一步判断管制行为是否违反了反垄断法。在美国司法实践中，管制行为不能豁免反垄断法的条件下，适用谢尔曼法第 1 条和第 2 条判断管制行为是否违反反垄断法。但是，在判断管制行为的反垄断违法性时，法院应考虑管制行为的公共利益目的。

在牙医案中，FTC 首先认为牙医委员会不能豁免反垄断法，进一步认定了牙医委员会排除非牙医从事牙齿美白业务的决定限制竞争，从而违反反垄断法。第四巡回法庭支持了 FTC 的分析。在该案中，法院采取了以下的判断程序。

首先，从案情上进行初步判断。FTC 认为牙医委员会的行为从动机上具有排除低成本竞争者的嫌疑。委员会在采取上述行为时，做出如下的不妨害竞争的假设：（1）非牙医进行牙齿美白更容易发生医疗风险；（2）非牙医进行牙齿美白不合法；（3）决议本身出自维护公共安全的善意。但是，单纯促进公共安全并非是可以豁免反垄断法的足够理由（在本案中，非牙医进行牙齿美白是否更具有风险，从数据和理论上并不能得到充足的证明）。

其次，进行合理性分析。FTC 认为委员会无疑对市场拥有支配能力，结合决议的限制竞争的特征，可以间接推断出该决议具有限制竞争的效果。另一方面，该决议排除非牙医进入该市场的实际效果，可以作为该决议具有限制竞争效果的直接证据。除非牙医委员会能举证证明其行为在促进竞争方面的合理性，否则牙医委员会的决议就被视为是违反反垄断法的行为。

最后，委员会的行为应该适用谢尔曼法的第 1 条"合谋行为"，还是第 2 条的"滥用独占地位"？因为适用谢尔曼法第 1 条"合谋行为"，需要证明委员会的成员之间存在合谋的故意，而适用谢尔曼法第 2 条则需要证明委员会具有独立的经济利益。FTC 认为委员会成员是由独立的牙医选举产生，成员拥有自己独立的牙医执业，具有个人的利益，因此委员会的行为更应该认定是合谋行为。

Areeda and Hovenkamp 在其反垄断经典教材中假设了一个案例：城市立法要求所有的出租车司机不得工作超过十个小时，以减少交通事故的发生。该行为无疑从效果上限制了市场竞争，但是，从社会安全管制的角度分析，该行为无疑具有合理性而不具有反垄断责任。市政府制定上述政策豁免反垄断法有两个前提条件：（1）市政府本身并不提供出租车服务；（2）市政府不会从该政策中获得任何的商业利益。这个案例与上述的牙医案比较，可更好地说明管制行为违反反垄断法的认定条件。

（4）管制行为违反反垄断法的救济

根据克莱顿法的规定，违反反垄断法可要求赔偿三倍损失。但是，对管制行为违反反垄断法的救济措施，存在着争议。根据 1984 年国会通过的地方政府反垄断法案，地方政府及地方政府机构可能违反反垄断法，但法院只能判决地方政府禁止该行为，而不能判决地方政府承担三倍的赔偿责任。但是，该法案仅仅适用于地方政府机构，而对于非政府的管制机构并不能适用。在 Hoover v. Ronwin 案件中，亚利桑那州最高法院管辖下的律师协会作出决议，限制该州的律师数量。对于该决议是否违反反垄断法，合议庭存在不同的观点。一种观点认为作出该决议是州最高法院的职权行为，不违反反垄断法。而另一种观点认为该决议违反反垄断法。虽然对于该决议是否违反反垄断法存在不同观点，但是合议庭一致认为如果决议违反反垄断法，则可以适用三倍赔偿。在加州旅游委员会案件中，第九巡回法庭认为该委员会并不能适用州行为豁免原则，因此委员会限制出租车价格的行为违反反垄断法。最后，案件的原被告双方达成了高达 600 万美元律师费及成本赔偿的调解协议。

综上分析，管制行为是否豁免适用反垄断法在美国司法实践中一直是一个复杂的问题。一些管制机构被视为地方政府的延伸和功能扩展，因此可以适用州行为豁免原则。而有一些管制机构则不能适用。美国最高法院在确定管制机构是否是政府的延伸和功能扩展时，应判断该管制机构是否保护州政府的尊严和财富。实践中，判断上述两个条件同样存在很大的争议。一些巡回法庭进一步细化了上述两个标准。例如，第四巡回法庭提出以下几个条件：（1）是否判决的结果最终需要州政府承担；（2）是否该机构行使实质的自主权（机构的资金来源、人事任命及政府是否具有最终的否决权）；（3）该实体考虑中是否符合州政府的意思；（4）该州法律如何对待该机构。同时，即使州管制行为不能豁免反垄断法，但是，由于管制行为的行政或公共性质，法院在判断管制行为的违法性时，不能仅仅依据行为的经济效果，而应进一步分析行为的社会管制效果。

二、日本的产业政策与自然垄断产业的反垄断豁免制度

关于反垄断法豁免制度，不可以回避的是日本反垄断法的豁免制度。二战后，在美国的要求下，日本制定了本国的反垄断法，以防止本国的大产业集团绑架本国的政治。但是，由于日本本身的政治、社会和经济现状，日本曾实施最广泛的豁免制度，特别是日本的卡特尔豁免，在最高的时候曾经高达1000个以上的豁免规定。❶ 日本反垄断法的豁免始终跟该国的产业政策纠缠在一起。

无论是产业政策，还是竞争政策，它们都是国家依法干预经济、促进发展的措施和手段，产业政策与竞争政策都同属于国家的经济政策，但产业政策与竞争政策之间的差异是很明显的，甚至两者在政策内容和具体实现途径方面都存在冲突。在如何协调与融合产业政策与竞争政策方面，日本经验给我们提供了诸多有益借鉴。

（一）日本产业政策实施的历史沿革

产业政策本质上是一种政府行为，是政府采取措施干预资源在产业之间和产业内部的分配方式，从而达到比单纯依靠市场调节更多地增加社会福利。1970年

❶ 吴小丁.反垄断与经济发展［M］.北京：商务印书馆，2006，283-290.

日本通产省代表在经济合作与发展组织大会上做了题为《日本的产业政策》的演讲，第一次在国际会议上正式提出了"产业政策"一词，并将二战后日本经济的高速发展归功于推行了合适的产业政策。日本产业政策从很大程度上可以作为发展中国家发展本国经济，争取后发优势，提高国际竞争力的有效手段。

产业政策在日本具有悠久的历史。早在"明治维新"时期，日本政府就提出"殖产兴业"的口号，通过产业政策改造本国的农业和渔业。二战后，日本作为战败国，本国经济十分萧条。再加上日本本土国土狭小，自然资源相对贫乏，为了复兴本国落后的产业，日本政府通过产业政策将资源集中到有限的产业中。日本通过产业政策寻求政府干预的方式，以期望获得国际贸易中的竞争比较优势。产业政策不断在日本经济发展的各个领域产生巨大影响，并且在理论上不断发展完善，逐渐形成为一个完整的理论体系。

二战后，日本的产业政策发展经历了四个不同的阶段。

1. 战后复兴期的产业政策（1946—1960 年）

第二次世界大战中，日本的侵略行为不仅给邻国带来巨大的伤害，同时也使本国的经济濒临崩溃。战后初期几年日本的实际统治者是美国人麦克阿瑟，这位盟军最高统帅率领大批美国军队进驻日本后，根据美国的利益，参照美国式的民主，在"非军事化"和"民主改革"的口号下，对日本进行了一场政治和经济体制的改革。在经济上，战后的日本百业萧条、生产停顿、通货膨胀十分严重。日本这一时期的主要任务在于恢复经济。这一时期，日本政府对经济进行了强有力的干预，实施"倾斜生产方式"为核心的产业复兴政策。实施"倾斜生产方式"政策的主要措施有三项——复兴金融公库的资金倾斜、实行价格补助金制度的价格倾斜、在生产资料供给方面对煤炭工业提供优先的物资倾斜等。经过了第一阶段倾斜政策，日本工业生产能力得到有效的恢复，通货膨胀得到抑制，国民经济明显复苏。但是，由于这一阶段的产业政策得益于政府的补贴、外资和外汇管理，一定程度上与建立市场经济体制相冲突。因此，随着国民经济的不断复苏，"倾斜生产方式"的产业政策难于培育出高效的市场经济体制。

1949 年开始，日本结束了"倾斜生产方式"，开始实施道奇计划。道奇计划的主要内容是全面废止政府的价格补贴制度和停止复兴金融公库的贷款，其目的在于消除财政赤字，最大限度增加税收，稳定物价和工资，抑制通货膨胀，推动国际贸易。在这一时期，日本政府确立了"贸易立国"的基本政策，并开始培植本国有竞争力的产业。道奇计划取消了政府贷款和价格补贴等政策手段后，煤、铁等工业基础产品价格昂贵成为日本经济自立和提高国际竞争力的核心障碍，为此，20 世纪 50 年代，日本政府制定了一系列完善基础设施建设的政策，例如《钢铁业和煤炭工业合理化政策纲要》（1950 年 8 月）、《关于我国产业的合理化措施》（1951 年 2 月）、《企业合理化促进法》（1952 年 3 月）等。通过上述产业政策，日本完善了钢铁、煤炭、海运、电力、合成纤维、化肥等许多工业部门的设备投资和升级，为产业结构的完善提供了基础设施。

在前一阶段产业政策的综合作用下，日本在 20 世纪 60 年代迎来了经济高速发展时期。1950 年到 1960 年期间，日本的国民经济保持了年均 11% 的增长，当时只有欧洲的西德才可以与之媲美。尽管如此，日本这一时期的经济发展水平仍然与西方发达国家有一定差距，特别是产业结构还相对落后。为此，日本政府在这一时期制定了一系列振兴和扶植新兴的和成长型的创业部门、保护和调整衰退产业的政策，提升本国的产业结构，促进本国的产业发展。日本这一时期的产业政策从结果上分析是有效的。在上述一系列的产业政策刺激下，日本在 1955—1960 年出现了史称"神武景气"的现象：第一，产业结构得到优化，农林产业在国民经济的占比大幅度下降，工业产业在国民经济的占比得到提高。制造业在工业中的比例得到大幅度提高，而重工业比例也得到很大的提升，达到了世界发达国家水平。第二，经济规模扩大，人均国民生产总值达到世界先进水平。在这一时期，日本的国民生产总值从 6.7 万亿日元上升到 14.1 万亿日元，在资本主义国家中排名第 5 位。国民的消费水平和消费结构得到了很大的改善。

分析这一时期日本的产业政策与反垄断法适用，我们看出：日本并非单纯移植西方国家"竞争优先"的模式，而是在促进"规模经济"和提高本国的国际竞争力方面更加注重。日本的产业政策更多地注重社会统一利益的要求，较好地实现资源、财富在产业、企业之间的再分配，与西方发达国家相比，对私人利益的触动程度较大。日本产业政策在促进生产集中的同时还大力促进专业化分工和协作的发展。虽然在美国谢尔曼法的影响下，日本政府于 1947 年就制定了《禁止垄断法》。但是，该法出台后一直束之高阁，具体适用很少。

2. 经济高速增长期的产业政策（1960—1973 年）

20 世纪 60 年代，日本经济思想界进行了一场关于"经济增长可持续性"的论战。日本经济学界产生了截然对立的两派。一派是"稳定成长派"，以后藤誉之助（时任经济企划厅调查课长）为代表，他认为，日本经济已经结束了经济恢复时期，出现了生产能力过剩的状态，对新的投资缺乏刺激，故不可能有新的高速发展，今后只能"稳定成长"。另一派叫"高速成长论"，以下村治（时任大藏省财务调查官、国民金融公库理事、日本开发银行经济研究所所长）为代表，他认为日本经济可以继续高涨，因为日本经济正处于技术改造的"历史勃兴期"，国民经济各部门设备投资欲望很旺盛，设备投资的兴旺，按照投资—产出系数，必然导致供给能力的迅速提高而带动生产的迅速增长，加上商品国际竞争力的提高必然使出口前景极为光明。尽管 20 世纪 50 年代末日本出现了生产过剩，但只要政府采取扩大需求的政策，如扩大就业，提高工人、农民的工资，缩小城乡收入差别，就可以消除过剩的生产能力与市场需求之间的矛盾，经过他的精密计算，国民收入在今后十年将增加一倍。下村治的论点成为池田内阁制定《国民收入倍增计划》的理论基础。《国民收入倍增计划》的目的在于进一步升级日本的经济产业结构，增加日本产业在国际市场上的竞争力。

在此基础上，日本政府通过法律、行政和财政等多种手段推行本国的产业政策。具体而言，这一时期的产业政策比较有代表性的有：第一，产业改组和升级政策。为了适应国际竞争的需要，日本急需将本国的产业进行改组和升级。典型如海运业改组政策、汽车行业集团化政策等。在这一时期，日本政府还提出旨在实行官民协商方式的《特定产业临时振兴法》。虽然该法没有正式通过，但是该法中的一些政策却得到了积极的贯彻。第二，基础设施投资政策。由于前一阶段的经济高速发展，民间和政府关于基础设施的投资积极性大增，并导致部分基础设施的投资过热。为了防止投资过热，日本政府制定了基础设施投资政策，尤其对钢铁、合成纤维、石油炼制、石油化工、纸浆等行业的设备投资进行了干预，设定了投资准入门槛。第三，实现中小企业的集约化发展。在市场集中程度低并存在众多供给企业的产业部门试行政策性干预，由政府制定行业标准来确定企业的生产规模、技术水平，实行专业化的生产，以此提高该产业的国际竞争能力，如对日本机床工业实行的专业生产体制就是典型事例。

为了实现事业的共同化和规模的合理化，政策干预主要是针对中小企业。1963 年，日本政府通过了《中小企业基本法》，该法是日本促进中小企业发展的纲领性法规。1967 年制定了《中小企业现代化促进法》《中小企业指导法》《中小企业现代化扶植法》等，从法律上保证和促进了中小企业的设备更新和现代化、企业集约化经营。同时，实施产业和能源计划。为了提升本国的能源安全水平，日本政府先后分别制定了《石油工业法》（1962 年）、《电气事业法》（1964年）、《综合能源调查会设置法》（1965 年）、《动力反应堆与核燃料开发事业团法》（1967 年）、《煤矿业重建和完善临时措施法》（1967 年）等法律，对能源升级和能源产业进行扶持。同时，日本政府还制定了机械工业、飞机工业和计算机产业的扶持计划，支持相关企业进行合并重组，提高财政支持，增强产业的国际竞争力。

纵观这一时期的产业政策，日本政府的目的在于促进本国产业的集团化和升级化，增强本国的国际竞争力。而实现这一目标的方法则是通过政府的力量推动产业合并，形成大企业集团，降低生产成本，对大企业进行政府扶持。日本政府实施的这一产业政策的结果是，日本大企业集团实力不断增强，中小企业竞争能力被大大削弱，经济中的卡特尔横行。但是，日本这一政策却在很大程度上增强了本国的国际竞争力。20 世纪 60 年代日本经济实现了历史上罕见的高速增长，60 年代后五年的年均增长率出现了两位数的增长速度，显示了时代特征。这时许多产业部门技术革新迅速发展、供应能力不断扩大以及劳动生产率不断提高。与此同时，这一时期的产业政策不仅仅采取行政政策的手段，而更多的是采取立法的法律手段。据学者统计，在 1961—1973 年期间，日本制定了《低开发地区工业开发促进法》《产煤地区振兴事业团体法》《石油工业法》《特定电子工业及特定机械工业振兴临时措施法》《工业重新布局促进法》《中小零售商业振兴法》等。这些特定的立法中，日本政府反对市场的过度竞争，而试图建立"官民协商"的新产业体制，压制和拖延市场经济的自由化。虽然在早期，这些政策给日本经济带来了后发优势，但也在很大程度上压抑了市场的自由竞争。而反垄断法在这一时期，几乎未进行有效的适用。

3. 调整时期的产业政策（1973—1990 年）

20 世纪 60 年代高速发展的背后其实也隐藏着片面发展重工业、单纯追求增长速度的政策种下的恶果，如环境和食品卫生问题的频发，集中优先政策导致垄断与竞争的矛盾激化等。20 世纪 70 年代，日本两次石油危机、日元升级、贸易摩擦和环境公害等问题集中爆发，给日本高速发展的经济带来很大的问题。同时，日本前一时期注重政府管制，而忽视市场自由竞争的结果，使得产业结构畸形、市场竞争难于发挥有效的配置资源作用。

这一时期日本产业政策的主要内容在于解决上述碰到的问题。在这一阶段，日本出台的产业政策主要包括以下几个方面：第一，解决石油危机带来的能源问题。1973 年，日本通产省设立了统一管辖能源政策的机构——资源能源厅，该厅于成立的当年即发表能源白皮书《日本的能源问题》。同年，日本通过《石油供求公平法案》和《国民生活安定紧急措施法案》。与此同时，日本政府大力推行节能政策和新能源技术开发支持政策，解决石油危机带来的经济发展困难。第二，鼓励对外直接国际投资。为了解决日元升级，美日贸易摩擦带来的问题，日本政府出台一系列金融政策、投资保险政策、税收政策，以推动国际投资的自由化。通过国际投资，将原本的出口交易转变为本地投资生产，同时，解决本国环境压力、劳动力压力等问题。最后，高新技术的鼓励与支持政策。20 世纪 70 年代，计算机硬件和半导体晶体产业属于高新技术，而这时期的半导体产业基本由美国 IBM 公司垄断。为了打破美国公司的垄断，日本政府于 1971 年制定了《特定电子工业及特定机械工业振兴临时措施法》（简称《机电法》），决定推动国内计算机产业向高级化发展，试图打破国际垄断，争取日本该产业在国际市场上的一席之地。

通过对这一时期日本政府的产业政策进行评价，可以发现日本制定产业政策的目的在于解决前期经济高速增长造成产生结构不合理等问题，制度的制定更具有针对性和侧重。虽然日本的产业政策更多采取的是行政方式，但是，这一阶段日本政府已经注意到市场机制的重要作用，开始弱化政府直接干预经济的政策。1977 年 4 月，日本政府制定了《关于禁止私人垄断及确保公正交易法部分修改案》，这次修改有五项基本内容：（1）公正交易委员会认为出现严重垄断、限制了竞争而危及市场状态时，有必要采取严厉措施，命令其转让部分营业份额，恢复竞争。（2）对非法的交易限制处以罚款。（3）在违法垄断影响商品或劳务价格时，公正交易委员会可以命令违法业者或事业团体成员缴纳罚款。（4）垄断行业提高价格时，公正交易委员会有权要求当事者申明提价理由。（5）限制公司股票拥有量。为了防止利用股票过分集中控制企业，规定拥有国内公司的股票不能超过自有资本额或纯资产额。垄断法的修改与实施，让日本政府实施限制竞争的强有力的行政手段更加困难。

同时，日本采取更加柔性的产业政策，例如采取"70 年代展望""75 年代展望"和"80 年代展望"等。实际上，20 世纪 70 年代以后政府与企业之间的关系发生了变化，积累了大量资本和经营资源的日本大企业，开始反对政府对企业行为直接干涉，希望通过市场机制独立发展。日本政府审时度势，根据企业的发展阶段，在政府提出的向知识密集型产业发展的展望中，明确提出要实施产业扶植政策的产业除电子计算机、集成电路、飞机制造等少数工业以及信息处理、能源等第三产业外，其他都没有指定为重点扶植对象，此举进一步推动了产业的市场化。

4.泡沫经济崩溃后的日本产业政策（1990年—至今）

经过前期的高速发展，日本的经济出现过热和泡沫化的现象。日本经济的泡沫化体现在以下几个方面：第一，1985年广场协议后，日元大幅度升值，压缩了日本的出口优势。为了防止日本经济陷入萧条，日本政府大幅度降低利率，而利率降低又进一步促进了本已兴盛的投机行为。大量的市场投机行为给本来已经过热的经济火上浇油，加速了日本经济的泡沫化。第二，在市场化的趋势下，日本从20世纪90年代开始了金融自由化改革，实行利率市场化，改变了由银行信贷为主的融资方式。在金融自由化背景下，大量实体经济将资金转移到资本市场和金融市场，证券公司高速发展，促进了股票、债券市场价格高企。金融机构过多地参与股票交易，也推动了经济泡沫化。第三，投资过热，生产过剩。日本政府降低利率，增加货币供应，使得市场上货币的流动性大增。而另一方面，实体经济的利润率降低，实体经济将获得的资金大量流入金融市场和房地产市场，导致了股票价格高涨，房地产价格也节节攀高。但是，随着日本经济发展速度的下降，经济过热产生的经济泡沫在20世纪90年代后开始崩溃。

泡沫经济崩溃，让日本政府进一步思考市场机制在资源配置中的重要作用。20世纪90年代开始，日本通商省陆续出台《21世纪的产业结构》《面向新世纪的日本经济结构改革思路》《经济社会结构改革计划》《新经济增长战略大纲》《2010年经济产业政策的重心》等，以推进日本产业结构的改革和升级，加强环境保护，提高国民的生活品质。这一时期的产业政策作用开始弱化，日本政府开始重视市场的作用，放松管制，以强化市场机能为取向，采取信息咨询、建议诱导、展望、制度、提供援助等一系列灵活多样的综合配套措施。随着日本民间企业实力的增强和市场化改革的呼声，日本未来的产业政策将致力于强化市场机制的作用，通过放松管制，制定中立化、一般性的制度，形成企业自律自责的有效市场。

(二) 日本产业政策与反垄断法豁免的互动

1. 日本《禁止垄断法》中的反垄断豁免

二战后初期，日本经济一直采取以产业政策为主的方式，市场机制在经济中发挥的作用一直不大。与此同时，日本一直缺乏反垄断法的实施土壤，日本政府也并未重视反垄断法。

从明治维新开始，日本的财团力量开始聚集，并对日本的经济、社会和政治产生了重要的影响。二战结束初期，美军接管了日本的政府统治，并开始以美国市场经济模式对日本的政治、经济体制进行重构。美国占领军认为，二战前日本经济卡特尔横行，并与政府紧密结合，才为日本的战争提供了发动和维持战争的经济支持。为此，要推动日本的民主化进程，有必要禁止私人垄断行为、管制企业兼并，防止日本经济再次高度集中。在美国的要求下，日本政府在1947年通过了第一部反垄断法《禁止垄断法》。这部反垄断法综合了美国谢尔曼法《克莱顿法》和《联邦贸易委员会法》的相关规定，严格禁止垄断行为。单纯从法条的规定分析，《禁止垄断法》的相关规定比美国的反垄断法还要严格。例如，企业的合并、转让和签订国际契约等，根据该法都要求事先进行审批，并且很多条款都适用自身违法原则。除了实体法方面的规定，该法还参照美国联邦贸易委员会建立了独立的准司法反垄断机关——日本公正交易委员会。该法过于严格的规定与二战后初期的竞争文化及产业政策格格不入，因此，该法在实践中并没有得到很好的适用。即便如此，为了推行复兴时期的产业政策，《禁止垄断法》还是规定了大量的豁免。

2. 日本反垄断法的修正及反垄断法豁免

严格复制美国谢尔曼法的日本《禁止垄断法》，一方面与日本的传统文化不相容，另一方面也不符合日本复兴时期采取的"规模经济"产业政策，因此，从该法制定之始，日本反垄断法就进入了冷冻期。占领期结束后，日本社会开始酝酿修改《禁止垄断法》。

1949 年，日本对《禁止垄断法》进行第一次修正。这次修正放松了《禁止垄断法》严厉的反垄断制度，对反垄断制度进行松绑。主要修正体现在两个方面：第一，将国际间协议的事先审批制改变为事后备案制；第二，将企业合并的事先审批制改为通报制。这次修正虽然放松了反垄断法的有关规定，但更适合日本的本土政治、社会环境，也开启了日本反垄断法的本土化进程。

1953 年，日本再一次放松《禁止垄断法》的实施标准。在这次修正中，日本政府借鉴了德国反垄断法中萧条卡特尔豁免、合理化卡特尔豁免和出口卡特尔豁免等反垄断法豁免制度，建立了适合本土产业政策实施的反垄断法豁免制度。由于朝鲜战争、企业萧条等原因，日本政府在这一时期推出了一系列的产业振兴政策。这些产业政策不可避免地与反垄断法的严格规定产生冲突。为此，日本企业界在《禁止垄断法》颁布 5 年后，要求政府对反垄断法的实施结果进行审视。在企业界的要求下，日本政府成立了"反垄断法检查委员会"，对反垄断法的实施进行全面评估。在法规调研中，日本产业部门提出修改意见，认为反垄断法的过度严格已经给经济造成损害，并导致了日本经济的不稳定，要求扩大反垄断法的除外适用范围。事实上，在一些领域，日本的产业部门已经放开了反垄断法的豁免制度。例如，1952 年颁布的"特殊中小企业稳定法"中，小企业的萧条卡特尔首先得到豁免。

随后，日本政府在很多产业领域都推出了反垄断法的产业卡特尔豁免制度，例如，为防止企业过度竞争而成立的卡特尔、出口卡特尔和特殊产业卡特尔。值得注意的是，这些豁免很多并非出自公正交易委员会，而是出自产业管制行政机构的产业政策。在1958 年的萧条期间，大约有 30 多个行政指导性文件出台，涉及的产业包括了石油、电解铜、皮革、生铁、铁制品、化肥、造纸、纺织、制糖等十多个行业。因此，日本的产业政策成为日本反垄断法豁免的主要原因之一。有趣的是，日本的产业政策早期冲击了日本严格的反垄断法制度，但是，在一定程度上又孕育了日本的过度集中的经济结构的危险，在另一方面也培育了日本民众对市场竞争文化的渴望。日本产业政策与竞争政策的冲突与协调，开启了日本反垄断法的本土化进程。

3. 日本反垄断法的本土化及产业豁免

20 世纪 60 年代，在产业政策的集团化支持，以及这一时期反垄断法消极怠工的共同作用下，日本经济得到了高速增长。但是，高速增长背后的经济结构性矛盾问题也不断凸显出来。长期的政府主导型经济使得日本的市场机制发展不完善，企业财团控制了日本的主要产业。大企业财团横行，获得大多数的贷款和资金，给消费者福利带来损害。这些结构性的矛盾使得民众开始要求政府减少产业政策对经济的干预，开放市场竞争。这一时期，日本加入的 GATT 和 OECD 等国际组织，也要求日本进一步市场化和开放市场。在国内民众的要求和国际组织的压力下，日本政府的产业政策开始宏观化，而加强《禁止垄断法》的实施被提了出来。

1973 年，公平交易委员会成立了"禁止垄断法研究会"，开始了反垄断法如何修改的研究，为反垄断法的修改提供理论预热。但是，日本反垄断法的修改受到了产业界和通商省的强大压力，经过了三轮的博弈，公平交易委员会提出三次修改案后，1977 年日本国会才正式通过了禁止垄断法的修正案。这次修正案一方面加大了公平交易委员会的执法权力；另一方面增设了垄断课金制度及垄断状态管制的实体性规定，在很大程度上强化了本来视为"无齿之虎"的反垄断法的执行。日本学者评论这次修正，认为：经过 20 多年的发展，日本反垄断法真正地实现了本土化，在日本的法律体系中获得了一席之地。

日本反垄断法严格实施后，日本产业政策与反垄断法之间的冲突开始明显起来。在这次修正案之前，日本反垄断法的实施一般都让步于产业政策的实施。产业政策优先于反垄断法的结果是，反垄断法的除外适用广泛存在，方式复杂。有学者统计，1965 年豁免的卡特尔数量高达 1097 件，存在各种豁免的反垄断法就如同一张充满破洞的网，面对卡特尔束手无策。1977 年的修正案并没有对反垄断法的除外适用制度进行全面修补。虽然公正交易委员会加大了对垄断行为的课金，但是面对产业政策，垄断法仍然只是附庸。反垄断法没有真正发挥作用的后果是日本的产业结构市场化调整速度缓慢，公正交易委员会受到越来越多的质疑。

而这一时期，日本政府也开始意识到市场机制的重要作用，逐渐弱化产业政策对具体产业的干预。在这种背景下，反垄断法再次进行修正就显得迫切。1997年2月，日本公正交易委员会提出反垄断法一揽子修改法案。这次修改的主要目的就是协调产业政策与反垄断法之间的关系，减少反垄断法的除外适用范围，修补反垄断法因产业政策造成的漏洞。为此，这次修改大幅度地降低特别法中的除外适用范围。到1998年底，在特别法规定的适用除外规定中，对20部法律中存在的35个除外适用进行了修正，4个规定限定了适用范围。1997年3月内阁会议通过了关于修改放松管制推进计划的意见，对非特别法规定的适用除外进行修改或废止，适用除外的规定大大减少。从1997年开始，日本每年都对反垄断法进行必要的修改，并逐步减少反垄断法的除外适用。从1999年开始，日本自然垄断产业也不能获得反垄断法的除外适用。

4.结语：产业政策与反垄断法的协调

从上述产业政策与反垄断法豁免方面的分析，可以看出日本的产业政策与反垄断法的关系轨迹大致如下：二战后初期，日本政府更加倚重产业政策复兴本国的产业及经济，禁止垄断法完全只是摆设和应付美国要求的产物；但是过分依赖产业政策导致产业结构不合理，市场机制不发达，同时消费者福利受到减损。因此，日本政府开始减少出台直接行政性的产业政策，更多的是对产业进行宏观方面的指导。而消费者权益受到大企业的侵害，也要求日本政府对垄断行为进行管制。1977年《禁止垄断法》的修改以及公正交易委员会权力的强化，给了反垄断法实施的空间。但是，由于强大产业政策的传统，让反垄断法实施中存在大量的豁免：萧条卡特尔豁免、自然垄断产业反垄断豁免等。随后，为进一步规范反垄断法在相关管制产业的适用，日本逐步减少了反垄断法在相关产业的豁免，确立了反垄断法普遍适用的基本原则。但是，应该指出的是，反垄断法普遍适用的基本原则并不意味着产业政策的完全退场。日本政府试图在产业政策和反垄断法中建立一个动态平衡：一方面日本政府制定产业政策时，更注重产业政策中市场机制的作用，避免产业政策对市场的强制性干预，减少产业政策与竞争政策之间的冲突；另一方面日本政府减少反垄断法在自然垄断产业的豁免，同时，日本反垄断法面对管制政策时保持克制，慎重地面对管制行业的管制行为。

三、欧盟竞争法在管制行业的豁免制度

欧盟是世界上最成功的国际性统一公共市场。虽然欧盟（欧共体）成立时间只有半个世纪多一点，但是欧盟取得的成就是举世瞩目的。**❶** 众所周知，欧盟是由若干主权国家组成的共同体，成员国之间的政治、经济制度和经济社会发展水平差异很大。例如，德国在二战后一直奉行社会市场经济体制，重视自由主义和市场在经济资源配置的作用，而政府只在很小的方面进行干预。法国与德国不同，法国的国有经济在经济体制中占据了十分重要的作用。特别是，前东欧社会主义国家，匈牙利、波兰和保加利亚等国的加入，成员国之间的差异和不平衡更进一步加剧。为了促进本国企业在欧盟市场及国际市场中的竞争力，欧盟成员国会采取一些干预经济的措施，如将某些自然垄断行业的经营权授权给某一垄断企业等。但是，欧盟成立和成功的法宝之一就是促进欧盟共同大市场的形成，减少欧盟内部破坏市场竞争的制度。为此，欧盟的竞争规则成为了消除欧盟市场一体化障碍的主要措施。

（一）《里斯本条约》第 101 条对管制机构的适用及豁免抗辩

《里斯本条约》第 101 条至 109 条是欧盟竞争法的主要条款。其中 101 条第（3）款是欧盟竞争法的一般性豁免规定。欧盟 1/2003 号条例颁布以后，竞争法豁免制度进一步修正：废除了事前申报制度，将豁免从集权制度向分权制度转变。这些改变都是在增强欧盟竞争法的灵活性，减轻欧盟委员会的工作负担。但是，

---

❶ 原则上，欧盟与欧共体有重叠也有区别，欧共体是欧盟成立前的经济共同体，但为表达方便，本书中不做细微区分。

《里斯本条约》第101条第（3）款并没有对特定行业进行豁免。只是在适用欧盟竞争法的前提下，由成员国根据利弊衡量，确定是否适用竞争法豁免制度。

1.《里斯本条约》第101条对管制机构的适用

研究管制行业如何豁免欧盟竞争法，需要分析的首要的问题是:《里斯本条约》第101条和第102条是否适用于公共机构或成员国的管制机构？从条文上理解，《里斯本条约》第101条和第102条只适用于企业，并不适用于成员国及成员国的公共机构。但是，欧盟法院对两个条款中"企业"的解释范围要远远大于传统意义上的企业范围。只要实体从事经济活动，对经济活动会产生影响的行为都可以纳入第101条和第102条的适用范围。欧盟法院在许多场合表明:"虽然条约第101条本身只与企业的行为相关，而与成员国的法律或规则无关，但与条约第10条联合起来理解，该条款要求成员国不要制定或实施使适用于企业的竞争规则无效的措施，即使这种措施具有立法或管制性质。"❶在1990年的世界杯案件中，欧盟委员会认为意大利足球联盟虽然是运动组织，但是他们有广告收入，进行经济活动，因此应适用《里斯本条约》第101条的规定。在德国 Hofner 案件中，欧盟法院进一步认定公共机构从事的经济活动，不会影响经济活动的性质，应该适用《里斯本条约》第101条的规定。因此，只要是可以自由竞争的经济活动，那么该实体的经济行为就应该适用《里斯本条约》第101条和第102条的规定。

但是，并非所有的公共组织的行为都会被视为企业经济行为，而适用《里斯本条约》第101条和第102条的规定。管制机构行使执行公共利益的职权行为则可以豁免适用《里斯本条约》第101条和第102条的规定。在欧洲空中管制机构案中，欧共体法院认为，欧洲空中管制机构为了缔约国利益执行符合公共利益——保障空中交通安全，而收取航线费的行为不属于企业经济行为而不适用《里斯本条约》第101条和第102条的规定。

综上所述，管制机构的管制行为并不必然豁免适用欧共体竞争法。只有管制

---

❶ Rosemary O'Loughlin. EC Competition Rules and Free Movement Rules: An Examination of the Paralles and Their furtherance by the ECJ Wouters Decision［J］. European Competition Law Review, 2003, 24(2).

机构的管制行为基于公共利益，并与行使职权相关，才符合豁免反垄断法的适用的条件。

2. 国家主权行为豁免原则

通过欧盟法院对"企业"范围的解释，准公共机构的行为并不必然豁免适用《里斯本条约》第101条和第102条的规定。但是，如果准公共机构能够证明其限制竞争的活动属于履行国家主权的行为，则可以基于主权原则而豁免适用《里斯本条约》第101条和第102条的规定。根据国家主权行为豁免原则，如果市场参与者能够证明，其采取的限制竞争行为是国家政策所明确要求的，并且公共行政机关对其进行了主动监督，保证行为与国家政策的要求一致，那么市场参与者可以免除竞争法上的责任。❶

欧盟法院在委员会与法国诉雷德布洛克赛马公司案中确立了国家主权行为豁免原则。在该案中，法院认为如果企业实施的反竞争行为是国家立法要求的，或根据国家的主权政策做出的，那么该行为就不适用《里斯本条约》第101条和第102条的规定。在该案中，法院确认了国家行为抗辩原则。但是，该案中法院并没有明确国家主权行为豁免的适用范围。学者们担心国家主权豁免行为会被滥用，成为成员国管制公共机构豁免欧共体竞争法的缺口。

为了消除上述顾虑，在意大利手表业联盟诉意大利竞争与市场管理局一案中，欧盟法院对国家主权行为的豁免范围进行限制。欧盟法院认为相关管制企业虽然根据本国的管制规定作出反竞争行为，但如果该管制行为被国内竞争机构认为与共同体的竞争法不相容时，继续从事反竞争行为，那么该反竞争行为就不能豁免适用《里斯本条约》第101条和第102条的规定。成员国的竞争机构可以对管制机构的反竞争行为进行处罚。

❶ Cesare Rizza. The Duty of National Competition Authorities to Disapply Anti-competitive Domestic Legislation and the Resulting Limitations on the Availability of the State Action Defence［J］. European Competition Law Review, 2004, 25（2）

(二)《里斯本条约》第 106 条对公共企业的适用及豁免

除了第 101 条第 3 款的一般性豁免规定外，自然垄断产业的反垄断规定更主要体现在《里斯本条约》的第 106 条。《里斯本条约》第 106 条主要针对公共企业和享有特权的企业，防止上述企业借助成员国的垄断规定，侵害欧盟大市场的自由竞争。

1.《里斯本条约》第 106 条对成员国及公共企业的适用

《里斯本条约》第 106 条第 1 款规定：对于公共企业及享有特权或独占权的企业，成员国既不得制定也不得继续实施与本条约的规定特别是与第 12 条和第 101 条至第 109 条规定相背离的任何措施。

第 106 条第 1 款是欧盟给成员国施加的义务，要求成员国不得制定措施，给予公共企业特权从而限制竞争。对于公共企业的范围，欧共体委员会曾经发布一项指令，根据该项指令：公共企业包括可以直接或间接通过行使所有权、财务参与权或通过管理该企业的规则施加支配影响的任何企业。虽然第 106 条在制定之初，就已经引起学者的研究兴趣，并认为是控制成员国自然垄断产业的法宝。然而，该条在欧共体成立前 20 年内并没有得到有效的实施。在实践中，直到 20 世纪 70 年代中期，欧共体还坚持这种观点——成员国为了非经济性的公共利益可以自由地授予企业特权或独占权，而不违反欧共体竞争法。在 1973 年的 Sacchi 案件中，欧共体法院就认为广播电视网络的排他性权力豁免适用欧共体条约第 82 条的规定。

但是，"支配地位结构性滥用"概念的引入，改变了欧共体法院对于公共企业的观点。在希腊广播电视 ERT 案件中，法院认为如果一个企业享有转播电视节目的独占权，容易创造一种使企业通过制定有利于自己电视节目的歧视政策而违反《里斯本条约》第 102 条，那么，该行为应受到第 106 条第 1 款的禁止。在随后的 Meric 案件中，法院认为，在某种条件下，成员国授予某一企业的特权，会导致企业滥用其支配地位而违反第 106 条规定。

因此，《里斯本条约》第 106 条第 1 款禁止欧共体成员国给予本国的自然垄断产业特权，限制欧共体市场的自由竞争。这一规定与自由贸易协定中的"竞争中立"条款具有相同的效果。

2.公共任务豁免

虽然第 106 条禁止成员国给予本国的自然垄断产业特权，但是，基于自然垄断产业本身需要承担一些社会公益事项，第 106 条第 2 款给予企业基于"公共任务"而获得有限的豁免权。根据《里斯本条约》第 106 条第 2 款，受托为普遍经济利益服务或具有财政垄断性质的企业，在完成被委托的特定任务时，可以豁免适用欧共体竞争法。但是，担心该条的豁免制度被滥用，欧共体在适用该款时非常谨慎，一般仅限于公共利益。在 Dusseldrop 案中，欧共体解释说，将某一特定任务委托给企业的原因在于这种任务具有公共利益。

公共任务豁免是欧盟平衡欧盟自由竞争与成员国公共利益服务的条款。该条款引起了广泛的争论，并在成员国与欧盟之间产生了紧张关系。成员国希望扩大豁免范围，而欧共体则显得更加谨慎。为了更好地在自由竞争与公共服务之间找到平衡点，欧共体委员会于 1996 年 9 月发布了一份《欧洲的普遍利益服务》通告，承认普遍服务对欧洲公民的重要性及其在促进社会与经济统一中的重要作用。但是，欧盟同样认为，提供普遍服务应尽可能不对竞争政策构成限制。

四、发展中国家自然垄断产业的反垄断豁免制度

发展中国家一般缺乏完善的市场经济传统，但在全球化的推动下，需要进行市场化改革。发展中国家的经济仍处于发展过程中，国内产业竞争力较弱。发展中国家对自然垄断产业的管制较强，自然垄断产业受国家产业政策的影响大。同时，发展中国家大都刚刚制定反垄断法，反垄断法的适用历史短，反垄断的实施经验不足。

与发达国家相比较，发展中国家在自然垄断产业中更强调产业政策的作用，应给予更多的反垄断法豁免。例如，乌兹别克斯坦 1996 年制定的《市场竞争和限制垄断法》第 2 条规定，自然垄断产业包括石油、液化气、天然气和煤炭产

业、石油的管道运输、石油产品和煤气、电力和热能源的生产和传输、铁路运输、水运和空运、基础的电信和邮政通信服务、自来水和下水道设施等方面的服务。同时，该法规定了自然垄断产业的豁免适用制度。俄罗斯2001年出台的《关于自然垄断的俄罗斯联邦第147号法》同样给予自然垄断产业宽泛的反垄断法豁免。发展中国家自然垄断产业的改革还不彻底，供需之间的矛盾突出，仍需要通过产业政策的扶持做大做强，因此，在反垄断法豁免方面，自然垄断产业获得较为宽泛的反垄断法豁免。

在产业监管与反垄断法发生冲突的情况下，发展中国家往往给予产业监管更优的地位。例如，巴西《反垄断法》第54条规定，经济监管委员会有权在满足一定的条件下，给予垄断协议豁免适用反垄断法。墨西哥《联邦经济竞争法》第4条规定，州政府对战略性行业行使排他性权力不构成垄断。也就是说，战略性行业可以豁免适用反垄断法。根据墨西哥的反垄断法适用实践，自然垄断产业大都被视为战略性行业而豁免适用反垄断法。

比较发展中国家与发达国家在自然垄断产业的反垄断法豁免制度，可以看到，发展中国家发展本国经济，壮大民族产业、解决国内的供需矛盾仍然是主要目的，所以，反垄断法的适用仍处于次要的地位。相应的，发展中国家在自然垄断产业中给予更加宽泛的豁免。但是，随着发展中国家经济转型的进一步深入，受竞争政策的全球化影响，发展中国家在自然垄断产业中反垄断法适用也逐渐呈现出增强的趋势。在反垄断法豁免方面，反垄断法一般适用成为原则，反垄断豁免范围进一步缩减。

五、结论：自然垄断产业的反垄断豁免制度比较

通过对经济发达国家、经济转型国家和发展中国家在自然垄断产业中反垄断法豁免制度比较，我们可以总结出自然垄断产业中反垄断法豁免的一些共通之处与特点。虽然不同国家在自然垄断产业中的豁免制度不同，而且随着时间的推

移，反垄断豁免的范围和程度也不断发生变化。但总体而言，自然垄断产业中的反垄断法豁免体现了以下共同的趋势。

第一，反垄断法在自然垄断产业的豁免范围逐渐缩减。发达国家中，随着放松管制的推进，反垄断法在自然垄断产业中的豁免逐渐缩减。例如，欧盟成员国的公共服务行业——电信、能源、铁路交通已经完全市场化，并适用欧共体的竞争法。日本于 1999 年和 2001 年两次修订《禁止垄断法适用除外法》，其中一个重要的内容就是将原本可以豁免的自然垄断产业，如电信、铁路废止豁免适用反垄断法。发展中国家虽然在自然垄断产业中反垄断法的豁免范围宽于发达国家。但是，随着发展中国家经济改革的深入以及融入国际经济的要求，发展中国家也推进了自然垄断产业中的市场化进程，相应的，发展中国家反垄断法在自然垄断产业中的豁免范围也逐渐缩小。

第二，反垄断法在自然垄断产业中豁免制度具有阶段性。虽然逐渐缩小反垄断法在自然垄断产业的适用是国际趋势，但是，这并不意味着自然垄断产业中的反垄断法豁免完全退场。事实上，从国际上的经验看，反垄断法在自然垄断产业的豁免制度呈现出阶段性和发展性的特点。而这一特点与各国自然垄断产业的改革进程及经济发展阶段相适应。有的学者认为，反垄断豁免制度具有回应性和极强的适用功能，是竞争政策和产业政策的调节器。

第三，反垄断法在自然垄断产业中的豁免具有发展性。各国根据本国的政治、经济、社会因素确定在自然垄断产业中的反垄断豁免范围。发达国家由于市场经济比较发达，一般根据本国经济发展的情况确立竞争政策在自然垄断产业中的优先地位。美国市场经济高度发达，自然垄断产业在早期受到严格的管制，因而豁免适用反垄断法。随着放松管制的推进，美国也逐渐限制反垄断法的豁免范围。同时，受到经济理论的影响，美国反垄断法在管制行业中的适用也非一成不变。2004 年的 Trinko 案中，美国最高法院缩小了自然垄断产业中的反垄断法豁免。日本一直实施产业政策，反垄断法在早期实践中适用不多。但是，随着日本经济的发展，日本确立了竞争政策的优先性，并在产业政策的制定过程中最大限度地考虑竞争因素。相应的，日本反垄断法在自然垄断产业的豁免范围逐渐缩减，以适应日本的经济发展。在建立共同市场的理念下，欧盟也逐渐加大了自然垄断产业中的竞争法适用。对于发展中国家而言，首要任务是发展本国的经济，增强国际竞争力，虽然多数发展中国家也制定了反垄断法，实施竞争政策并确定竞争政策的一般优先适用原则，但是在一些特定产业中，竞争政策要让位于产业政策。

第三节　我国自然垄断产业的反垄断法豁免制度

反垄断法豁免，特别是自然垄断产业中反垄断法的豁免模式、豁免范围以及如何给予豁免，应结合本国政治体制、经济发展阶段和社会因素进行判断。我国从1978年开始进行市场经济体制改革，改革的目标是不断地减少政府的干预，增强市场机制在资源配置中的作用。但是，不容否认的是，我国自然垄断产业，如电力、电信、铁路交通等领域，国有资本仍占据了统治地位，并没有完全按照市场机制进行运作，仍然受到主管机关的严格管制。因此，我国自然垄断产业中反垄断法的适用与豁免应结合我国自然垄断产业的改革进程，在管制与反垄断法适用之间达到平衡。

一、制度背景：我国自然垄断产业改革进程及现状

我国自然垄断产业的豁免同样应与我国的经济发展、产业改革进程相协调。因此，研究我国自然垄断产业反垄断法豁免的前提在于分析这些产业的改革现状。我国自然垄断产业的反垄断法适用整体背景是：我国自然垄断产业仍处于经济转型阶段，还未完全实现市场化。这一现状影响我国反垄断法在自然垄断产业的豁免制度设计。

（一）中国自然垄断产业改革的整体进展

在世界范围内深化改革和放松管制的浪潮中，我国的垄断产业也不断进行市场化改革。大体上，我国的垄断性产业改革经过了搁置期、启动期和停滞期三个阶段。1978—1995年是垄断产业改革的搁置期。在这一时期，我国刚刚开始进行改革开放。遵循"摸着石头过河""先易后难"的总体改革思路，作为焦点、难点的自然垄断产业改革暂时被搁置起来。同时，这一时期，我国自然垄断产业的

基础设施建设任务很重，也需要通过国家强有力的组织能力和财政能力尽快解决供应不足的问题；1995—2004 年是改革启动期。经过第一阶段的建设，我国自然垄断产业的基础网络建设已经基本完成，而垄断企业滥用垄断力量、服务质量低下、价格过高等问题已开始引起了社会的重视。这一时期，电力、石油、民航、燃气、有线电视、电信等垄断行业正式拉开了"政企分开"的改革序幕，通过政企分开、纵横拆分、引入外资等措施，对自然垄断产业进行市场化改革。通过产权结构改革，垄断企业的市场化改革取得了一定的成效。我国大部分垄断行业实现了政企分离，建立了相对规范的现代企业治理结构。经过了第二阶段的改革，我国垄断行业初步建立了市场竞争机制。但是，随着改革的进一步推进，改革进入深水区，改革的难度加大。

（二）中国自然垄断产业的现状及特征

不容否认，我国垄断性产业经过市场化改革已经初步建立了市场竞争机制，改革的路径和方向是完全正确的。但是，相对竞争性行业而言，我国的垄断行业规模巨大，关系国计民生，行政干预强。总体而言，我国垄断性产业仍然处于进一步深化改革的转型过程中。从反垄断法适用的角度分析，我国的自然垄断产业存在以下几个特征。

第一，产业结构以国有资产为主体。

在改革开放之前，我国实际上没有政府与企业之间的区分，企业只是政府的一个机构而已。此时的自然垄断产业全部属于国有。改革开放后，我国开始进行市场化改革。但是基于我国早期的经济体制，以及管制传统，对于垄断性产业，民间资本几乎没有准入的空间，这也造成了我国自然垄断产业的产权结构中国有资本占据了绝对性的统治地位。虽然我国政府近年来开始采取所有制改革、企业上市和 PPP 参与基础设施建设等方式引入民间资本，但总体而言，我国自然垄断产业仍然是国有资产占主体地位。

2014 年，有学者选取了六个自然垄断产业作为样本，包括电力、自来水、公路、水运（港口）、民航和电信产业，利用152家上市企业的公开数据进行分析，以私有股权的比例作为分析私有化的测量指标。通过上述方法分析可以得出以下结论：公路与水运产业在中国处于区域垄断地位，市场结构决定了该产业缺乏竞争；而电力、航空运输以及电信产业的竞争程度均高于公路与水运产业，同时，电信产业是寡头垄断的市场结构，与航空运输产业集中程度也不同，并且都高于电力生产产业。换言之，即使通过上市的方式，我国的自然垄断产业仍然是国有产权占据了绝对的统治地位。

第二，经营决策受到主管部门的严格管制。

我国自然垄断产业长期存在政企合一、高度管制和管制体制不合理等问题，这也导致了我国自然垄断产业长期效率不高。在经济一体化和国际放松管制的背景下，我国自然垄断产业也开始了放松管制的改革。

我国的自然垄断产业目前仍受到管制机关的严格管制，从企业人员任命、重大决策、薪酬制度等都受到管制机关的各种限制。例如，我国的电信产业由电信、联通、移动三家企业寡头垄断。但是，电信产业各个公司的人员任命、利润转移仍然受到主管部门国家工业和信息化部很强的影响。在电信业务方面，国家工业和信息化部也通过指导政策等对电信业务进行管制。在2015年12月，国家工业和信息化部公布了《电信业务分类目录（2015年版）》明确了当前各类电信业务的分类，而且对各类电信业务的特征和范围都做了界定。通过业务分类，主管部门对各项业务的准入条件、工作要求进行了明确的规定。因此，从上面的分析看出，我国自然垄断产业仍然受到主管部门的严格管制，市场化过程仍是进行时。

第三，治理机构仍存在政企不分。

虽然我国的自然垄断产业一直在进行市场化和去管制化过程，但是，我国自然垄断产业治理结构仍未实现完全的市场化运作。具体体现在以下方面：首先，董事会、监事会、经理层成员的产生、更换基本由政府控制，其直接结果必然是政企不分；其次，公司党委会、管理层交叉任职；最后，公司制结构与"老三会"

（党委会、职代会、工会）职权界限不清。从这个意义上分析，我国垄断性企业的公司治理结构仍未完全实现市场化的运作。

（三）发展展望：放松管制、进一步市场化

从国际经验分析，垄断行业改革的一个重要标志就是放松管制，让市场机制在尽可能多的领域发挥资源配置的基础作用。我国对垄断产业改革的模式和方向同样是放松管制，以此进一步推进垄断产业的市场化进程。目前我国垄断性产业仍处于一种严格的市场准入管制、价格管制和投资管制的现状，以及管制机构、主管机构职权不分，我国垄断性产业的改革路径不完全等同于西方国家。具体而言，我国应该在理顺主管机关、管制机关和反垄断机关关系的基础上，有紧有松，一方面放松经济性管制，一方面加强社会性管制，有层次、分步骤地推进垄断性产业的市场化改革。

二、我国反垄断法中的豁免制度

（一）我国反垄断法的豁免制度概述

我国《反垄断法》的制定与颁布意味着我国反垄断法实践的正式开始。我国反垄断法的出台是一个漫长的过程，其中夹杂了学者对规模经济与市场经济优劣的争辩。同时，反垄断法在具有中国特色的基础上，也具有明显的移植色彩。在反垄断法豁免方面也是如此。

我国反垄断法的豁免规定体系可以划分为酌定豁免和法定豁免两大类。酌定豁免，是反垄断行政机构或司法机构在处理反垄断事项时，依据一定的原则自由裁量给予反垄断豁免。酌定豁免一般是规定了一个普遍性的授权条款，反垄断法行政机关或司法机关在处理具体事项时，按照一定的条件和程序授予反垄断法豁免。我国《反垄断法》第15条规定，经营者能证明所达成的协议属于七种情形

之一，可以豁免适用《反垄断法》第 13 条和第 14 条的规定。反垄断法酌定豁免事实上是合理原则在反垄断法适用中的体现之一。

法定豁免，是反垄断法或相关产业管制立法中，明确规定对特定产业或特定行为可以豁免适用反垄断法。我国反垄断法中明确规定的豁免条款主要是第 55 条、第 56 条和第 7 条的规定。

第一，知识产权豁免。我国《反垄断法》第 55 条规定："经营者依照有关知识产权的法律、行政法规规定行使知识产权的行为，不适用本法；但是，经营者滥用知识产权，排除、限制竞争的行为，适用本法。"随着我国从制造业大国慢慢向创新方向转型的过程中，给予发明者与创新者更好的知识产权保护是我国法律的应有之义。知识产权制度给予创新者一段时间的垄断权，提高知识产权人的收益率，可以刺激和促进知识产权的研发和资本投入。反之，不尊重知识产权，将导致企业只注重短期的边际成本，而不愿意从事研发活动，其结果必然导致资源配置的不合理。因此，从目的论的角度分析，知识产权制度与反垄断法制度殊途同归。因此，对于知识产权法给予经营者的垄断权，反垄断法都在一定程度上给予豁免。我国《反垄断法》第 55 条明确规定行使知识产权产生的垄断权可以豁免适用反垄断法。但是，知识产权人行使知识产权只能在法律允许的范围内，如果知识产权人滥用垄断权，那么将无法获得豁免权。

第二，农业豁免。我国《反垄断法》第 56 条规定："农业生产者及农村经济组织在农产品生产、加工、销售、运输、储存等经营活动中实施的联合或者协同行为，不适用本法。"农业产业适用反垄断法豁免并非是我国的独特制度。在英美等发达国家，农业产业同样是作为特殊保护的产业，即使是在国际贸易中也是如此。发达国家认为农业是一个特殊行业，应采取价格支持机制、配额机制和进口保护等制度进行保护。我国是一个传统的农业大国，农业在我国经济发展和国家安全中都发挥了重要的作用。我国历年来中央的一号文件都是关于农业产业安全与发展的。因此，我国反垄断法给予农业产业豁免。值得注意的是，我国司法实践中有关农业产业的范围是限制在一定的范围内的。例如，在北京水产行业协会诉娄丙林垄断纠纷一案中，一二审法院都认为水产行业协会是案件的适格主体，不能适用农业豁免。

第三，国有经济及专营行业。《反垄断法》第 7 条对国有企业、专卖行业的反垄断法适用进行了原则性的规定。对于该条是否明确授予国有经济及专营行业的反垄断法豁免，存在两种不同的理解。由于国有经济及专营行业大都是自然垄断产业，因此，该条被视为我国自然垄断产业反垄断法豁免制度的基本条款。下文将对该条款的出台背景、不同理解进行详细的分析。

（二）自然垄断性产业中反垄断法豁免——《反垄断法》第 7 条规定

《反垄断法》第 7 条规定："国有经济占控制地位的关系国民经济命脉和国家安全的行业以及依法实行专营专卖的行业，国家对其经营者的合法经营活动予以保护，并对经营者的经营行为及其商品和服务的价格依法实施监管和调控，维护消费者利益，促进技术进步。"关于这一条与自然垄断产业的关系，存在着争议。

1.《反垄断法》第 7 条的出台背景

自然垄断行业在我国大多数是国有企业，并受到行业主管机关的严格管制。因此，在反垄断法的制定过程中，管制性的国有企业是否应豁免适用反垄断法就引发了激烈的讨论。在《反垄断法》一读稿中曾经出现"对本法规定的垄断行为，有关法律、行政法规另有规定，依照其规定"的条款。❶但是，担心这一条款被国有企业滥用，成为国有企业豁免适用反垄断法的保护伞，反垄断法正式出台前删除了该条款。

同时，我国国有经济在重要行业和关键领域牢牢占据了主导地位。例如，在"地质勘查业、水利管理业""金融、保险业""电力、煤气及水的生产和供应业""交通运输、仓储及邮电通信业"以及"采掘业"等门类中，营业收入国有成分均占有 60% 以上的份额，最高的高达 94.9%，起着明显的主导作用。而这些产业在管制未完全放松的情况下，完全适用反垄断法也不符合我国国情。为此，

---

❶ 《中华人民共和国反垄断法（草案）》（全国人大常委会一读稿）第 2 条，第 2 款。

在反垄断法制定过程中，一些委员和代表关注到《反垄断法》应当以我国现行的以公有制为主体、多种所有制经济共同发展的经济制度为基础。目前的阶段，国企对某些行业的集中控制对我国经济发展和政治稳定至关重要，有必要保护它们在战略性行业中的重要地位。也有委员和代表提出，国企改革正在进行，距离完成尚有一段时间，《反垄断法》的发展应当考虑中国的实际情况，逐渐开放市场。基于对上述关注的考虑，《反垄断法》加入了第7条的规定。因此，从第7条出台的背景看，《反垄断法》第7条的出台是国有管制行业的豁免权与反垄断法普遍适用两种观点博弈的结果。

2.《反垄断法》第7条的两种不同理解

《反垄断法》第7条第1款承认垄断国企的合法地位，第2款则对垄断国企的经营活动进行原则性的限制。立法条文本身就存在着两难与妥协的气息。而这种困境延伸到法律的适用阶段。

关于《反垄断法》第7条是否给予垄断性国企"豁免"反垄断法的特权，学界存在着不同的理解。

一种观点认为，《反垄断法》第7条并未给予垄断国企"豁免特权"，相反，应培育垄断国企的竞争文化，垄断国企是加强我国反垄断法实践的突破口。例如，王先林教授在2012年《法学评论》发表的《我国反垄断法实施的基本机制及其效果——兼论以垄断行业作为我国反垄断法实施的突破口》一文中认为，垄断国企不仅不应该享受"豁免特权"，相应的，基于我国行政垄断与国企垄断现象突出的现状，我国应加大在垄断国企的反垄断法执行力度，提升反垄断法的威信。反垄断法在垄断国企的执行力度和效果是检验反垄断法效果的重要指标和突破口。王先林教授的观点也得到了许多学者的认可。孙晋教授认为，王先林教授的观点很有见地，我国不需要在垄断国企方面建立特殊的监管制度，而应该在垄断国企中适用反垄断法。

另一种观点认为，《反垄断法》第7条的规定可以视为垄断国企的"豁免条款"。垄断国企可以获得反垄断法的豁免。在一些经典的经济法教材和文章中，垄断国企被论述属于反垄断法除外适用的范围。最典型的是徐晓松教授的观点。徐教授认为，垄断国企的垄断与一般企业的垄断产生的原因有很大不同。一般企业垄断引发的问题起因于垄断对市场竞争的限制和破坏，矛盾主要集中在企业之间，垄断企业与消费者之间；而垄断国企产生的问题则不仅起因于垄断，而且更主要的起因在于垄断企业本身是一个国有企业，换言之，垄断国企问题的关键是国家（政府）的垄断。反垄断法监管框架与垄断国企监管不完全相容。因此，在我国，自然垄断行业尚未全面引入竞争机制，同时基于历史和改革进程的原因在垄断国企数量较多的情况下，关注垄断国企问题的特殊性并明确规定将其纳入"反垄断法"适用除外的范围应当是一个合理选择。《反垄断法》第7条体现了这种选择——豁免垄断国企适用反垄断法。❶

3.《反垄断法》第7条具体用语的不同解读

除了上述分析对垄断国企是否豁免反垄断法整体方向的两种不同理解，其中对具体用语同样存在不同的解读。《反垄断法》第7条条文中"国有经济占控制地位""关系国民经济命脉和国家安全行业以及专营专卖行业""合法经营活动""予以保护"等用词的如何解释，存在很大的争议。

第一，对"国有经济占控制地位"的理解。

关于"国有经济"，法律上没有统一的定义。在欧共体的指令中，将国有企业定义为："政府当局能够凭借其所有权、财政参与、章程以及其他规范企业活动的规定，直接或者间接行使控制性影响的所有企业。"根据这一定义，认定国有企业的主要标准在于国有资本可以对企业经营活动实施控制性影响。世界银行和美国也以控制性影响作为认定国有企业的标准。唯一不同的是，不同国家关于控制性影响要求绝对性控股还是相对性控股存在差异。我国的《民法通则》第2条和《全民所有制企业法》中虽然强调了国有企业在经济体制中的重要作用，但没有对国有企业进行定义。如原国家国有资产管理局1994年发布的《股份有限公

---

❶ 孙晋，张田 . 关于垄断法在垄断国企适用的思考——对王先林、徐晓松两篇文章的回应［J］. 法治研究，2014，（8）：17-19.

司国有股权管理暂行办法》，要求国有企业进行股份制改组时，要保证国家股或国有独资公司在原国有企业中的控股地位，并将国有控股地位规定为国有股权持股比例超过 50% 的绝对控股，以及在股权分散的情况下，国有股权持股比例超过 30% 低于 50%，使国家对企业具有控制性影响的相对控股。《反垄断法》第 7 条中"国有经济占控制地位"应理解为不管固有资产在企业中是绝对控股，还是相对控股，但是国有资产监督管理部门在企业的经营活动中能行使控制性的影响。

第二，对"关系国有经济命脉和国家安全"的解读。

哪些行业是关系国有经济命脉和国家安全？"关系国有经济命脉和国家安全"是并列的关系还是必须同时具备两个要件？是《反垄断法》第 7 条适用的第二个问题。

关于关系国有经济命脉和国家安全是并列条件还是应该同时具备的条件。本书认为，应将两者作为同时具备的条件。具体分析如下：首先，从文本上解读，如果要将两者作为"二选一"的条件，那么可以表述为"关系国有经济命脉或国家安全"，而非表述为"关系国有经济命脉和国家安全"。其次，从条文的上下文分析，在"关系国有经济命脉和国家安全"后紧接是"以及依法实行专营专卖的行业"。从语法结构上分析，"关系国有经济命脉和国家安全"与"依法实行专营专卖"两者是并列关系，国有经济命脉和国家安全是一个统一的整体，应分析为共同具备的条件。第三，从立法本意解释，关系国有经济命脉与国家安全两者具有一定的交叉和重合。从广义上分析，国家安全包括国家政治安全、国家经济安全和国防安全等方面内容。因此，关系国有经济命脉从一定意义上就符合关系国家经济安全的条件。因此，两者是重叠和强调关系，而非选择关系。最后，从国际经验和发展趋势上分析，国际上对自然垄断产业的总体发展趋势是放松管制，而在这种趋势下，反垄断法在自然垄断产业中的豁免适用范围是缩小的。因此，对该条的解读不应太过宽泛。

具体"关系国有经济命脉和国家安全"的行业有哪些？ 2006 年颁布的《关于推进国有资本调整和国有企业重组指导意见》（以下简称《指导意见》）就要求

进一步推进国有资本向关系国家安全和国民经济命脉的重要行业和关键领域集中，并在这一部门规章基础上将关乎国民经济命脉的"重要行业和关键领域"界定为："涉及国家安全的行业，重大基础设施和重要矿产资源，提供重要公共产品和服务的行业，以及支柱产业和高新技术产业中的重要骨干企业。"具体涉及军工、电网、电力、石油石化、电信、煤炭、民航、航运等七大行业。虽然《指导意见》并非法律法规，不能作为解读反垄断法的明确标准，但是，《指导意见》可以作为《反垄断法》第7条的辅助性解读。

第三，对"依法进行专营专卖行业"的解读。

我国目前专营专卖的行业有根据《中华人民共和国烟草专卖法》《食盐专营办法》等法律法规规定的烟草行业和食盐行业。但是，进一步分析可以发现，烟草专卖及食盐专卖依据的规范层级是不同的。《中华人民共和国烟草专卖法》是由全国人大常委会制定的法律，而《食盐专营办法》是国务院制定的行政法规。依法进行专营专卖行业的法律范围应包括哪些范围？是否包括国务院制定的行政法规？本书认为，反垄断法依法进行专营专卖行业应包括烟草专卖行业和食盐专卖行业。虽然《食盐专营办法》只是国务院颁布的行政法规。但是，目前我国法律体系中，行政法规是法律的一个重要组成部分。行政法规对民事行为的效力同样会产生影响。因此，依法专营专卖行业包括烟草专卖和食盐专卖两个行业。当然，随着我国经济体制改革的不断推进，食盐专卖体制也正在改革中。最后的方向应该是改革和废止食盐专卖体制。

第四，对"合法经营活动""予以保护"的解读。

我国垄断性国企的大量经济行为受到管制机构的严格管制。因此，在解读"合法经营活动"时，一些学者认为"合法经营活动"应该是符合管制政策和管制制度的经营活动。由于垄断性国企自身的特殊性和优势，管制机构应对垄断性国企进行严格的监管。"予以保护"是一方面指反垄断法承认垄断性国企符合管制政策的经营行为；另一方面指反垄断法承认垄断型国企由于历史原因形成的垄断状态。

三、我国自然垄断产业中反垄断法豁免的实践

在理论上，对《反垄断法》第 7 条是否给予自然垄断产业的反垄断法特权存在不同的理解。但是，分析反垄断执法机构的案例和法院审理的反垄断法案件可以得出：反垄断执法机构和法院并没有简单地基于《反垄断法》第 7 条给予垄断国企豁免权。

（一）垄断国企的反垄断执法——以电信、联通垄断案为例

事实上，对反垄断法颁布以后，早期我国反垄断法的执行效果并不理想。王先林教授在《理想与现实中的中国反垄断法——写在〈反垄断法〉实施五年之际》一文中分析了反垄断法实施以来的情况，认为反垄断法实施五年以来差强人意。[1]

但是，反垄断执法机构也并非都没有任何成绩。截至 2012 年底，原国家工商总局已授权 10 个（省）市工商局对 18 起垄断案件开展立案查处工作，其中 8 起授权案件已经下达处罚决定。从案件涉及的领域看，授权案件涉及建筑材料、建设工程检测、二手车交易、保险、电信、旅游、燃气、家具等领域，既有一般性行业经营者，也有特殊行业经营者以及行业协会。也就是说，原国家工商总局并没有根据《反垄断法》第 7 条豁免垄断国企适用反垄断法。

特别需要说明的是，2011 年原国家发展改革委员会针对电信联通垄断价格的调查案。该案被视为反垄断执法机构的第一案。从 2011 年开始，原发展改革委员会对中国电信和中国联通涉嫌价格垄断案开展历时一年左右的调查，主要调查中国电信以过高价格变相拒绝与中国铁通交易，实施价格歧视垄断的问题。原发展改革委员会调查同时发现，两大公司之间没有实现充分互联互通，导致相关市

---

[1] 王先林．我国反垄断法实施的基本机制及其效果——兼论以垄断行业作为我国反垄断法实施的突破口 [J]．法学评论，2012，（5）．

场缺乏竞争，增加了相关互联网的服务成本，影响了访问速度。两公司提交了整改报告。虽然该案最终并没有明确处理结果，但是该案充分说明了电信领域，作为自然垄断性产业，不能依据《反垄断法》第 7 条的规定豁免适用反垄断法。

（二）自然垄断产业的反垄断法司法适用案件

我国《反垄断法》第 50 条规定，私人可以向法院提起反垄断诉讼。那么针对自然垄断性产业的反垄断诉讼，法院是否豁免适用反垄断法？通过对最高院判决文书网的搜索，本书对 2015 年前我国电力、铁路、电信等几个主要的自然垄断案件进行了归纳，具体如下表。

法院审理涉及垄断产业的反垄断案件表

自然垄断产业	案号	案件名称	处理结果
电力行业	（2013）西民四初字第 00450 号	吴德钧与国网陕西省电力公司、咸阳供电局滥用市场支配地位纠纷案	原告申请撤诉，准予撤诉
铁路行业	（2014）筑民三（知）初字第 193 号	江裕贵诉遵义铁路联营联运实业有限公司、成都铁路局垄断纠纷案	判决书中认为垄断定价的主张因被告收费有事实及政策依据，侧面认可了《铁总运（2013）39 号文件规定》的效力。原告败诉
民航行业	（2014）粤高法民三终字第 1141 号	顾芳与中国南方航空股份有限公司拒绝交易纠纷案	取消航班行为不构成滥用市场支配地位，驳回起诉
石油石化	（2013）苏知民终字第 0147 号	高邮市通源油运有限公司与泰州石油化工有限责任公司、中国石化扬子石油化工有限公司等垄断纠纷案	不足以证明具有市场支配地位，损失不能归责于被告的行为，而是原告自身的行为导致，驳回上诉
电信行业	（2015）沪高民三（知）终字第 23 号	杨志勇与中国电信股份有限公司、中国电信股份有限公司上海分公司滥用市场支配地位纠纷案	原告证据不足，驳回诉讼

从上述有关自然垄断产业的案件中，我们可以得出以下结论：第一，法院并没有给予自然垄断产业豁免特权，在上述电力、电信、铁路等行业中，法院都受理了相关案件，并进行审理；第二，自然垄断产业中，法院保持相对慎重的态度。从法院审理的案件分析，大多数案件都以证据不足，不构成垄断结案。

四、我国自然垄断产业豁免反垄断法适用的制度建议

我国自然垄断产业是否应该豁免反垄断法，以及应该在何种程度上豁免反垄断法，不仅应分析我国法律条文的规定，而且还应结合我国垄断性国企的改革进程和特点。结合上述的我国自然垄断产业的改革背景，完善我国反垄断法在自然垄断产业的豁免制度，一方面可以推进我国自然垄断产业的改革进程，另一方面有利于构建有效实施反垄断法的机制。

（一）我国自然垄断产业豁免反垄断法适用的原则

结合我国自然垄断产业的现状和特征，以及国际自然垄断产业豁免制度的发展趋势，我国自然垄断产业的反垄断豁免制度应建立在以下几个基本原则基础上。

1. 严格限制豁免适用原则

第一，《反垄断法》第 7 条不应该视为垄断性国企的一般豁免条款。

《反垄断法》第 7 条不能简单地理解为垄断性国企的反垄断法豁免规定。垄断性国企不能简单地豁免反垄断法。从《反垄断法》第 7 条条文结构分析，垄断性国企应一般地适用反垄断法。《反垄断法》第 7 条共 2 款，第 1 款明确了反垄断法保护国有垄断企业的合法经营活动。但是，《反垄断法》第 7 条第 2 款紧接着要求垄断性国企不得滥用市场支配地位。也就是说，如果垄断国企滥用市场支配地位，那么垄断国企也应受到反垄断法的管制。从理论上分析，垄断可以分为垄断状态和垄断行为。基于我国的自然垄断产业历史沿革和发展现状，我国反垄

断法承认垄断国企的垄断现状，但并不意味着允许垄断国企利用其地位实施垄断行为。

第二，我国的垄断性产业改革要求严格限制自然垄断产业的豁免范围。

时至今日，国有企业仍然是国民经济中的主体，数量众多，而且以盈利为目的。在我国，反垄断法的一个重要任务就是反行政垄断。而自然垄断产业在管理、人事等诸多方面都与政府职能部门存在千丝万缕的联系，只有严格限制自然垄断产业的反垄断法豁免范围，才能有效地发挥反垄断法的作用，进一步推进我国自然垄断产业的改革进程。

第二，国际趋势要求我们严格限制反垄断法的豁免适用范围。

不管是西方发达国家，还是转型的发展中国家，在自然垄断产业改革过程中，都是不断地扩大反垄断法在自然垄断产业中的适用范围，逐步减少反垄断法豁免适用范围。晚近自由贸易协定也逐步纳入竞争政策议题。竞争中立条款更是要求政府面对国有企业保持竞争中立，减少不正当的行政干预行为。我国经济不断地融入世界经济，也要求我国在制度层面与国际接轨。在自然垄断产业的豁免方面，我国也同样应参照国际趋势，减少豁免适用的范围。

2. 区分适用原则

随着我国经济体制改革的深入，国有经济体制改革布局结构日渐清晰。国有企业，特别是自然垄断的国有企业也逐渐形成两大类：第一类是具有公益性质和专卖性质的国有企业；第二类是可参与竞争的国有企业。我国反垄断法应该根据不同行业的具体特征划分为公益性垄断国企、专卖国企与可自由竞争的垄断国企，确定是否以及如何适用反垄断法豁免制度。在公益性垄断国企和专卖性质的国企中，我国可以给予反垄断法豁免。例如，在烟草专卖行业中，学者认为在烟草行业中引入竞争，会大幅度降低烟草制品等的价格，导致吸烟的成本降低。但是，烟草并非健康的产品，因此，鼓励竞争反而不值得推崇。让烟草业成为反垄断法的豁免是合乎逻辑的选择。而竞争性垄断国企或国企改革中可实现市场竞争的部分，应鼓励这部分产业引入外资和民资，鼓励竞争。因此，竞争性垄断国企不仅不应豁免反垄断法，而且还应严格适用反垄断法。

（二）我国自然垄断产业豁免反垄断法的具体制度构建

1. 制定自然垄断产业垄断豁免实施细则

我国《反垄断法》只有 8 章 57 条规定，而且许多规定在反垄断法出台之前，仍存在着争论。为了减少出台反垄断法的阻力，反垄断法的条文中内化和妥协了多种观点和争议。例如，我国反垄断法的价值取向、国有企业反垄断法条款都是如此。因此，为了增强反垄断法在管制行业的可操作性，我国有必要在反垄断法之下制定自然垄断适用反垄断法实施细则，明确自然垄断产业反垄断法的豁免范围。具体而言，应确定哪些行业或哪些部分是公益性的，可以豁免适用反垄断法；哪些行业或哪些部分是竞争性的，应该开放外资和民资进入市场分享利润。豁免反垄断法后，行业管制机构对垄断性国企负有监管责任。

2. 理顺产业政策立法与反垄断法豁免之间的关系

随着我国市场的进一步开放和国际化，国际资本会瞄准我国的广大市场，进入我国相关的自然垄断产业。虽然学者们赞成，我国应在垄断性产业中开放外资准入，适当引入竞争，产生鲶鱼效应。但是，自然垄断产业属于国计民生的行业，我国不应也不能坐视外资控制我国的自然垄断产业。因此，面对外资竞争者的进入，我国自然垄断产业应该做大做强，才能有效地面对国际竞争者的竞争。同时，基于我国长期以来行政对经济的强引导，可以预见，我国产业政策对我国经济的发展在很长的一段时间内仍会发挥重要的作用。当然，我国的产业政策应尽量减少与竞争政策的冲突。但是，产业政策和竞争政策的目的和手段不同，在适用过程中不可避免会发生一定的冲突。我国有必要制定产业政策法，明确产业政策的基本范围和手段，并明确在哪些情况下产业政策可以豁免适用反垄断法。

3. 完善行政垄断执法制度

我国自然垄断产业在很大程度上仍然受到行政机关的行政监管，垄断性国企与行政垄断之间存在千丝万缕的关系。目前，我国反垄断法中对于行政垄断的执法制度仍然存在较大的缺陷。首先，反垄断执法机构与主管机构的关系不清，在反垄断法执行过程中的地位和作用不明确，导致了我国自然垄断产业的反垄断法豁免与适用界限不清；其次，反垄断法行政执法的具体部门级别低，执法手段相对单一，执法权限分散，也不利于我国自然垄断产业的反垄断法适用。面对主管机关的行政干预行为，我国反垄断机关往往无能为力。这就造成了我国反垄断法在自然垄断产业适用中的缺位，也影响了合理豁免制度的构建。因此，为了完善我国自然垄断性产业的反垄断豁免制度，有必要进一步完善我国行政垄断执法制度。

第三章　管制机构与反垄断执法机构的互动关系

第一节　管制机构与反垄断执法机构关系概述

从 20 世纪 50 年代开始，新自由主义经济理论席卷西方资本主义国家，市场经济成为西方国家采取的主要经济模式。在这种经济模式下，为了解决资源的配置方式，西方经济学理论根据"可变成本"将产业划分为两种不同的产业："固定成本高，可变成本低，总成本随着产量的增加而降低"的产业，也就是自然垄断产业；"固定成本低，可变成本高，总成本随着产量的增加而快速增加"的产业，也就是一般产业。在自然垄断产业，市场竞争会产生重复建设，因此国有资本投资垄断并通过管制机构加以管制成为主要的资源配置方式；而在一般产业，市场竞争会产生资源的有效配置，因此通过反垄断法维持市场自由竞争就可以产生资源配置的最优化。同时，20 世纪发达国家开始放松管制，在自然垄断产业的可竞争领域实施竞争。因此，自然垄断产业一般情况下不能豁免适用反垄断法。

在自然垄断产业中，产业行为既要受到管制机构的管制，又要适用反垄断法。管制机构一方面在管制行业中制定统一的技术管理标准，行使管制职能，行使该职能过程中可能会与反垄断执法机构的维护竞争职能相冲突。另一方面，管制机构也执行管制政策维护管制行业的市场自由竞争。也就是说，管制机构行使职能过程中，在一定程度上又会和反垄断执法机构职能相重叠、相交叉。在自然垄断产业中，管制机构与反垄断执法机构之间的关系如何，不同国家根据本国的社会、经济、政治体制不同而存在差别。有效地设置反垄断执法机构与管制机构之间的互动关系，才能更好地在自然垄断产业中适用反垄断法。

一、自然垄断产业管制机构的设立模式及比较

（一）设立管制机构的三种模式

西方国家垄断性产业大规模放松管制改革始于 20 世纪 80 年代。20 世纪 80 年代，由于西方资本主义国家长期实施"凯恩斯主义"，出现了经济"滞涨"现象。为了解决经济"滞涨"，新自由主义理论重新占领了西方经济学的理论高地。在"新自由主义理论"的影响下，西方国家开始对垄断性产业进行"去管制化"改革。在"管制"改革浪潮中，建立新的管制机构或对管制机构的职能进行重构成为改革的重要内容。以管制机构是否独立于行政机构以及管制机构拥有的权能作为标准，西方国家的管制机构可以划分为"独立管制机构""相对独立管制机构""不独立的管制机构"三种模式。

1. 独立管制机构模式。独立的管制机构意味着管制机构的财政、人员和执法权能独立于行政机构，并拥有立法、行政、司法广泛的权限。采取独立管制机构模式的典型国家是美国。美国是最早在垄断性产业设立独立管制机构的国家。早在 1887 年，为了防止铁路运输产业限制州际竞争，维持美国的自由市场，美国制定了《州际商法》，并根据该法成立了美国第一个独立的管制机构——州际商业委员会。该委员会拥有制定规章、解决纠纷裁判和执行监督的权力，实际上享有立法、行政和司法权力。这种集立法、行政和司法于一身的设置成为以后管制机构的范式。

美国的独立管制机构模式具有以下几个显著的特点：第一，独立性。美国的管制机构独立于行政机构。为了保证管制机构的独立性，美国在管制机构的设立及运行上采取了一些独特的制度。首先，管制机构委员的任命。委员虽由总统提

名，但需经参议院同意方可任命。为保证委员会作出公正的决定，两党的委员必须占有大体相等的比例。总统任命以后，委员的职位即受到保障，总统不能随便将其免职，但基于法律规定的情形除外。其次，经费的保障。管制机构的经费采取预算制度，并经过国会批准，行政机构无权随意地削减或取消管制机构的经费。最后，管制机构的决策方式。管制机构的决策方式一般采取合议制的方式，委员会委员通过一人一票的方式进行表决，遵循少数服从多数的原则。第二，广泛的权限。与行政机构不同，独立的管制机构是介于司法、立法和行政之间的独特机构。与美国传统的三权分立不同，美国的管制机构不仅具有行政权，还拥有部分国会授予的立法权及准司法权。以美国证监会为例，美国的证监会不仅具有执法功能，还可以制定资本市场的制度和规则，同时，还有对证券市场的违规行为进行裁决的职能。

2. 相对独立的管制机构模式。相对独立的管制机构模式是指管制机构独立于政策部门，但又不完全独立于行政部门。英国是采取相对独立的管制机构模式的代表。从 20 世纪 80 年代开始，英国通过私有化、产业立法等方式，推动了电信、自来水、煤气、电力等自然垄断产业的改革。改革的成果之一就是在电信、自来水、煤气等领域设立了相对独立的管制机构。英国的管制机构模式并没有完全照搬美国的独立管制机构模式，而是根据本国的具体国情设立了相对独立的管制机构。一方面管制机构并没有完全独立于政府部门，体现为管制机构是由各个产业的国务大臣委任管制机构的总监负责。管制机构的总监应受制于行政国务大臣；另一方面管制机构又具有一定的独立性，拥有相对广泛的管制职能。政府把相当一部分管理国有企业的职能转移给这些专门管制机构，从而使管制机构具有十分广泛的管制权力。它们有权评价企业的经营业绩，有权规定企业的最高销售价格，有权决定企业应承担的社会责任等。

3. 不独立的管制机构模式。不独立的管制机构模式是指不为自然垄断产业专门设立单独的管制机构，而是由行业行政部门履行相应的管制职能。日本是不独立管制机构模式的代表国家。日本的垄断性产业一直采取一体化的国有垄断模式。产业政策在日本二战后的经济发展中发挥了重要的作用。20 世纪 90 年代，在技术革新和国际趋势的共同作用下，日本开始改革僵硬的垄断国营体制。垄断性国营体制改革，必然要求垄断产业的管制机制也相应改革。但是，基于日本长期以来的官僚行政体制的政治结构，日本并没有设立专门的独立管制机构，而是在各个政府部门内设立相应的管制机构。以电信领域为例，邮电部是日本电信领域的主管部门，负责电信行业的政策和管理。1998 年电信行业进行国营垄断体制改革后，邮电部并入总务省，并在总务省之下设立通信政策局和电信局对电信领域进行管制。

（二）三种不同管制机构设立模式的比较

美国、英国、日本的三种不同管制机构的设立模式分别对应了本国政治经济体制及垄断性产业的不同改革进程。虽然三种不同管制机构的独立性有很大的差别，但是，为了更好地履行对垄断性产业的监管职能，管制机构一般都具有价格审核、政策制定、制度执行和争端裁决等广泛的职能。从权限划分上分析，三种模式的管制机构都具备准立法权、行政权和准司法权。由于三种模式的独立性不同，享有的权限范围也有一定的区别：管制机构越独立，管制机构的权限范围越广，越能专业地、独立地处理和解决垄断性产业的问题。随着自然垄断产业改革的不断进展，独立模式的管制机构具有的优势凸显出来。越来越多的国家设立独立的管制机构或增加管制机构的独立性。例如，日本也在不断地增加管制机构的独立性。电信、电力等管制部门的职能和权限逐渐扩大，其他行政部门对管制部门的影响力逐渐降低。2001 年 4 月，日本成立了"电信事务纷争处理委员会"，该组织独立于政府部门之外，专门处理电信公司之间有关互联问题的争端。学者认为，这可以看作是日本管制机构模式走向独立管制机构的一个信号。

二、自然垄断产业中反垄断法的执法模式

由于各国的政治、社会和经济环境的不同，反垄断法在自然垄断产业中的执法机构和执法模式也存在着差别。不同的反垄断法执法模式，决定了反垄断法在管制行业中发挥不同的作用。而反垄断法在自然垄断产业中的执法模式在很大程度上又取决于管制机构与反垄断执法机构的职能分工和关系。

从功能上分析，行业管制机构与反垄断执法机构是相互对立而又统一的两个部门。管制机构不仅具有管制功能，也存在维护市场自由竞争的功能。一方面，管制机构与反垄断执法机构相互独立。正如斯蒂格利茨所言："特别行业管制法与反垄断法均以垄断为管制对象。但二者的宗旨、内容和实施手段均不同。前者以承认垄断为前提，而后者以否认垄断为前提；前者以警戒垄断恶果的出现为目标，而后者以禁止谋求和维持垄断为宗旨。"这两种法律制度的差异导致二者作用的范围在很长一段时间内是相互独立的。另一方面，两者又是相互统一的。两个机构都具有维护自然垄断产业有效竞争的目的，都是为了促进自然垄断产业的资源有效配置。反垄断执法机构与管制机构都存在对管制行业限制竞争行为进行管制的功能。

管制机构与反垄断执法机构都拥有维护竞争的目的，那么管制行业中反垄断法是由哪个部门负责？不同国家的体制不同，管制机构的设立模式不同，同样存在不同的模式。以权限划分为标准，管制行业的反垄断执法模式可以划分为排他性执法模式、分权模式和共享模式三种不同模式。

（一）排他性执法模式

排他性执法模式是指自然垄断产业中的反垄断事宜单独由行业管制机构或反垄断执法机构统一行使。具体又可以进一步划分为反垄断执法机构单独执法模式和管制机构统一执法模式。

第一，反垄断执法机构统一执行模式。这种模式是指反垄断执法机构专司反垄断事宜，不管是一般行业还是管制行业。而管制机构只负责自然垄断行业中的技术标准等非涉及垄断事宜。这种模式主要采取的国家和地区有欧盟、澳大利亚和新西兰等。在欧盟，欧盟委员会竞争总局统一实施《里斯本条约》第101条和第102条，维护欧共体大市场的统一。虽然欧盟也设立了电信、电力等管制机构，但这些管制机构并没有权力实施欧共体竞争法。竞争总局除了负责执行《里斯本条约》第101条和第102条、企业合并控制以及国家援助政策外，还负责在电信、能源、银行、保险、传媒等行业的监管任务。例如，监管能源市场的任务属于B-1局，监管邮政市场竞争的任务属于C-1局，监管银行和保险业的任务则属于D-1局。总体上说，电信、电力、银行、保险等行业在欧盟已经被视为竞争性行业，它们在适用法律以及执法机构上与其他行业相比没有特殊的待遇。澳大利亚于1995年颁布的竞争法中，赋予了反垄断执法机构广泛的权力，甚至包括价格管制、核心设施等传统上属于管制法领域的职权。学者认为，澳大利亚的竞争机构职权设置是一项特殊的反垄断法实验。澳大利亚自然垄断产业的垄断问题，都由反垄断执法机构统一执法。

第二，管制机构统一执行模式。采取这种模式的国家主要考虑本国管制机构的特点，将自然垄断产业的竞争事宜完全交由管制机构负责。采取这种模式，一般在管制行业特殊法中明确规定，管制行业不由反垄断执法机构执行本国的反垄断法，而由管制机构适用本国反垄断法，维持管制行业的自由竞争。马来西亚于1998年制定了《通信与多媒体法》和《通信与多媒体委员会法》，成立了电信管制机构——马利西亚通信与多媒体委员会CMC。CMC有权统一执行电信产业的所有反垄断事宜。

(二) 分权模式

分权模式是指反垄断执法机构与管制机构明确划分在自然垄断产业中的反垄断执法权限及范围，并在各自的权限范围内执法。分权模式是反垄断执法机构与管制机构根据各自的专业，划分相对专业的执法范围。例如，自然垄断产业中反垄断执法包括价格垄断执法、互联准入执法、滥用市场支配地位执法、兼并审查执法等。管制机构在价格执法、互联准入执法方面具有更专业的判断，因此，将该部分的执法交由管制机构负责。而在滥用市场支配地位、兼并审查方面，反垄断执法机构更有经验，则该部分执法由反垄断执法机构负责。

（三）共享执法模式

共享执法模式是反垄断执法机构与管制机构都可以根据自身职权对自然垄断产业中的垄断事宜进行执法，换言之，反垄断执法机构与管制机构在自然垄断产业中并存执法。大多数国家采取反垄断执法机构与管制机构共同执法的方式。采取这种模式的国家，反垄断执法机构与管制机构都享有对管制行业的限制竞争行为进行管制的职能，管制机构与反垄断执法机构共享竞争执法权。英国、德国、美国在自然垄断产业中采取共享执法模式。

OECD 对共享执法模式的优点进行了总结，认为共享执法模式存在以下几个优点：首先，共享执法可以有效地发挥管制机构与反垄断执法机构的优势，确保竞争法在管制行业中有效适用。自然垄断产业具有一些技术性强的事宜，管制机构在监管过程中积累了大量的经验、专业知识和资源。相反，反垄断执法机构在反垄断经济分析方面拥有优势。反垄断执法机构与管制机构共享执法，可以更好地发挥各自的优势，发现自然垄断产业中的限制竞争行为，确保竞争法在自然垄断产业的适用。其次，有利于自然垄断产业的放松管制改革，推动自然垄断产业从管制向竞争转化。学者研究发现，如果管制机构不具有执行竞争法的职权，那么，管制机构不愿意自身被边缘化，更有意愿阻挠自然垄断产业从管制向竞争转变。因此，共享执法可以减少管制机构对放松管制的阻碍，推动自然垄断产业的市场竞争。

但是，由于反垄断执法机构与管制机构在思维模式、执法习惯上存在着差异，反垄断执法机构与管制机构不可避免地会产生一定的冲突。反垄断执法机构与管制机构在竞争法适用上的不一致风险，会带来竞争法适用上的难以预测性。因此，在反垄断执法机构与管制机构共同执法的模式下，需要建立有效的机制解决竞争法适用不一致性，不同适用机构管辖权的冲突与协调等问题。

三、管制机构与反垄断执法机构在反垄断执法中的互动关系

虽然反垄断执法机构统一执法的模式更有利于维护反垄断法适用的统一，但是，基于自然垄断产业专业性、技术性等特点，以及推进自然垄断产业放松管制的要求，大多数国家在自然垄断产业中采取了反垄断执法机构与管制机构共同负责竞争法执行事宜的共享执法模式。那么，在竞争法执行过程中，管制机构与反垄断执法机构不可避免会发生职权上的冲突与重合。因此，界定管制机构与反垄断执法机构的关系，解决管制机构与反垄断执法机构竞争执法职能的重叠与冲突，是自然垄断产业有效适用反垄断法的前提。

（一）管制机构与反垄断执法机构关系的原则

为了更好地处理管制机构与反垄断执法机构之间的关系，有必要分析管制机构与反垄断执法机构关系需要实现的目标以及关系原则。在放松管制的国际趋势下，管制机构与反垄断执法机构关系的原则如下。

第一，确保自然垄断产业"放松管制"进程的竞争方向。在新自由主义理论和管制捕获理论的推动下，各国在自然垄断产业中出现了放松管制的趋势。放松管制的结果一方面将市场竞争机制引入自然垄断产业；另一方面管制机构的职能出现了竞争取向的转变。在自然垄断产业中，放松管制与反垄断法的适用是一枚硬币的两面，两者缺一不可。两者结合起来，在不同阶段上共同促进竞争对管制的塑造。因此，管制机构与反垄断执法机构的关系设置应确保自然垄断产业的改革能朝着竞争方向推进。

第二，保证反垄断法在自然垄断产业的有效适用。自然垄断产业长期受到管

制机构的严格管制。特别是发展中国家和转型国家，管制机构在自然垄断产业中具有很强的影响力。一些发展中国家在反垄断法出台后的很长时间内，反垄断法在自然垄断产业中得不到有效的适用。因而，推动反垄断法在自然垄断产业中的适用，应该是设置管制机构与反垄断执法机构之间关系的另一目的。

第三，有效理顺产业管制法与反垄断法之间的关系。独立管制机构一般在产业管制法中设立，其职能和权限也通过产业管制法进行明确。因此，产业管制机构与反垄断执法机构之间的关系，在另一层面上，体现的是产业管制法与反垄断法之间的关系。从法律效力上分析，特殊法优于普通法。产业管制作为特殊法应优先于反垄断法。但是，反垄断法作为经济宪法，具有维护市场竞争秩序的作用。宪法在法律体系中拥有最高的法律地位，任何法律都不得与宪法的规定相冲突。因此，产业管制法也不得与反垄断法的宗旨及原则相冲突。换言之，两者的关系是：如果产业管制法与反垄断法不冲突，产业管制法优先适用；如果产业管制法与反垄断法发生冲突，则产业管制法不发生效力。

（二）管制机构与反垄断执法机构的三种关系

管制机构与反垄断执法机构从性质上分析都是独立管制机构。同时，在放松管制、维护自然垄断产业的有效运行上，两者具有相同的目的。学者分析，管制机构与反垄断执法机构的关系应考虑以下因素：差异性、独立管制机构的权限和自然垄断产业的特殊性等。考虑上述因素，管制机构与反垄断执法机构在共享执法过程中存在着以下三种关系。

第一，协调关系。协调关系是指管制机构与反垄断执法机构进行信息沟通，共同对垄断行业的限制竞争行为进行管制。两个机构在管制限制竞争行为时，进行信息相互沟通，相互协调，并协调制裁措施，尽量避免两个机构的职权冲突。行业管制机构与反垄断执法机构之间存在职能重叠，但两个机构的目标并非完全相同。行业管制机构在制定政策时，不仅仅考虑竞争事宜，而且要考虑行业的产业发展；相反，反垄断执法机构的目标则更侧重于维护市场竞争，而较少地考虑行业政策。因此，管制机构与反垄断执法机构之间的沟通显得十分必要。有学者研究管制机构与反垄断执法机构的关系时，认为两个机构合作执法模式的最大问题就是建立两者之间合理有效的协调机制。借助博弈论理论，管制机构与反垄断执法机构之间的法律机制越完善、机构职能越明确，策略互补性越强，管制机构与反垄断执法机构之间协调成功的可能性就越大。

第二，冲突关系。冲突关系是管制机构与反垄断执法机构在各自行使职权的过程中，对同一事项做出了相互矛盾的决定。在同一事项上，管制机构与反垄断执法机构同时具有管辖权的情况下，由于立场、观点的差异，管制机构与反垄断执法机构可能做出不同，甚至相反的决定。在我国的电信、联通涉嫌滥用市场支配地位案件中，我国的管制部门工信部就和反垄断执法部门——发改委发出不同的声音。由工信部主管的《通信产业报》刊文对央视关于电信、联通涉嫌垄断的报道进行反驳："在互联网接入这个市场，电信和联通具有市场支配地位本身并不违法。"虽然工信部并没有明确表态，但学者认为工信部保护电信、联通态度昭然若揭。因此，在电信和联通的管制事项上，管制机构与反垄断执法机构存在着明显的冲突。OECD《关于管制与竞争机构等关系》研究报告中也提出，解决竞争机构与管制机构在竞争法适用上的冲突是共享执法模式的最大问题。

第三，竞权关系。竞权关系是管制机构与反垄断执法机构在同一事项相互竞争管辖权。虽然管制机构与反垄断执法机构分享竞争事项的管辖权成为大多数国家的选择，但是，在实践中为了减少管辖权冲突，一个具体事项由一机构受理立案后，在一定程度会排除另一机构的管辖权。因此，在一个具体事项上，特别是竞争法适用事项上，由管制机构进行管辖，还是由反垄断执法机构进行管辖，管制机构与反垄断执法机构存在竞争关系。在很多情况下，不管是管制机构还是反垄断执法机构都希望获得竞争事项的独立管辖权。例如，在电信领域的互联互通中，电信管制机构希望从技术角度制定互联互通的规则，对互联互通的违法行为进行处罚，并排除反垄断执法机构的审查。

第二节　我国管制机构与反垄断执法机构的关系

一、我国反垄断法实施机构的演变

反垄断法作为移植的法律制度，实施初期在我国的实施状况不尽如人意。在自然垄断产业领域，我国反垄断法的实施更显得差强人意。我国反垄断法实施情况不如意有多种原因，其中反垄断执行机构的初期设置模式不合理无疑是其中重要的一个原因。王晓晔教授认为，有效地实施反垄断法的关键在于建立统一的反垄断执法机构，整合执法机构和资源。2018 年 10 月，反垄断法实施十周年后，三家反垄断执法机构进行整合，整合后由市场监督管理局统一执行反垄断法，我国形成了统一的反垄断执法机构。

（一）反垄断执法机构：从双层三机构模式到双层统一执法机构

我国反垄断法实施初期的反垄断执行机构设置采取双层三机构的分散执法模式，有的学者将其称为"3+x"模式。我国《反垄断法》第 9 条规定，国务院设立反垄断法委员会，负责协调和组织反垄断工作。反垄断法委员会从性质上界定为反垄断法政策的制定机构。《反垄断法》第 9 条规定了反垄断法委员会的职能包括五项:（一）研究拟订有关竞争政策;（二）组织调查、评估市场总体竞争状况，发布评估报告;（三）制定、发布反垄断指南;（四）协调反垄断行政执法工作;（五）国务院规定的其他职责。根据《反垄断法》第 9 条的规定，反垄断法委员会的职能主要局限于宏观方面的政策制定以及协调执法工作，不涉及具体的反垄断执法事项。

我国《反垄断法》第 10 条进一步明确了反垄断法的具体执法机构。《反垄断法》第 10 条规定，承担反垄断执法职责的机构（以下统称国务院反垄断执法机构）依照本法规定，负责反垄断执法工作。我国反垄断法实施初期，国务院反垄断执法事项具体由原国家工商总局、商务部、国家发改委三个部门根据职权分别负责。原国家工商总局设立反垄断与反不正当竞争执法局，负责拟订反垄断、反不正当竞争的具体措施、办法；承担有关垄断协议、滥用市场支配地位等反垄断执法行为的具体工作。商务部设立反垄断局，审查经营者集中行为是否会导致垄断，以及指导国外反垄断的应诉工作等；国家发改委由价格监督检查司，负责依法查处价格垄断行为。

因此，反垄断法实施初期，我国反垄断执法机构是双层机构：国务院反垄断委员会不负责具体执行工作，只进行政策制定和协调执法，而反垄断的具体执法工作由原国家工商总局、商务部、国家发改委三家行政机构分别执行。

早期三家执法机构分散执法带来的最大问题是反垄断法执法中管辖权的冲突。例如，以固定价格的垄断协议为例，在其他国家，反垄断执法机构只需衡量该协议的限制竞争效果与产生的经济利益，通过利弊衡量作出是否违法的判断即可。但是，在我国首先要区分价格垄断行为和非价格垄断行为。根据我国反垄断早期执法分工，价格垄断行为应由发改委管辖，而非价格垄断行为的垄断协议却由原国家工商总局管辖。发改委为此颁布了《反价格垄断的规定》，区分价格垄断行为与非价格垄断行为。但是，一个垄断行为往往是一个复杂的经济行为，其中不仅涉及非价格垄断行为，也涉及价格垄断行为。价格垄断行为中间掺杂着非价格垄断行为，而非价格垄断行为也会导致价格垄断行为的发生。在执法机构分散执法的情况下，难于有效解决上述冲突。

应当说，三家反垄断执法机构的分散模式是反垄断执法初期的过渡产物，是我国当时政治经济体制的一种协调产物，是在经济体制转型、各地区经济发展水平不均衡的经济背景、国家利益部门化和地方化的政治背景下所采取的权宜做法。随着我国经济体制改革以及政治体制改革的进一步深入，这种权宜做法必然要被"统一的执法机构"模式所取代。概言之，随着我国反垄断法实施的推进，分散的反垄断执法机构设置方式，已难于有效地执行我国的反垄断法。学者认为，我国反垄断法初期，反垄断法的执法效率低下，难于有效地遏制我国的垄断行为。特别是国有垄断领域，由于反垄断执法机构执行能力缺陷，导致我国垄断产业的滥用市场支配地位现象凸显。有的学者分析我国反垄断法实施五年后的实证情况，认为我国反垄断法的实施情况不尽如人意。而其中最主要的原因之一就是我国早期反垄断执法机构的不完善。

2018 年，我国开启了改革开放后第八次国务院机构改革。此次机构改革打破党政界限，对国务院组成部门进行系统性重构。通过打破固化的利益藩篱，在机构改革方式和政府职能转变方面取得新突破。反垄断执法方面，依据《国务院机构改革方案》，组建国家市场监督管理总局，整合三家反垄断执法机构职责，形成统一执法模式。

（二）双层反垄断执法机构的缺陷

统一反垄断执法机构使我国反垄断执法向前推进了一大步。但是，我国反垄断执法资源的整合仍需要一段时间。我国反垄断执法机构仍存在不足，主要体现在以下几个方面。

第一，双层执法机构模式权责不清，难于有效地执行反垄断法。我国反垄断执法机构的双层分散式执法模式权责不清，导致了我国反垄断执法机构的执法能力相对较弱。

反垄断执法机构设置存在两种模式：第一种模式是反垄断执法机构不参与竞争政策拟订、讨论与决策，只发挥法律和政策执行机构的作用。例如美国的联邦贸易法委员会 / 司法局、德国的联邦卡特尔局。第二种模式是反垄断执法机构同时兼具竞争政策的制定和反垄断法执法。例如韩国的公平交易委员会，俄罗斯的反独占政策及辅助企业部。大多数经济转型国家，为了提高反垄断法的执行力，都采取第二种模式。原因在于虽然第一种模式可以有效地维护反垄断执法机构的独立性，但是，第二种模式中反垄断机构可以参与政府内部相关经济政策以及法律制度制定和改革的讨论，有利于强化政府政策的竞争观念，维护竞争政策在国家经济政策体系中的基础性地位，同时也有利于将竞争政策统一于国家经济政策的总体目标之下，并在充分博弈之后实现与产业政策的沟通协调。

在我国的双层模式中，反垄断法委员会作为政策制定机构与反垄断执法机构的国家市场监督管理总局并非隶属关系，国家市场监督管理总局并不需要对反垄断法委员会负责。在这种情况下，反垄断法委员会与国家市场监督管理总局的关系仍需理顺；同时，反垄断法委员会由于不在反垄断执法的第一线，对我国反垄断执法的现状难于有效地把握。因此，反垄断法委员会制定政策时缺乏大量的现实案例的支撑，难于制定出符合实践的可行性政策。

在自然垄断产业中，我国反垄断执法机构的上述缺陷体现得尤为明显。我国自然垄断产业的管制部门大都是国务院部委，而垄断性国企也具有部级的行政级别。而反垄断执法机构国家市场监督管理总局在行政级别上不仅没有高于管制机构，而且具体执行司局部门甚至低于被管制的国有企业的行政级别。因此，我国反垄断执法机构面对自然垄断企业的垄断行为时，往往难于采取有效的处罚措施。

第二，独立性缺乏。我国的反垄断法具体由国家市场监督管理总局执行。而市场监督管理总局除了反垄断法的执法任务外，还由其他职能。因此，我国反垄断法的具体执行实际上是由国家市场监督管理总局下属的反垄断局负责。从我国的行政架构体系中，反垄断局只是部委内部的具体部门，应向部委负责。因此，我国反垄断法的具体执行部门难以独立于部委，决策难以独立，会影响我国反垄断法的执行效率。在一些涉及垄断性行业的反垄断案件中，国家市场监督管理总局的反垄断局仍缺乏独立性，受到的干预较大。

第三，权威性缺乏。由于反垄断局是国家市场监督管理下属局的行政定位，我国反垄断法的实际执行机构的行政级别不高，因此反垄断法执法的权威性缺乏。国外的反垄断执行机构是独立于行政机构之外的独立部门，其制裁行为具有很好的威慑力。但由于我国反垄断机构的独立性缺乏、行政级别不高，再加上管制行业的国有企业（例如中国电信、中石油等）一般都具有行政级别，有的行政级别还高于反垄断实际执法部门，难以形成有效的威慑效果。对于这些行政级别高的国有垄断企业，反垄断执法部门难以形成有效的威慑。

第四，专业性不足。反垄断执法是十分专业的工作，涉及经济、法律和行业特征等专业知识。国外反垄断执法机构需要有大量的经济学家、律师和行业人员共同配合，才能有效地执行反垄断法。我国反垄断法实施以来，也在不断提高反垄断法执法的专业性。但是，毋庸置疑，我国反垄断执法机构刚统一，资源整合和程序耦合仍需要时间。同时，反垄断局的执法人员更多的是行政人员，而非专业人员；再次，我国反垄断局的行政级别低，执法经费以及部门的编制有限，无法聘请大量的专业人员就职于执法部门。因此，我国反垄断执法机构的专业性难以得到有效保证。

（三）我国双层统一反垄断执法机构的完善

我国反垄断执法机构的上述缺陷是我国反垄断法执法效果不理想的主要原因之一。在自然垄断的管制行业，我国反垄断法的上述缺陷体现得更加明显，对我国管制行业中适用反垄断法带来更大的障碍。因此，在讨论我国反垄断执法机构与管制机构的关系之前，有必要对我国反垄断执法机构设置的完善进行分析。

我国反垄断执法机构上述缺陷的主要原因在于我国反垄断执法机构的行政级别低、独立性缺乏和经费保障不足。我国反垄断执法机构的独立性和专业性不足，导致我国反垄断法的执行效果不理想。因此，在统一反垄断执法机构的基础上，我国应进一步提高反垄断执法机构的独立性和专业性，提高反垄断执法机构的权威，增强我国反垄断法的实施效果。

提高反垄断法在经济体制改革中的核心作用，需要进一步提高我国反垄断执法部门的独立性、专业性和权威性。基于此，我国有必要建立准司法性的反垄断执法机构。

第一，准司法性的反垄断执法机构定位。反垄断执法机构存在两种模式：完全的行政机构模式和准司法性机构模式。德国的反垄断执法机构是行政模式的代表，而日本的公正交易委员会采取准司法模式。事实上，从上述对管制机构的分析看出，独立的管制机构大多具有一定的规则制定权和准司法权。因此，我国目前的反垄断执法部门更多地定位为行政执行机构，难以有效地在管制行业实施反垄断法。从国际社会的经验看，产业政策或国家管制比较严厉的国家，有效实施反垄断法更多采取准司法模式。在我国经济转型的背景下，建立准司法模式的反垄断执法机构更能维护我国反垄断执法机构的独立性、专业性，可以有效地实施反垄断法。

第二，提升反垄断执法机构的独立性。我国自然垄断产业受到行政管制的时间较长，其行政级别理念根深蒂固。如果反垄断执法机构的独立性不高或行政级别低于国有垄断企业，其执法的效果将大打折扣。从国际社会的经验上分析，设立相对独立的反垄断执法机构不仅有利于执行反垄断法，而且还可以对管制机构形成一定的威慑力，有利于推动竞争文化的培育。因此，在我国建立相对独立的反垄断执法机构，能更好地促进垄断性产业的反垄断执法。

二、放松管制背景下我国反垄断执法机构与管制机构友好关系的构建

我国具有长期实行计划经济的经济传统。中华人民共和国成立以后，我国的经济体制是参照苏联的计划经济模式建立起来的。同时，我国的政治体制也是建立在上述计划经济的基础上。虽然改革开放以来，我国正逐步向市场经济方向转型，并逐步加大市场在资源配置中的基础性作用。但是，不容否认的是，我国的经济仍然受到国家产业计划、产业政策等行政性政策的很大影响。例如，我国每级政府每年都会制定相应的经济计划，并根据经济计划指导和引导经济发展。同时，我国的相应部门对各个产业的职权也建立在上述经济指导的基础上。

建立市场经济，并不是完全排除政府有关部门对经济的引导作用。从第三章日本产业政策发展过程看出，适当利用产业政策的引导作用，有利于整合有关资

源，增强本国产业在国际市场的竞争力。虽然我国市场化的改革方向必然要求逐步弱化产业政策的干预，但是，基于现实和历史的原因，这一过程是渐进的过程而非一蹴而就的。因此，形成产业管制机构与反垄断执法机构的友好协调制度是我国管制行业有效实施反垄断法必须解决的问题。

（一）现状：强行业管制机构，弱反垄断执法机构

我国反垄断执法机构与行业管制机构关系的现状可以概括为强行业管制，弱反垄断执法机构。具体体现在以下几个方面。

第一，反垄断执法机构的级别低，权威性不强。正如上文分析，我国反垄断法的实际执法机构是由国家市场监督管理总局下属的一个司局级部门负责。表面上执法机构是部委单位，但实际执行机构却只有司局级。相反，我国的自然垄断性产业的管制部门，如电力、铁路、通信等分别由能源局、交通部和工信部等部委单位作为直接管制部门。反垄断执法部门面对这些强势管制机构时，往往束手束脚，难以有效地开展执法工作。

第二，历史传统上，产业管制部门对产业发展具有很强的影响力。我国计划经济转型的经济体制特点，导致了我国的产业部门，特别是电力、铁路、通信、民航等自然垄断产业部门，管制部门具有很强的影响力和控制力。以我国的铁路部门为例，在铁道部进行改革之前，我国原铁道部共具有 12 项职能。这些职能包括制定铁路计划和政策，起草铁路部门规章，负责铁路安全生产和服务质量监督管理，监督管理铁路国有资产，铁路工程建设和投资，拟订铁路行业技术政策、标准和管理规程等，几乎涵盖了铁路产业整个产业链的投资、准入、规则、管理和监督各个方面。因此，我国原铁道部在铁路产业中能实施很强的影响力。这些影响力渗透到铁路产业的各方面，也让反垄断执法机构对该产业的反垄断监督执行难于进行。

第三，行业管制政策、规定具体详尽，在实践中发挥了核心的作用，竞争政策难于对行业管制政策形成有效的监督。在我国早期的行业规划、建设过程中，

行业管制机构的引导、管理发挥了十分重要的作用。在电力、电信等自然垄断产业中，产业基础设施等投资甚至是在管制部门的详尽政策指导下完成的。因此，行业管制政策在行业发展中发挥了核心作用。与此相对应，行业企业对于行业管制政策的重视远远高于对竞争政策的重视。以近期大量的互联网滥用市场支配地位案件为例，腾讯与奇虎的市场之争并非是通过反垄断执法机构解决，而是通过管制主管机构的调停解决。

强管制机构，弱反垄断执法机构的现状导致了我国自然垄断行业中，反垄断法适用的效率低下。自然垄断产业主要适用管制规定和政策，反垄断法在管制行业中难以得到有效适用。

（二）目标：弱行业管制机构，强反垄断执法机构

虽然世界各国的社会、经济和政治体制不同，行业管制机构与反垄断执法机构之间的关系也略有不同，但是，从国际趋势上分析，去管制化和市场化是管制机构改革的基本方向。市场化改革要求市场成为管制行业中资源配置的主要手段。因此，在管制行业中减少管制，增加反垄断法适用已成为国际上的主要趋势和发展方式。

党的十八届三中全会指出，要紧紧围绕使市场在资源配置中起决定性作用，深化经济体制改革。党的十八大以后，我国政府不断简政放权，推行负面清单制度，建立垄断型产业的混合所有制制度，目的也在于在垄断型产业中提高市场机制的资源配置作用。通过进一步深化经济体制改革，我国将建立由市场占据核心的资源配置制度。而这一资源配置的方式是管制机构在垄断型产业中应在一定的限度内发挥管制作用。

基于以上分析，我国行业管制机构与反垄断执法机构的关系理想状态应该是弱行业管制，强反垄断执法机构。两者的关系具体体现在以下几个方面。

第一，行业管制机构只负责行业标准等管制职责范围事宜，垄断型产业的竞争事宜应由反垄断执法机构统一负责。管制行业中的竞争事宜由反垄断执法机构

负责还是共同负责，不同的国家采取的模式不同。但是，基于以上的分析，我国早期存在强管制机构，弱竞争执法机构的传统，如果在我国仍然由两个机构共同负责，竞争执法机构难于有效地发挥作用。因此，在我国的经济体制中，理想的做法是由竞争执法机构作为反垄断法的唯一执法机构。

第二，行业管制机构的管制行为不应违反反垄断法。反垄断执法机构有权对行业管制机构进行监督，并要求行业管制机构纠正违反反垄断法的管制行为。

第三，行业管制机构的管制行为出台前，如果可能涉及限制竞争事宜，应与反垄断执法机构进行协商，争取获得反垄断执法机构的同意和豁免。

（三）过渡：行业管制机构与反垄断执法机构的合作、协调

上文陈述的强反垄断执法机构、弱管制机构只是远期目标。由于我国政治、经济体制的现状，实现上述目标是渐进式的。现阶段在我国经济体制改革过程中，行业管制机构与反垄断执法机构应从强行业管制机构，弱反垄断执法机构向行业管制机构与反垄断执法机构协调合作，共同执法方向转变。具体体现在以下三个方面。

第一，管制机构出台管制政策或产业政策应该是"竞争友好"型政策。竞争友好型政策意味着管制机构出台管制政策应尽量减少与竞争政策相冲突，并与竞争政策相互融合。从理论上分析，产业政策与竞争政策具有一致的目标，但也可能存在一定的冲突。产业政策与竞争政策从目的上分析，都是为了更有效率地配置市场资源，提高经济效率。在终极目标上，两者具有一致性。产业政策是对市场失灵的补救。❶ 但是，竞争政策与产业政策两者的实施节点、实现路径及适用范围存在差异，会导致两者在一定程度上发生冲突。但是，正如学者分析，产业政策与竞争政策之间的冲突并非不可调和。即使在发生冲突的情况下，两者之间的互动协调仍具有理论和实践基础。随着我国市场经济体制改革的深入，我国应逐步淡化管制政策或产业政策的作用，增强竞争政策的作用，加强产业政策与竞

---

❶ 王先林.试论竞争政策与贸易政策的关系［J］.河北法学，2006，（1）：36-39.

争政策之间的融合。

第二，管制机构与反垄断执法机构共同执法。目前我国的垄断型产业主要是管制机构进行监督和管理，反垄断执法机构在垄断性产业中执法能力和执法积极性不强。为了逐步实现强反垄断执法机构，弱管制机构的目标，我国有必要增强反垄断执法机构在垄断性产业中的执法积极性，提高反垄断法在垄断性产业中的执行比例。现阶段，管制机构与反垄断执法机构应该在政策出台、政策执行和政策监督等方面建立良性的沟通机制。

第三，建立管制机构与反垄断执法机构之间的冲突司法解决机制。管制机构与反垄断执法机构如果在协调过程中出现了分歧，应建立良性的司法冲突解决机制，解决管制机构与反垄断执法机构之间的执法冲突。

三、我国反垄断执法机构与管制机构的良性互动关系

基于我国的现有国情，我国目前难于一蹴而就地实现强反垄断执法机构、弱管制机构的管制行业竞争执法目标，而可行的做法是建立反垄断执法机构与管制机构共同执法的模式。因此，在我国市场经济体制改革和重构过程中，我国反垄断执法机构与管制机构应建立以下的良性互动关系。

（一）各司其职，各自执法

反垄断执法机构的主要职能是防止管制行业的行为违反反垄断法，破坏市场的自由竞争。管制机构的职能同样也应该包括对上述限制竞争行为的管制，例如价格管制、准入管制等。但是，管制机构除了上述职能之外，还应该包括其他相关的管制职能。以交通管制部门为例，交通运输部除了防止交通企业限制市场自由竞争外，还具有社会管制的职能，如拟订综合运输标准、交通安全监管、交通运输信息化建设等。因此，管制部门与反垄断执法部门应该在各自的职责范围内，采取各自的方式和手段，调整管制行业的行为。但是，两个部门相互重叠的

范围，两个部门都有权力进行执法。例如，垄断性行业的固定价格行为是否违反反垄断法，管制机构与反垄断执法机构都有责任和权力进行执法，制止垄断行为，维护消费者的合法权益。在腾讯与奇虎的3Q大战中，原国家工商总局和国家工信部都要求两个互联网企业不得侵害网络消费者的合法权益。

（二）沟通协调

从目的论的角度分析，管制机构与反垄断执法机构具有相同的目的——都是为了维护垄断性产业效益的最大化。两者具有相同的目的，使得两者可以在执法过程中进行沟通协调。从执法的角度出发，管制机构与反垄断执法机构各自具有相对优势：管制机构熟悉管制行业的具体运作，对于一些技术性的标准可以做出良好的判断。例如，行业中关键性设施、技术标准、商业模式等方面管制机构具有专业的判断能力。同时，只有对企业进行长期、密切的关注，掌握产业的发展趋势，才能对产业行为的市场竞争效果进行正确的分析和判断。反垄断执法机构则更熟悉反垄断法规则，以及垄断的经济分析。管制机构与反垄断执法机构的相互配合，加强执法过程中的信息沟通，不仅可以有效地发现垄断行为，对垄断产业的管制行为作出正确的判断，而且还可以针对垄断行为采取更加及时和有效的制裁措施，禁止垄断行为限制竞争。

有学者甚至建议应该建立强制性的磋商和提供意见的程序。"反垄断执法机构在产业问题的具体判断上有义务听取政府产业管制部门的意见；反垄断执法机构也有义务向政府产业管制部门提出与竞争有关的意见并提交非强制性的专家报告。"在德国，行业监管机构与反垄断执法机构之间就通过立法规定两个机构之间必须在信息沟通等方面进行协调。

（三）相互监督

产业管制法与反垄断法之间本身就存在相互监督，相互制约的关系。虽然产业政策与竞争政策存在相同的目的，但是不容否认，产业政策与竞争政策由于涵盖范围不同，政策目的还是存在一定差异的。例如，为了促进某一产业的高速发展，产业部门不可避免地会采取一些集中政策。这些政策在一定程度上可能与竞争政策相冲突。因此，产业部门与反垄断执法部门应该在协调的基础上相互进行监督。

第四章　管制行为的反垄断司法审查限度问题研究

在市场经济国家中，反垄断法适用具有普遍性的地位。管制行为一般应受到反垄断法的约束和法院的司法审查。也就是说，如果管制机构的管制行为违反了反垄断法，那么，受到管制行为影响的当事人有权利向法院提出诉讼，要求法院对管制机构的限制竞争管制行为进行司法审查。经审查，如果管制机构的管制行为违反了反垄断法的规定，那么法院有权认定管制机构的管制行为违法。我国《反垄断法》第五章滥用行政权力排除、限制竞争对行政垄断行为的违法性进行了规定。2014年修改的《行政诉讼法》也明确了对"限制竞争"的具体行政行为可以提起行政诉讼。

但是，这并不意味着：法院对管制行为的司法审查是没有限度的。由于管制机构本身具有独立性、技术性、专业性等特点，管制机构的管制行为还具有行政性、准司法性等多种性质。因此，法院在对管制机构的管制行为进行司法审查时，应控制在一定的合理限度内。例如，电力管制机构制定电力行业的安全准入标准，要求电力公司供电能力和供电水平达到一定的程度才能进入电网。这一准入标准可能对小的电力公司进入市场构成一定的限制，在一定程度上限制了市场竞争。但是，这一标准却是电力管制机构从供电安全和供电规范的角度对电力公司提出的管制要求。法院在审查电力管制机构的这一行为是否违反反垄断法时，不能仅仅依据反垄断法的经济标准进行判断，而应全面审查安全因素和经济因素等多个因素。但是，由于专业能力、经验等因素的限制，法院往往难于判断管制机构上述行为的合理性，因此，法院在对管制机构的管制行为进行司法审查时应保持合理的谦抑。

这里就产生了一个问题：法院对管制行为的司法审查限度如何确定？具体而言，这个问题又划分为以下几个小问题：第一，哪些管制行为属于法院的司法审查范围？也就是说，如何对管制行为进行类型化，并确定受案范围？第二，法院对管制行为的司法审查应采取何种模式？也就是说，对于不同类型的管制行为，法院是严格审查还是最低限度审查；是只审查管制行为的程序合法性问题，还是应对管制行为的实体合理性进行审查？第三，我国法院审查管制行为应采取何种程序？也就是说，是设立独立的反垄断法院审查，还是由普通法院的行政审判庭进行审查？具体如何与我国《反垄断法》第五章反行政垄断的有关规定相衔接？本章的主要任务在于分析上述问题，并在研究上述问题的基础上，设计我国管制行为的司法审查制度。

第一节 司法审查的合理限度

一、司法审查限度

(一) 司法审查制度的概念

司法审查制度的概念存在广义和狭义两种，不同范围的司法审查制度存在很大的区别。狭义的司法审查制度亦称为违宪审查制度，最早来源于美国。美国实行三权分立制度，为了制约行政权的扩大对公民权益的损害，美国最高法院有权对美国立法和行政政策是否与宪法相违背进行审查。如果美国立法机构的立法行为违背了宪法的规定，美国最高法院有权裁决该项法律、法令无效。美国联邦最高法院的司法审查权是在 1803 年的"马伯里诉麦迪逊"（Marbury v. Madison）一案中确立的。[1]

而广义的司法审查制度则是司法权对行政权进行制约和审查的一项制度，即允许个人或组织请求法院审查行政行为是否合法的制度。《布莱克法律词典》对司法审查制度的定义如下："法院基于与行政机关有关的上诉，对行政行为的事实认定和法律依据进行审查。"[2] 科林在其编著的《英汉双解法律词典》中，将司法审查界定为"法院对行政决定进行的审查"。[3] 在法国、德国等大陆法系国家中，司法审查概念更多被行政诉讼概念吸收。例如，法国的司法审查制度源于法国的行政法院制度。德国的司法审查制度"是由独立的、与行政当局分离

---

[1] 刘晗.宪制整体结构与行政权的司法审查 "马伯里诉麦迪逊案" 再解读 [J].中外法学，2014，（3）：806-821.

[2] Black's Law Dictionary, West Publishing Co., 1979：762.

[3] ［英］P. H. 科林.英汉双解法律词典 [M].北京：世界图书出版公司，1998：299.

的法院行使"。❶

我国学者在论述司法审查制度时，同样也存在不同的解读。有的学者认为司法审查制度不能等同于行政诉讼制度，司法审查制度是侧重于法院作为主体监督行政权的一种法律制度，而行政诉讼是当事人请求法院对其所受到的行政行为的侵害进行救济的法律制度。但也有学者认为，这种区分只是字面上的解读，并不具有实质性的意义。行政诉讼和司法审查均是司法机关监督行政权运行的法律制度。

基于本书在于分析法院对管制行为违反反垄断法如何进行监督和制约，因此本书将司法审查制度定义为法院作为司法机构受理管制行为违反反垄断法的诉讼案件，对管制行为是否违反反垄断法进行审查，并依法作出裁决的制度。

（二）管制行为的司法审查限度

管制行为的司法审查限度可以划分为横向限度和纵向限度两个维度。横向限度在于哪些或哪种类型的管制行为应受到司法审查，也就是司法审查的受案范围；纵向限度是对于纳入司法审查范围的管制行为，法院应审查的纵深度。

基于我国目前并未建立独立的反垄断诉讼制度，因此，反垄断司法审查横向和纵向限度问题在我国目前的法律语境中都属于行政诉讼法上的问题——二者本质上皆涉及行政诉讼中司法权与行政权的冲突和协调问题。合理的行政诉讼审查强度如同宽窄恰当的受案范围一样，可对行政权和司法权进行合理配置，以减少司法权与行政权的冲突，防止行政诉讼审查机制中"制衡不足"及"干预过度"的双重危险。

因此，在我国现有程序法语境中，司法审查限度就是法院对管制行为确立的受案范围以及审查强度。具体而言可以划分为横向限度与纵向限度两个方面：第一，横向限度——法院受理案件的范围。也就是说，我国法院能受理或应受理哪些管制行为违反反垄断法。第二，纵向范围——审查强度。对于纳入司法审查范

---

❶ 卢佩．德国关于不确定法律概念之第三审级司法审查［J］．现代法学，2013，（6）：146.

围的管制行为，我国法院应在何种程度上对其进行审理与裁判。

二、司法审查限度的理论依据

司法审查限度本质上涉及一个国家的政治、司法体系中的权力划分架构。不同国家的政权体系不同，司法审查限度也存在区别。但是，随着现代民主国家理念成为国际社会的主流理念，管制行为应接受司法审查成为主流趋势。同时，司法对管制行为的审查也应克制在一定的限度内。管制行为的司法审查限度存在以下几个理论依据。

（一）分权制衡理论

现代分权理论将国家的权力大致划分为立法、行政和司法三个方面。为了防止专制、保障自由，资产阶级的理论家提出"权力制约权力"的分权制衡思想。该理论最早在 17 世纪由英国著名政治学家洛克提出，用以巩固当时英国的资产阶级革命成果。后来该学说不断传播，并被法国著名人物孟德斯鸠诠释为行政、司法、立法三权分立的形式，解决了在该种政治制度下可能出现的权力滥用问题。虽然不同的政治体制中的权力划分不同，但是通过分权与制衡防止专制的总体精神是一致的。

在三权分立的框架下，行政权具有主动性和进攻性的权力属性。行政权是依据法律的授权，对公共事务进行管理的权力。行政权具有执行性、强制性和优益性等特点。正是因为行政权的上述特征，行政权容易滥用，并侵害私人权益。而司法权相反，司法权本质上是一种审判权。从权力属性特征上分析，司法权具有中立性、被动性的特征。行政诉讼的目的就是对行政权力的行使进行必要的限制，防止行政权力被肆意滥用。在分权制衡的理念下，对政府管制行政行为进行司法审查是有效防止管制滥用的手段。

但是，允许司法权对行政权进行司法审查，并不意味着司法权高于行政权。

司法权与行政权之间是相互制约和监督的关系，因此司法权对行政权的司法审查是有限度的，不能过度地干预行政机关的专业判断，否则会出现司法机关行使行政机关权限的现象，损害司法权的被动性特征，同样破坏了分权制衡的基础。

根据上述理论，管制行政行为应接受司法权的审查，但是司法权也应在管制行政行为的司法审查过程中保持必要的克制。

（二）司法最低限度主义理论

司法权对行政权进行必要的审查和监督，是防止行政权专横和滥用的主要手段。但是，司法权本身的局限性也要求司法审查应该是有限度的。司法权的局限性体现在以下几个方面。

第一，司法能力的有限性。司法的判断来源于法律的判断，但是法官的能力是有限的。现代社会具有高度复杂性，法官基于本身的经历、学历专业和心理，难于完全掌握全部的行政知识。

第二，行政事务，特别是管制行政事务的特殊性。现代社会的发展，行政事务几乎触及社会生活的方方面面。同时，管制行政事务具有很强的专业性，需要复杂的判断过程。有些情况下，行政事务还涉及高度敏感的政治问题和政策判断。在这种情况下，司法难于对管制行政事务的合理性进行判断。

第三，司法资源的有限性。司法需要一定的程序、审判资源。随着现代行政案件的不断增多，给法院的精力、时间都提出了严峻的挑战。有限的司法审判资源也导致司法对行政权的审查是有限的。

第四，司法的程序性。司法的程序性是指司法机关审理案件过程中应遵循法律规定和要求的司法程序，以保障司法的公正性和平等性。例如，给予双方当事人必要的举证期限，败诉方有权向上级司法机关上诉等。严格和复杂的司法程序保障司法权公正行使的同时，一定程度上牺牲了司法权的效率。与管制行为相比较，司法权的程序耗时长，效率低。迟到的正义非正义。面对一些需要高效率解决的自然垄断问题，管制行政行为更加有效。因此，面对这些管制行政行为，司法权应保持必要的克制。

司法权面对行政权应保持必要的克制，这一观点即使在司法审查相对发达的美国也得到了认可。20世纪60年代，美国沃伦法院采取能动主义的做法让美国最高法院在司法审查上保持高积极性。这种强有力的司法审查导致了学术界的批评，并引发了最高法院司法审查制度的正当性危机。现代司法审查制度要获得正当性，不仅要能够促进民主的发展，还必须有助于提升公民的参政素质和民主责任感，以便塑造一个自由、健康的民主社会。为此，著名学者、芝加哥大学法学院教授凯斯·桑斯坦提出了司法最低限度主义理论，并宣称其"最大的目标是去探讨司法最低限度主义和民主自治政府之间的联系。……试图显示某些最低限度主义的步骤是如何推进民主进程而不是破坏民主进程的，是如何促进民主的审慎商议而不是越俎代庖地阻碍这种审议式民主的"。根据最低限度主义理论，由于司法能力的有限性，最高法院应采取一种最低限度主义的裁决方法，一次一案式地裁决具体案件，避免原则性判决，将社会价值选择问题交由民意机关互动协商解决，以减少错误判决可能导致的严重社会后果，同时培养民意机关的民主协商精神和公民的参政素质，塑造一个健康民主的社会。桑斯坦教授的司法最低限度主义观点的提出，是对20世纪90年代美国最高法院司法裁决模式的一种经验性概括。虽然该理论同样存在着争议，但是基本反映了当前美国最高法院司法裁决的现实，是美国宪法政治发展到一定阶段的产物。❶

根据司法最低限度主义理论，法院对于专业性、原则性的管制行政事务的司法审查应克制在一定的限度内。

（三）独立管制理论

就本书论述的管制行为而言，司法权同样具有很大的局限性。自然垄断产业中的管制行为具有很强的专业性，但司法人员作为法律人，一般只熟悉法律，而

---

❶ 颜廷 . 司法最低限度主义——评桑斯坦的《就事论事——美国最高法院的司法最低限度主义》[J] . 环球法律评论，2011，（1）:131-140.

不熟悉技术标准。因此，司法机关对管制机关的技术管制行为进行审查时，就会陷入能力不足的困境。这种困境要求司法机关面对管制机关时，应尊重管制机关的专业性。另一方面，管制机关在很大程度上具有相对独立性，其本身也拥有一定的准司法权。管制机关在竞争领域作出的裁决，只要不严重违背竞争法，司法机关也必须保持必要的尊重——不仅有利于减少竞争法适用的冲突，而且可以协助管制机构树立必要的权威。

三、我国行政诉讼法的司法审查限度

基于我国现有的法律语境，管制行政行为的司法审查主要规定在反垄断法和行政诉讼法的相关条文中，因此，在对管制行为的司法审查限度进行类型化分析之前，本书先对我国行政诉讼制度的司法审查限度进行简要分析。

（一）横向范围——我国行政诉讼的受案范围

1. 行政诉讼受案范围的立法模式

合理界定行政诉讼的受案范围是行政诉讼研究的一个基本理论问题。这一范围同时决定着司法机关对行政主体行为的监督范围，决定着受到行政主体侵害的公民、法人和其他组织诉权的范围，也决定着行政终局裁决权的范围。

从学理上分析，行政诉讼的受案范围可以划分为肯定列举式、否定列举式、概括与否定列举式三种。

第一，肯定列举模式。该模式在行政诉讼法中明确列出属于行政诉讼受案范围的行政行为。列举范围内的行政行为，法院有权进行司法审查。而不在列举范围内的行政行为，则不属于行政诉讼的受案范围。肯定列举模式具有明确化和操作简便的优点，但缺点在于难于穷尽列举行政行为，受案范围相对较小。

第二，否定列举模式。否定列举模式是在行政诉讼法中明确列出哪些行政行为不属于行政诉讼的受案范围，除了列举的行政行为外，其他行政行为都属于行政诉讼的受案范围。采取否定列举模式，行政诉讼的受案范围最宽。

第三，概括与否定列举模式。概括与否定列举模式是先在法律总则部分概括性地规定行政诉讼的受案范围，具体条款再进一步列出不属于行政诉讼受案范围的行政行为。概括与否定列举式一方面先概括限定行政诉讼的受案范围，另一方面再明确列举排除在行政诉讼受案范围之外的行政行为。

2. 我国行政诉讼受案范围的扩展历程

1989 年《行政诉讼法》第 2 条规定："公民、法人或者其他组织认为行政机关和行政机关工作人员的具体行政行为侵犯其合法权益，有权依照本法向人民法院提起诉讼。"该法的第 11 条列举了应当受理的案件范围，第 12 条对不受理的受案范围做了列举性排除。因此，我国 1989 年行政诉讼法将受案范围明确界定为"具体行政行为"。1989 年的行政诉讼法对行政诉讼的受案范围进行了较狭隘的界定，是基于当时的客观需要。但是，随着实践的发展，原先狭隘的行政诉讼范围已经不能满足实践的需求。为此，出于尽量全面地保护相对人合法权益的宗旨，人民法院在实践中也在一步三回头地、小心翼翼地"扩张"着行政诉讼的受案范围。2000 年 3 月 8 日，最高人民法院发布了《关于执行〈中华人民共和国行政诉讼法〉若干问题的解释》（以下简称《若干解释》），采用肯定概括和否定列举模式对受案范围进行了"扩展"。《若干解释》第 1 条规定："公民、法人或者其他组织对具有国家行政职权的机关和组织及其工作人员的行政行为不服依法提起诉讼的，属于人民法院行政诉讼的受案范围。"《若干解释》摒弃了"具体行政行为"的提法，以"行政行为"取而代之。用"具有国家行政职权的机关和组织"取代了"行政机关"，并且突破了"人身权、财产权"的限制，这无疑是对受案范围的革命性突破。

3. 2014 年新修订的《行政诉讼法》关于行政诉讼的受案范围

随着我国民主法治进程的加速以及行政相对人权利意识的觉醒，行政诉讼受案范围的扩展成为社会共识。虽然《若干解释》对行政诉讼受案范围进行了谨慎的突破，但是，司法解释毕竟不能代替立法。司法解释应该在法律规定的范围内，而突破法律规定进行司法解释只是权宜之计。

2014 年 11 月，全国人大常委会第十二次会议通过了《关于修改〈中华人民共和国行政诉讼法〉的决定》，实现了我国《行政诉讼法》的第一次大修。修改后的行政诉讼法回应了行政诉讼法受案范围扩展的需求。

2014 年《行政诉讼法》受案范围采取的是概括加列举式立法模式，主要规定在行政诉讼法的第 2 条、第 12 条、第 13 条，适当扩大了 1989 年《行政诉讼法》的受案范围。具体体现在以下几个方面。

第一，将"具体行政行为"修改为"行政行为"，扩大行政诉讼法的受案范围。修改后的《行政诉讼法》第 2 条将行政相对人可以提起的行政诉讼对象从"具体行政行为"替换为"行政行为"，其意图很明显是扩大行政诉讼法的受案范围。

第二，可诉的具体行政行为范围扩大。修改后的《行政诉讼法》第 12 条对行政诉讼的受案范围进行列举，但与修改前相比较，范围明显扩大。扩大的部分包括：行政强制执行；行政机关作出的有关行政许可的其他决定；土地、矿藏等自然资源所有权或者使用权的决定；征收、征用决定及其补偿决定；侵犯农村土地承包经营权、农村土地经营权的行为；滥用行政权力排除或者限制竞争行为；违法集资、摊派费用行为；未依法支付最低生活保障待遇或者社会保险待遇的行为；不依法履行、未按照约定履行或者违法变更、解除政府特许经营协议、土地、房屋征收补偿协议等协议的行为等。其中，行政强制执行、行政机关作出的有关行政许可的其他决定；滥用行政权力排除或者限制竞争行为等都直接涉及对管制行为是否违反反垄断法的司法审查。

第三，兜底条款扩大受案权益范围。兜底条款从原来的人身权、财产权扩展到其他合法权益。旧的行政诉讼法的兜底条款将权益限制在人身权、财产权方面；而修改后的行政诉讼法将权益扩展到其他合法权益，这一修改意味着"自由竞争权""公平竞争权"等权益也可以纳入行政诉讼法等受案范围。

因此，根据新修改的《行政诉讼法》，管制行为成为行政诉讼法的受案范围，应具备以下几个条件：第一，管制机构的行为被界定为行政行为，特别是行政强制执行或行政许可行为。第二，没有特别法豁免该行政行为不需要适用反垄断法——也就是行业法中没有明确规定管制行为豁免适用反垄断法。第三，该行为构成行政权的滥用，排除或限制竞争行为；或该行为侵害了行政相对人的公平竞争权。这里涉及违法性认定的问题。具体在于：如何判断"滥用"，排除或限制竞争行为如何界定等。本章下一节将对上述问题进一步阐述。

（二）纵向范围——我国行政诉讼的司法审查强度

行政行为的司法审查强度是指纳入行政诉讼受案范围的行政行为应受到何种程度的监督与审查。换言之，法院应该如何看待行政行为依据其自由裁量权作出的行政判断，是否可以以自身的判断来代替行政机构的判断。如果说行政诉讼的受案范围是指司法审查的横向范围，那么司法审查强度就是司法审查的纵深范围。

与民事诉讼不同，基于司法权与行政权的关系原因，行政行为的司法审查应保持一定的克制，也就是说行政行为的司法审查内容和深度同样是有限度的。同时，为了让法院在审理行政案件时有章可循，提供必要的指引，有必要将行政行为司法审查的强度进行类型化。法国行政法院在1911年的"戈梅尔案"中，将行政诉讼的司法审查强度划分为两类：通常的审查与最低限度的审查。通常的审查不仅审查行政行为的合法性，而且对行政行为的事实定性进行审查；最低限度的审查则只审查合法性问题，不对行政行为的事实定性进行审查。日本将行政行为的司法审查强度划分为三类：最小限度的司法审查强度、中等限度的司法审查强度和严格的司法审查强度。日本行政法的条文规定与我国行政法的条文具有高度的相似性，因此，从理论上分析，我国的司法审查强度也大致可以划分为上述三种类型，并对应不同的审查方法。

1.司法审查强度的三种类型

（1）最小限度的司法审查强度。最小限度的司法审查只是对行政行为的程序是否合法、是否超越行政裁量权范围进行的审查。

最小限度的司法审查又可以划分为两种类型：第一，程序合法性审查。程序合法性审查是指法院在审查行政行为合法性时，关注作出行政行为的程序是否具有合法性。随着行政程序理念的逐步深入，要求行政机关在做出行政行为时遵守必要的行政程序已经是最低要求。我国《行政诉讼法》第70条规定，违反法定程序，法院可以撤销或部分撤销行政行为。有一些专业性、技术性强的行政行为，法院只能进行程序性审查，而难于进行实体性审查。例如，学术委员会作出的是否授予学位的决定等行为。在"田永诉北京科技大学拒绝颁发毕业证、学位证行政诉讼案"中，法院认为是否授予学位涉及学生的核心利益，因此，授予学位的行为应受到法院的司法审查。但是，是否授予学位又涉及学校的办学自主权以及学术委员会的专业问题，法院不能也无法代替学术委员会进行判断。司法审查应止步于程序性审查，即学术委员会的成立程序是否合法、学术委员会的投票程序是否合法等，而不涉及学术委员会判断的合理性问题。

第二，超越、滥用行政裁量权审查。根据我国《行政诉讼法》第70条第3款的规定，行政机构滥用行政裁量权，法院可以撤销或部分撤销行政行为。根据行政法的原理，行政机构在行使行政权时具有一定的行政裁量权。但是，行政机构的行政裁量权也是有限的。行政机构不得滥用或超越法定职权。一般情况下，法院在审理行政案件时，应慎重介入行政裁量权的判断。在我国的司法实践中，滥用行政裁量权的行政诉讼判决数量很少。在分析行政机构是否滥用职权时，法院一般要分析行政机关的主观目的违法性。但是，行政机构超越行政职权的行政行为，则构成明显的滥用职权。例如，公安机关对当事人采取拘留等限制人身自由的行政措施，必须存在行政法律的明文规定。如果不存在明确的法律规定，公安机关对行政相对人采取了限制人身自由的行政措施，构成明显的超越、滥用行政职权的行为。

（2）中等限度的司法审查强度。中等限度的司法审查主要审查行政裁量权过程的合理性。行政行为的司法审查可以划分为合法性审查和合理性审查。合法性审查是法院对被诉行政行为是否符合法律、法规等制定法进行审查的诉讼行为。合法性审查主要审查行政行为的主体、职权、程序等是否符合法律的规定。合理性审查是法院不仅仅依据制定法，而且依据政策、道德、法律原则等广义的标准对被诉行政行为的合理性进行审查。合理性审查主要审查行政行为的目的，行政行为的决策过程以及行政裁决的合理性。审查行政裁量过程的合理性并不是对行政行为是否符合法定程序进行审查，而是进一步审查行政裁决作出的目的、得出行政裁决的推理过程，并判断其裁决的正当性。学者将中度的司法审查强度方法划分为以下四种：根据判断余地说司法审查、补充要件型司法审查、判断过程型司法审查和成本效益分析型司法审查。在法国、德国等国家，中等限度的司法审查强度在司法实践中有广泛的适用。例如，德国联邦法院在一系列的案件中，承认了"判断余地说"在行政案件中的适用。法国法院在东部新城案和圣母玛利亚案等一系列案件中则采用了成本效益分析型司法审查方法。但我国的司法实践中，我国法院较少采取中等限度的司法审查强度。

（3）严格的司法审查强度。严格的司法审查强度是指法院不仅审查行政行为的程序性要件，而且审查行政行为的实体要素；不仅审查行政行为的合法性问题，而且还审查行政行为的目的与过程的合理性；不仅对行政行为是否有效作出判断，而且还对行政裁量的范围进行分析，并做出替代性的结论。一般严格司法审查只适用于要件行政裁量以及涉及重大法益的行政裁量。

严格的司法审查强度从证据的提供上可以进一步划分为继审主义和限制继审主义两种。继审主义是指行政机关在行政程序中根据证据作出结论后，司法审查中允许双方当事人在行政程序提供的证据之外补充新证据、新材料，法院可以据此作出新的结论。限制继审主义是指法院必须以行政程序中的证据为准作出结论，限制证据和材料的更新。继审主义允许法院对行政机关作出重新的判断，可以对行政案件进行实体性审查。限制继审主义规定法院应局限于原有作出行政裁决阶段的证据。

严格的司法审查强度的审查方法可以划分为以下三种：代为实体判断的司法

审查、显失公平型司法审查和行政裁量权收缩论司法审查。代为实体判断的司法审查是法院从实体法方面看行政裁量是否符合法律的规定"对其进行全面审查",其结果与行政裁量的判断一致则予以肯定,"如果不一致则以自己的判断代替之"撤销行政决定。显失公平型司法审查是法院代替行政机关行使行政职权的一种审查。行政裁量权收缩论司法审查是最严格的司法审查,法院首先承认行政机构具有行政裁量权,但是,行政机关对行政裁量权应该最大限度地缩减。在行政裁量权完全收缩时,行政机关履行某特定内容的职责才是妥当的。实际上,这也是以司法机关的实体性判断替代了行政机关的判断。

2. 我国行政诉讼法中司法审查强度的规定

在我国,把握行政诉讼司法审查合理的度是我国行政诉讼司法实践中的关键问题。如前所述,行政诉讼的司法审查强度可以划分为三种强度类型。但是,我国行政诉讼法对司法审查强度却没有明确的规定。

我国《行政诉讼法》第6条规定,人民法院审理行政案件,对行政行为是否合法进行审查。从该条文的表面解读,我国法院审查行政案件只审查行政行为的合法性,而不审查行政行为的合理性问题。但是,仅仅只对行政行为的合法性审查,已经难以适应我国建设法治政府的需求。同时,在行政诉讼法有关判决方式的规定中。也允许法院撤销或部分撤销行政行为,或对行政行为作出变更。我国《行政诉讼法》第77条规定,对行政处罚明显不当或其他行政行为对款项的认定不当或确有错误的,人民法院可以判决变更。因此,根据该条规定,在行政处罚涉及数额,法院审理行政行为不仅应关注合法性问题,而且应对处罚的合理性进行审查。

基于我国现有的政治结构以及强行政的管制传统,我国法院在审理行政行为时显得更加谨慎。虽然现实的需求让我国法院在审理行政案件时,已经不拘于原有的合法性审查,但是,对司法实践实证分析,我国法院在司法审查强度上体现出以下几个特点。

第一,我国法院审理行政行为的强度大都限于最小限度的司法审查强度。这一方面体现了我国法院在整个政治体制中的地位不高；另一方面说明法院在审理行政案件时缺乏足够的经验和自信。

第二，某些类型的行政行为，如行政处罚行为、行为裁量行为等，法院在涉及核心权益等情况下会对行政行为的合理性进行审查。随着我国法治政府建设的进一步深入，我国行政行为的司法审查强度趋势是进一步增强的。

第三，我国法院关于行政行为的司法审查强度仍然是遵循有限审查的原则。在以下领域，司法审查强度应只局限于表面的最低限度。具体包括：抽象性的管制政策、极强的专业性、技术性行政事项、特别权力关系如军队、独立管制机构等做出的行政行为、深度审查会极度影响行政效率、行政行为本身就是浅层次的审查结果等。

第二节　管制行为的反垄断法司法审查限度

一、独立管制机构管制行为的类型化

（一）独立管制机构的勃兴

20世纪80年代，在世界范围内兴起的"去管制化"浪潮的背景下，独立管制机构大量兴起。特别是进入21世纪以后，独立管制机构的数量大量增加。虽然管制机构的设立模式存在差异，但是，不容否认的是，管制机构越来越具有独立性。学者实证研究发现，在20世纪80年代，西欧国家只有大约10%的政策领域中有独立管制机构存在，到20世纪末这一数字已经跃升到了80%。独立管制机构区别于传统的行政机构的核心特征在于独立性和专业性。

所谓"独立性"指的是这些管制机构运作在传统的政府官僚制部委框架之外，拥有相对独立的人事、管理和决策过程；更为重要的是，这些组织不像一般政府机构那样需要回应政治领导人的指令，相反的，赋予它们独立性恰恰是为了使之不必具有政治回应性。这是因为具备政治回应性意味着管制机构可能需要对不断变化着的政治领导人做出持续的调整，这样难免会损害到政策的前后一致程度；假使让管制机构能够忠实于其政策目标的话，牺牲一定的政治回应性可能是必要的代价。专业性表现在两方面，这些组织具有单一目标（即管制），掌握着大量相关经济或社会领域的专业知识，和按照官僚制原则组织起来的政府部委相比，能够更容易且更主动地联络技术专家，从而进行高质量的规则制定；另一方面，这些组织不受政治选举和政府更迭的干扰，能够忠于被明确界定了的管制目标，规则制定立足于专业知识而非政治领导人的偏好。

学者们分析独立管制机构勃兴的主要原因在于三个方面：首先，为了解决自

然垄断产业中的国有公共产权的低效问题，各国在自然垄断的公共领域采取了引进民间资本、混合所有制等方式，将过去由政府承担的公共事务通过私有化的方式转移到私人手中。同时，为了保证社会公共产品的供给，防止产生私人垄断，在私有化的同时，政府设置一定的规则和标准进行限制。其次，随着公民社会组织越来越深入地参与到社会服务，它们同时越来越多地拥有了对公共资金支出和公共权威运用的裁量权。为了保障公共服务的质量和效率，政府需要设立独立的管制机构对公民社会组织进行管制。最后，新的公共管理运动的兴起需要独立的管制机构进行政府机构的内部监督。

同时，独立管制机构兴起的结果，使得现代国家逐渐从"福利国家"向"管制国家"转变。和"福利国家"相比，"管制国家"更是一个制定和执行规则的国家而不是一个凯恩斯主义式的重在纳税和花钱的国家，其目标也更加明确，那就是提高经济效率、促进竞争以及保护公民的合法权益。

（二）独立管制机构管制行为的分类

与传统行政型国家的官僚制部委机构相比，管制机构不仅具有行政权力，而且还具有制定规则的准立法权及进行裁决的准司法权。采取的标准不同，管制行为的分类也不同。以管制的目的而言，管制行为可分为经济性管制行为与社会性管制行为；以管制的手段而言，管制行为可分为指挥式管制行为与诱导式管制行为；以管制的对象而言，管制行为可以划分为抽象性管制行为和具体管制行为。

为了更好地讨论管制行为的反垄断司法审查限度问题，本书根据管制行为的方式及所形成的法律关系，将管制行为划分为以下三种类型。

第一，制定抽象性规则和技术标准的管制行为。具体而言，管制机构将公共政策和法律转变为具体规则和标准。例如，管制机构制定准入标准、安全标准或环保标准。管制机构制定标准的管制行为类似于行政立法行为。这类行为又可以进一步划分为立法机构授权的准立法行为，以及未经授权，但管制机构依据职权制定的抽象规范行为。自然垄断产业由于其技术性、专业性的特性，管制机构的这类管制行为很多，涉及范围很广。例如，铁道部颁发的 2013 年第 34 号令《铁路主要技术政策》，对铁路发展的列车、工程、信息化等各方面技术性指标作出原则性的规定。

第二，具体管制行政行为。具体管制行政行为是指管制机构依法实施直接影响相对方权利和义务的管制行为，或者对相对方违反标准、规则进行处罚的行为。具体包括：准入许可，即管制机构根据制定的标准确定是否给予经营者的准入资格。例如，管制机构根据准入标准颁发建筑许可证、经营许可证等。以广播行业为例，是否可以进行广播行业的经营需要国家新闻出版广电总局颁发相应的准入许可证。我国一直难于实现"三网合一"的主要原因也在于此；价格规制，即管制机构根据一定的标准对经营者的价格进行确认或监督的行为；对于自然垄断产业的基本网络价格，管制机构应根据一定的标准进行规制，防止侵害消费者的利益。处罚行为，即违反标准或规则的裁决及处罚行为。管制机构通过信息收集、日常检查等方式对违反标准或规则的行为进行查处，并对违反规则及标准的行为进行处罚。

第三，管制裁决行为。管制裁决行为是指管制机构作为管制主管机关对被管制企业之间的纠纷或争议进行调解，并居中作出管制裁决的行为。管制裁决行为是管制机关行使准司法权的行为。管制机构熟悉被管制企业，管制机构对被管制企业的纠纷进行调解，做出裁决，可以事半功倍。例如，著名的腾讯与奇虎的产品互相兼容争议，最终就是通过工信部调停解决的。

二、管制行为反垄断司法审查限度的基本原则

反垄断法在管制行业具有普遍适用性。但是，在"管制国家"的行政治理改革背景下，独立管制机构的专业性和独立性使得司法在介入过程中应保持必要的慎重。从法律的角度分析，法院审查管制机构的管制行为应遵循以下的基本原则。

（一）合理原则

由于反垄断法条文本身存在模糊性，以及反垄断法适用过程中需要大量的经济分析，因此，法院对反垄断案件进行审查时，需要更多地采用合理原则。甚至有的学者认为，美国与欧盟竞争法中的卡特尔制度，都是建立在"合理原则"基础之上的。美国谢尔曼法中并没有明确规定"合理原则"，该原则是美国法院在"标准石油公司"案中首次提出来的。

美国反垄断法的司法实践中，形成了"合理原则"与"本身违法原则"两种原则。本身违法原则是在1897年"泛密苏里案"中提出的。在该案中，法院认为诸如固定价格之类的限制竞争行为，是对竞争"赤裸裸的限制"，具有明显的反竞争性质，无须考察其对竞争产生了什么样的实际影响，仅仅根据性质即可判定其违法，这种标准称作本身违法原则。但是，在反垄断法适用过程中，美国法院发现，本身违法原则过于严厉，而且没有办法适应现实经济生活中多样性及灵活性的要求。因此，实践中一般将本身违法原则限制在相对狭小的范围内。合理原则是指法院应对经济行为的效果进行正负两方面的衡量，只有经济行为的垄断效果高于积极效果，那么才认定为违反反垄断法。合理原则由怀特法官在1911年的标准石油公司案中提出，并成为美国法院审理反垄断案件的主要原则。

管制行为的反垄断法审查同样应适用合理原则。但是，法院在审查管制行为的合理性时，具体标准有两种不同的意见：第一种意见认为，管制机构作为行政机构或法律法规授权的单位，有权力实施管制行为。因此管制机构拥有实施管制行为的自由裁量权。法院在审理管制行为时，应只审查管制行为的合法性问题。也就是说，合理性标准就是管制行为的合法性。这种审查只是形式上审查。第二种意见认为法院在审理行政机构的管制行为时，不仅应审查管制行为的程序、授权是否合法，而且还应对管制行为的竞争效果进行判断。如果管制行为产生了限制竞争的效果，而未能产生其他积极效果，那么法院可以认定管制行为违法。关于积极效果，同样可以划分为经济性的积极效果和社会性的积极效果。法院在审查管制行为产生的积极效果时只是比较经济上的积极效果与消极效果，还是应考虑管制行为产生的社会效果，实践中同样存在分歧。但是，总体而言，这种观点认为，法院在审查管制行为的合理性时，不仅仅只对管制行为的合法性进行审查，还应对管制行为进行实质性审查。

随着管制放松的改革推进，大多数国家对管制行为的审查从早期的形式上的审查逐步转变为实质性审查。在"州行为豁免"原则的适用情况下，基于州主权的因素，法院并不实质上审理管制机构的行为的合理性，而只是审查管制机构的行为是否有合法的授权。随后，美国法院逐渐缩小了"州行为豁免"原则的适用，直至废止了该原则。对管制机构的管制行为也开始从形式上审查向实质性审查转变。《里斯本条约》第 106 条关于公共企业条款在欧共体成立前 20 年几乎未得到适用，关于该条是否违法的审查一般只建立在表面审查方面。但是，1993 年 Corbeau 案件后，欧盟开始对第 106 条的案件进行实质性审查，认为第 106 条第 2 款包含了一种比例要求。2006 年出台的《俄罗斯竞争法》在立法体系上很大程度参考了欧盟竞争法的相关规定，对政府管制行为的审查也进行实质性审查。

因此，司法审查合理原则是指法院在审查垄断行为时，应实质性地审查垄断行为的合理性，并判断垄断行为产生的效果。

（二）比例原则

比例原则作为公法上的帝王原则，发源于德国。对于比例原则，有不同的译法："平衡原则""相当原则""禁止裁量越处原则"等。行政法上比例原则的定义为："行政机关实施行政行为应兼顾行政目标的实现与保护相对人的权益，如果为了实现行政目标可能对相对人权益造成某种不利影响时，应使这种不利影响限制在尽可能小的范围和限度，使二者处于适度的比例。"

比例原则在整个公法立法中处于指导方针的地位，它是制定法律制度的理论基础，对其他制度、规则和规范起着统率和指导的作用。不仅如此，比例原则还具有一般原则所不具备的较为严密的逻辑结构，以及适用条件和适用所产生的法律后果。按照适用比例原则审理案件，法官实际上可以发挥能动性和创造性，因此，它是法官行使自由裁量权的依据，它具有补充法律漏洞的功能，以便在那些没有法律明文规定的情况下，保护人权不被侵犯。

德国是比例原则的首创国。德国法的比例原则来源于法院对警察权力的限制。早期的比例原则局限于警察法领域，讨论内容也非常有限。18世纪的德国，为了维护社会秩序、保障公共安全，警察事务涵盖了除外交、财政、司法几个有限领域外的社会大部分事务。当时的德国也被称为警察国家。为了限制过分膨胀的警察权力对私人领域的干预，德国的法学家要求警察权力的行使应限制在"必要的范围内"。德国著名法学家奥托·迈耶曾指出："警察权力只有在危害起因于个人，才能对这个人赋课义务，且警察权力的行使有程序上的限制，超过合理程序的授权是不能允许的，换言之，授权法律自身也必须有有效的法的限制。"❶随后，必要性原则获得了司法上的承认，并在1931年的警察行政法中得到立法肯定。二战后，为了维护自由职业的基本人权，比例原则在宪法上得到了肯定和发展。在1958年"药房案"、1971年"石油储存案"、1959年"助产士限制案"等一系列案件中，德国法院深化了比例原则，并将比例原则扩展到适当性原则、必要性原则和狭义比例原则三个方面。基于德国法在大陆法系的深厚影响，德国公法上的比例原则被日本等国家和地区移植，并成为这些国家公法审查的重要原则。同样，在欧洲一体化进程中，作为德国公法核心的比例原则，也被欧盟法院所采纳。如今，比例原则作为一个"一般性的法律原则"，已经充斥了整个欧盟法的法律体系。

管制行为的反垄断法审查应符合比例原则。学者认为，比例原则作为行政法上的基本原则，与反垄断执法具有内在的契合性。这种契合性体现在两个方面：首先，管制机构作为专业性的机构，在制定管制政策、采取管制措施或决定管制处罚时有权依法根据实际情况和自身判断开展执法，选择特定对象开展执法并采用适当的执法手段和执法措施，根据经济社会实际合理把握执法尺度和标准，达

❶ 姜明安主编. 行政法与行政诉讼法［M］. 北京：北京大学出版社、高等教育出版社，2005，41.

到管制目的。其次，法院有权对管制行为是否违反反垄断法进行必要的监督。管制行为必须满足必要性和比例性的要求。法院的司法审查可以有效地遏制管制行政自由裁量权的滥用，限制行政权恣意行为。❶

　　管制行为的司法审查应符合比例原则，意味着法院在审理管制行为的垄断案件时，应结合管制行为的不同情况，强度不同地进行审查。从学理上划分，审查强度可以划分为三类："严格的司法审查强度""中等的司法审查强度"及"最低限度的司法审查强度"。三类表述虽然略有差别，但是实质上都是确定多元的审查强度。

　　具体而言，法院应根据以下几个标准确定审查强度。

　　第一，管制的自由裁量权空间。管制机构拥有的自由裁量权空间越大，司法进行全面审查的必要性越低。从某种意义上说，管制措施本身的内容，或者说规范条文自身的性质，就决定了司法权与行政权的权限划分，决定了司法介入决策的强弱。一般说来，以下案件属于政府当局具有较强判断余地的领域：（1）涉及经济性政策的立法措施；（2）涉及复杂的技术性评估的措施；（3）涉及对于公共性组织机构的权限规定。涉及这部分的内容，管制机构更为专业，司法审查强度就较弱。

　　第二，管制手段对竞争行为的限制效果。管制垄断案件的违法性标准在于管制行为限制了市场的自由竞争。而法院对管制行为进行司法审查时，需要依据管制行为的竞争限制效果判断。具体又划分为两个层面：首先，管制行为是否直接限制竞争。管制行为只是拥有限制竞争的效果，抑或直接排除竞争，司法审查强度不同。管制行为会产生一定的限制竞争效果，但不直接排除竞争，司法审查强度弱。管制行为直接限制市场竞争，管制强度强。其次，管制行为对竞争产生的效果。管制行为影响竞争后是否会对私人权利产生影响同样决定了司法审查的强度。

---

❶　颜廷.司法最低限度主义——评桑斯坦的《就事论事——美国最高法院的司法最低限度主义》［J］.环球法律评论，2011，（1）：131-140.

第三，管制行为的技术性要求。与管制机关相比，司法机关在技术和专业性方面不具有优势。现代行政的专业化和技术性，迫使司法对于某些行政决定不得不采取尊重的态度，这就直接影响了比例原则适用时的审查强度选择。一般说来，一项立法措施对专家行政要求越高，涉及技术性要素或者要求越高，法院就会倾向于尊重行政当局的决定，采取相对消极的司法立场，比例原则的司法审查强度就会减弱。例如，在电信管制过程中，电信管制机构制定了技术准入指标。虽然该指标会在一定程度上限制市场准入者，从而限制竞争。但是，对于准入标准的合理性判断较为复杂，管制机构的判断更为专业。法院就难于进行全面、深入的审查。

第四，管制机构限制竞争行为的管制目的。管制机构限制竞争行为的管制目的同样会影响司法审查的强度。管制机构的管制行为可能出于保护人权、公共安全等社会利益目的，这些社会利益目的在一定程度上高于经济自由的竞争目的。两者相互冲突时，社会利益目的具有优先性。但是，法院由于专业性问题，难于有效地判断这些目的，以及采取合理的手段。因此，法院在审查管制机构涉及社会利益目的的管制行为时，司法审查强度应较弱。

第五，受管制方的平等待遇。当法院审查一项立法性措施是否合适时，相同待遇问题亦是法院经常考虑的一个因素，同时决定了比例原则适用时的审查强度。这也体现了平等原则对司法审查强度的内在要求。此时，法院会考虑类似产品或者生产者的待遇。一般说来，如果针对特定产品或生产者的要求，明显区别于对其他类似产品或生产者的要求，尤其是明显高于对后者的权利限制，那么司法审查就会提高审查强度。换句话说，待遇差别越大、悬殊度越高，审查越严格。

（三）审慎审查原则

审慎原则原来是会计学的核心原则之一。在会计上，为了实现会计政策的有效性和真实性，在资产和收入有几种可能价值的情况下，应按最低的价值进行陈报；负债和费用有几种可能价值的情况下，应按最高的价值陈报。审慎原则也是金融监管的主要原则之一。在金融监管方面，由于金融体系的高风险性和传导性，要求监管机构对金融风险进行全局监管，防范可能发生的金融风险。金融监管的审慎原则可以划分为微观审慎监管原则和宏观审慎监管原则。2008 年金融海啸发生后，国际货币基金组织更加强调金融监管的宏观审慎原则。

本书中的审慎审查原则是指法院在面对管制机构的垄断案件时，应保持必要的克制，尊重管制机构的管制权能。在比例原则中，法院面对管制机构的管制行为应分类型判断具体审查强度。审慎审查原则则要求法院在无法判断管制行为的合理性和有效性时，应尽可能不干预管制机构的自由裁量权。

审慎审查原则在管制行为的垄断案件中具体体现在以下两个方面。

第一，尊重管制机构的专业性判断。管制机构制定管制政策、行使管制职权在某些情况下具有很强的专业性和技术性。司法能力的有限性，司法在面对具有专业性问题的管制政策时，应保持必要的克制和谨慎，尊重管制机构作出的管制决定。除非具有明显的专业性证据，法院应采纳管制机构的专业性判断。

第二，尊重管制机构的自由裁量权。管制机构做出价格管制、管制处罚等具体管制行为，需要行使行政自由裁量权。行政法学理论认为，由于立法的不完备性、行政权力的扩大等客观原因，行政裁量权有存在的必要性。由于自然垄断产业的特性，管制机构的行政裁量权范围比一般行业更广泛，只有这样才能有效地处理管制行业的具体问题。法院面对管制机构行使自由裁量权的管制行为，应保持必要的尊重。

需要进一步强调的是，审慎审查原则是以管制行为都应受到司法审查为前提。也就是说，管制机构受到司法审查是一般要求，而谨慎审查原则是在司法监督基础上的谨慎。

三、美国管制行为的反垄断司法审查限度

世界各国基于不同的管制机构设立模式，职权范围差异，管制行为的司法审查限度也存在差异。简言之，管制机构的司法审查限度应考虑国家管制机构的历史沿革、设置模式、司法体制等多个因素。美国作为设立独立管制机构历史最悠久，同时反垄断法最发达的国家，其立法和司法实践获得许多国家的模仿，对许多国家的司法审查制度的完善具有借鉴意义。鉴于此，本文选取美国作为考察对象，分析美国管制的反垄断司法审查制度，为下文完善我国管制行为的反垄断司法审查制度提供借鉴。

（一）美国独立管制机构的设立及职权

1. 美国独立管制机构的设立及发展

美国是典型的实用主义理念的国家，美国独立管制机构的兴起在于对社会实践的回应。在 19 世纪末，美国的政治体制坚持最小政府，保护最大限度的个人契约自由。在著名的洛克勒案 (Lochner v. New York，198 U.S. 45) 中，法院坚持认为，即使工人与企业主之间签订的契约关于劳动时间的约定，违反了州政府的保护工人健康的规定，这种约定仍然是有效的。富勒法院这种坚守洛克自由主义的观点，不适应当时大工业发展实践，遭到了民众的反对。相反，美国的议会和政府希望通过设立独立的管制机构和自律的行业协会来解决大工业带来的一系列问题：城市化进程过速，市区拥挤肮脏，环境日益恶劣，工人权益缺少法律保障，工资低廉，工作时间过长，贫富不均，政治腐败，信任危机等。

事实上，美国的独立管制机构起源于美国铁路产业。在 19 世纪 30 年代，美国开始大兴土木，进行铁路建设。铁路运输从一开始就显示出其优越性，在南北战争时期更获得美国政府的大力支持。但是，由于缺乏统一的管理，美国铁路的高速发展出现了无序恶性竞争的问题。美国社会形成一致观点：解决这种恶行竞

争，政府需要对这种无序竞争进行管制。1887 年，美国国会通过了《州际商业法》。1887 年的《州际商业法》作为美国联邦政府第一部管制经济的立法，其所创设的州际商业委员会也是美国联邦第一个现代行政管理机构，它的出现，"第一次建立了这样一种政府部门——从公众的角度说，它的唯一职责是搞好极端重要的国家工业"。

但是，作为政治博弈的结果，州际商业委员会一开始并没有显示出完全的独立性，甚至在很多情况下，州际商业委员会的权限受到很大的限制。州际委员会的诞生，目的是应对复杂的铁路形势而采取的权宜之计。州际委员会早期软弱，无法应对大工业发展的激烈需求，也引起了改革的呼声。1906 年，美国出台了《赫伯恩法案》，该法案进一步放大了管制机构的权限。得到总统的支持，符合时代需求，管制权迅速膨胀。独立管制机构如雨后春笋般建立起来，货币、能源、海运、通信等一系列涉及经济命脉的领域里创设了一个又一个的独立管制委员会。在这些委员会的努力下，美国创造了世界范围内规模最大、数量最多、最为复杂的行政机构体系。

2. 美国独立管制委员会的职权

独立管制委员会的主要特点在于管制委员会兼具行政裁决权和行政立法权的混合权力。混合权力中包括准立法权、行政权和准司法权。

第一，准立法权。

在美国三权分立政治体系中，立法权只属于国会。《联邦宪法》第 1 条第 1 款便明确规定："本宪法所授予之立法权，均属于由参议院与众议院组成之合众国国会。"但是，随着科技和专业的发展，一些专业领域国会没有相应的能力进行立法。因此，国会将一定的立法权授予管制机构行使。

在 1928 年汉普顿案件中，联邦最高法院承认了国会授权委员会立法的合法性。随后，由于管制委员会的立法权大量使用，管制法规、政策大量出台，联邦最高法院开始对管制委员会的授权立法范围进行一定的限制与审查。在热油案、谢克特案中，法院对管制委员会的准立法权进行限制。1946 年《联邦行政程序法》

通过以后，管制机构的立法程序有了明确的标准。

对于独立管制委员会而言，准立法权主要包括三类：第一类是管制机构在国会的明确授权内，根据授权制定管制法规；第二类是管制机构根据实践需求，在其专业领域内制定相应的行业准则、标准和规定；第三类则是依据管制的事项向国会提出立法草案，由国会进行立法。通过这三个方面准立法权的实施，独立管制委员会获得了比较自主的立法方面的权力，为其更好地实施管制政策奠定了基础。

第二，行政权。

行政权是管制机构拥有的主要权能。管制权从本质上分析就是行政权的一部分。管制权根据独立委员会的不同特点和领域的不同而各具特色。具体而言，管制权可以划分为价格管制、标准管制、信息管制、设定补贴、违规处罚等。

行政权是一种主动权和执行权，管制机构可以直接对管制相对人采取相应的措施，并可以产生直接效果。管制的行政权是现代社会复杂的公共事务的需求，管制机构依据法律的授权对现代行政管理事务进行相应的管制。

第三，准司法权。

司法权本质上是一种判断权、裁决权。准司法权与准立法权类似，是独立管制委员会权限的一项延伸。在美国的三权分立体系下，司法权是法院系统的独享的权力。但是，现代社会的专业化发展以及效率诉求，导致部分事项必须由独立的管制机构作出裁决，或采取司法保全或查封措施。《联邦行政程序法》出台后，管制机构不仅可以对管制对象进行行政管制，还可以在一定范围内进行一定的裁决，这也在一定程度上确认了管制机构的准司法权。管制机构的准司法权具体体现在管制机构有权自行采取相应的司法保全措施，有权对争议作出司法裁决。

（二）美国管制行为的反垄断司法审查限度

美国的管制行为应受到美国司法的严格审查。在美国三权分立体制下，司法权作为被动性的权能，扮演着正义的最后守护者角色。因此，除了明确豁免适用反垄断法的管制行为，美国司法监督行政管制并没有明确的受案范围限制。原则上所有的管制职能都应接受司法审查。具体而言，美国司法可以对立法行为进行违宪审查。因此，即使管制机构接受国会授权立法的行为，美国法院同样有权进行司法审查。20世纪30年代，美国最高法院曾经判决国会设立独立的管制机构的授权法案违宪。同样，对于管制机构行使准立法权制定的规章、标准，美国法院同样拥有违法或违宪审查权。其次，管制机构作出的行政管制行为，如果限制市场竞争，那么，相对人有权提起诉讼，要求法院对管制行为进行司法审查；最后，对于管制机构作出的准司法裁决，任何人不服，都可以向法院要求司法审查。管制机构的准司法裁决并非最终裁决，必须接受法院的最终审查。

虽然管制行为都纳入反垄断法司法审查的受案范围，但是，基于能力有限性和专业问题，法院对管制行为的司法审查并非没有限度。司法监督管制机构的限度在美国是一个相对复杂的问题。

在不同的历史时期和不同阶段，美国法院对管制机构的司法审查深度也不同。在20世纪90年代前，独立管制机构兴起初期，由于担心管制职权的扩张会侵害到自由的市场经济体制，法院在反垄断方面对管制机构的管制行为进行了严格的审查。在AT&T分拆案件中，最高法院对一系列的美国电信相关案件进行严格的反垄断法司法审查，并最终导致了美国司法部将贝尔电话公司分拆为长途电话业务和本地电话业务。在1978年的拉法耶特（Lafayette）等诉路易斯安娜电力公司案中，美国最高法院认为，联邦反垄断法的目的在于消费者福利最大化，因此，法院有必要对地方政府的管制行为是否违反反垄断法进行实质性审查。不可否认，美国法院对管制机构的严格反垄断法司法审查，有利于限制管制机构不断扩张权力造成对自由竞争的破坏。应该说，美国法院初期对管制机构的严格反垄断司法审查，如同给管制机构带上了紧箍咒，形成了管制机构在制定政策过程中遵循竞争政策的传统。

但是，随着芝加哥经济学派成为美国反垄断的主要经济理论，美国最高法院开始担心反垄断法的严格适用可能给自然垄断产业带来的负面效应。❶美国最高法院法官在案件判决中认为，在自然垄断产业中，反垄断法适用错误带来的损害，比不适用反垄断法更大。❷因此，在随后管制行业的反垄断案件中，美国法院开始克制自己的审查范围。在 2004 年的 Trinko 案件中，美国法院认为应区分法院审查管制行为的合理边界。对于管制机构的专业性判断和规则，由于缺乏专业性知识，法院应尽量不干涉。除非管制行为存在歧视待遇、违法程序等明显违法行为，否则管制行为不需要审查。也就是说，法院开始降低在管制行业的司法审查强度。

（三）美国反垄断司法审查限度的几点启示

美国作为反垄断法和独立管制机构都十分发达的国家，管制行为的反垄断法司法审查限度对我国具有一定的借鉴意义。结合上文的分析，我们可以对美国管制行为的司法审查制度作出以下几点结论。

第一，司法审查范围的普遍性。作为对社会复杂化和专业化的发展趋势的回应，独立管制部门兴起对自然垄断产业进行管制与监督。独立管制机构作为"无头第四部门"，具有准立法权、行政权和准司法权等广泛的权限范围。但是，管制部门广泛的权限不能没有限制，因此，管制机构的管制行为应受到法院的司法审查。在美国，管制部门的所有行为都属于司法审查的范围，也就是说，司法审查具有普遍性。司法审查范围的普遍性一方面是司法最终原则在反垄断法适用的体现，另一方面给管制机构带来一定的监管压力，有效地预防了管制机构实施违反反垄断法的行为。

第二，司法审查强度的有限性。虽然司法审查的普遍性要求管制机构的所有行为都受到司法审查，但是，基于司法能力与司法资源的有限性，法院面对专业

---

❶ Devlin, Alan, Jacobs, Michael. Antitrust Error［J］. William and Mary Law Review, :2010，（52）：75-132.

❷ Manne, Geoffrey A. Wright, Joshua D. Innovation and the Limits of Antitrust［J］. Journal of Competition Law & Economics, 2010，（6）：153-202.

的管制机构的技术性或专业性管制行为，应保持一定的克制，防止法院错判。因此，虽然司法审查的受案范围没有明显限制，但是法院对具体管制行为的司法审查强度有一定的限制。法院尊重管制机构的专业性、技术性问题的判断，减少法院判决与管制机构决定之间的不一致，防止法院与管制机构的冲突，既尊重自然垄断行业中管制机构的专业性，又明晰法院审查的合理界限。

第三，司法审查强度的变化性。美国法院对管制机构的司法审查强度具有有限性，但是，具体审查的强度并非一成不变，而是根据不同管制强度、政治经济体制的变动而发生变动。美国法院在独立管制兴起初期建立了较严格的司法审查，有效地监督了管制机构的竞争导向；而在已经建立了管制机构的竞争导向习惯后，美国法院给予管制机构宽松的自由裁量权，避免司法过度干预管制行为。基于司法有限性，司法审查有一定的限度，应遵守合理原则、比例原则和审慎原则。

第四，司法审查强度的具体性。既然司法审查强度具有变化性，那么，不同国家根据其政治、经济制度不同应建立不同的管制行为司法审查制度。美国管制行为的司法审查范围与强度在很大程度上是与其政治、经济体制相配合的。具体情况不同，司法审查强度也不同。

第三节　我国管制行为的反垄断法司法审查限度

一、我国自然垄断产业的管制体系

（一）我国自然垄断产业的管制机构

基于我国的计划经济体制传统，我国自然垄断产业在早期具有行政和管制不分的特点。随着我国自然垄断产业改革的推进，我国自然垄断产业已经实现政企分开、政资分开，其中电力、民航、电信、石油等行业通过企业上市、重组实现产业和治理结构改革。在政企分离的基础上，我国也逐步完善我国自然垄断产业的管制机制，实现管制机构与被管制企业的分离。

但是，我国自然垄断产业的管制改革仍处于进行过程中，基本的管制体制和规制框架仍未完全建立起来。我国自然垄断产业的管制机构仍然大多数依附于行政主管机构，具体各自然垄断产业的管制机构如下表。

自然垄断行业	管制机构	是否独立管制
电信业	工信部	非独立管制机构
电力业	电监委	独立管制机构
民航业	中国民航局	非独立管制机构
机场	地方政府	非独立管制机构
石油生产进口	发改委与商务部	非独立管制机构
石油炼制、批发、零售	发改委	非独立管制机构
地方共用事业	地方政府	非独立管制机构
铁路运输	铁路局	非独立管制机构

（二）我国自然垄断产业管制体系特点

由于我国早期的管制传统，我国的自然垄断产业大都采取非独立模式的管制机构，也就是管制机构依附于行政主管机构。在这种情况下，我国自然垄断产业的行业主管部门和规制机构的职能必然处于一种交叉、混淆的状态。管制机构的职能不仅仅具有自然垄断产业的监管职能，还肩负着产业发展、产业规划、投资的职能，无法发挥独立规制的作用。具体而言，我国自然垄断产业管制体系具有以下几个特点。

第一，职能依附于行政主管机关，独立性差。根据西方发达国家的观点，管制机构作为社会公共利益的代言人，防范和监管垄断企业侵害消费者利益。但是，我国的管制机构大都是行政主管机关的一个部门，职能和地位依附于行政主管机关。再加上自然垄断产业一般是关系到国计民生的行业，行业主管机关对产业的监管职能远远弱于产业保护职能，导致我国的行业主管机关不再是垄断企业的规制者，而只是保护者。

第二，管制机构的权力行使缺乏必要的监督和约束。我国目前自然垄断产业的管制机构缺乏独立性的结果是，管制机构的许多政策和制度都是以主管机关的行政命令作出。由于我国强行政的管理传统，我国大量的社会和经济管理行为都是通过出台行政机构的政策执行的。我国行政机构出台的政策、红头文件数量多，而且制定政策的机制不透明，导致了管制机构的权力缺乏有效的监督和约束。同时，由于主管机构具有保护和促进产业发展的职能，主管机构倾向于出台保护垄断性企业而妨碍竞争的政策。

第三，行业立法滞后管制机构的创设。"立法先行"是发达国家进行自然垄断产业管制机构改革的经验。但是，我国自然垄断产业管制机构创设缺乏行业法律的支持。我国管制机构往往设置在行业立法之前，导致管制法规的制定以管制机构为主导，再加上管制机构与国有垄断企业的"同盟关系"，致使管制法规出现非中性。

我国自然垄断产业管制机构的特点决定了大多数管制行为属于行政行为。因此，管制行为的反垄断法规制主要规定在反垄断法的行政垄断章节中。

二、我国反垄断法关于行政垄断的规定

基于我国的计划经济历史，以及国家行政对经济的强干预传统，早在我国反垄断法出台前二十多年，学者就认为反"行政垄断"将是我国反垄断的最重要任务之一。学者进一步将行政垄断划分为"地区分割""行业垄断"和"行政强制交易"三种类型。我国反垄断法第八条原则性地禁止行政垄断行为，并专设了第五章"滥用行政权力、排除限制竞争"对行政垄断行为进行细化规范。

（一）反垄断法关于行政垄断的规定

学者进一步将《反垄断法》第五章的行政垄断行为划分为具体行政垄断行为和抽象行政垄断行为两类。具体行政垄断行为主要体现在《反垄断法》的 32 条"限定交易"的规定中。该条规定："行政机关和法律、法规授权的具有管理公共事务职能的组织不得滥用行政权力，限定或者变相限定单位或者个人经营、购买、使用其指定的经营者提供的商品。"根据该条规定，具体行政垄断行为应具备三个要求：主体要件、滥用权力要件和行为要件。

而《反垄断法》第 33 条至第 35 条则更主要涉及抽象行政垄断行为。这三个条款针对的行为类型不同，但本质上都是禁止行政机关制定"歧视性政策"，防止地方保护或地方封锁。这些地区歧视性政策一般是地方政府或行政机构以红头文件、规章的形式作出，具有普遍的适用性，而不针对某一具体行为，属于抽象行政垄断行为。《反垄断法》第 37 条作为兜底条款，禁止行政机构制定排除、限制竞争内容的规定。

(二) 行政垄断规定对自然垄断产业适用的问题

虽然我国反垄断法将行政垄断专章进行了规定，这也成为我国反垄断法的一大特色。但是，我国反垄断法在制定行政垄断有关条文时，考虑到各方利益的平衡，相关条款"欲迎还拒"，显现出一定的保留和含糊。这种不确定性导致了行政垄断相关条款在自然垄断产业的适用中存在一定的障碍。

第一，行业垄断条款的缺失。我国的行政垄断行为可以划分为"限定交易""地区分割"和"行业垄断行为"。其中，"行业垄断行为"主要针对石油、民航、天然气等国有资产控制的自然垄断产业。除此之外，我国反垄断法中并没有对自然垄断行业所涉的行政垄断事宜进行具体规定。因此，《反垄断法》本身没有将"行业垄断"纳入自己的调整范围。但是，随着我国自然垄断产业改革进程的推进，我国自然垄断产业同样需要反垄断法保驾护航。自然垄断产业的市场化改革与反垄断法的有效适用，如同一枚硬币的两面，共同促进和维护自然垄断产业的有效竞争。但是，我国反垄断法对自然垄断产业的行业垄断行为没有明确的规定，《反垄断法》第7条关于国有经济的规定又含糊其词，不利于我国法院审理自然垄断产业的反垄断案件。

第二，违法判定的模糊性。我国反垄断法关于行政垄断的条文中，都明确规定违法的客观要件前提是"滥用行政权力"。但是，何为"滥用行政权力"，不管在学术上还是实践中，都是一个难于有效界定的概念。《行政诉讼法》以及《行政复议法》都没有具体规定"滥用行政权力"的实质性含义，而其他法律法规也没有做出进一步的列举。学者认为，滥用行政权力应该具备三个要件：首先，滥用的权力是行政自由裁量权；其次，滥用是不合理使用行政裁量权；最后，滥用行政权力是行政违法的一种形式。但实践中，由于"滥用行政权力"难于有效判断，因此，反垄断法中违法判定存在一定的模糊性。《反垄断法》以"滥用行政权力"作为标准来判断行政主体排除、限制竞争的行为是否违反《反垄断法》，会导致不能全面地、清晰地判断政府行为的《反垄断法》违法性，也忽略了《反垄断法》与其他管制立法的相互关系，使得《反垄断法》相关规定难以顺利、有效实施。

第三，责任制裁措施的封闭性。我国虽然专章规定了行政垄断，但是，我国反垄断法并没有赋予反垄断执法机构对行政垄断行为的执法权。我国《反垄断法》第51条规定，行政机关和法律、法规授权的具有管理公共事务职能的组织滥用行政权力，实施排除、限制竞争行为的，由上级机关责令改正；对直接负责的主管人员和其他直接责任人员依法给予处分。反垄断执法机构可以向有关上级机关提出依法处理的建议。反垄断执法机构没有权力直接认定行政机关的行为违反反垄断法，只能向有关上级机关提出建议，只有行政机关的上级机关才能认定。也就是说，行政垄断违法性最终由行政机关的上级机构认定，而不是由反垄断执法机构进行判断。行政垄断的责任制裁和认定在行政机构内部封闭运作，难于有效地禁止行政垄断行为。

三、我国管制行为反垄断司法审查制度的完善

我国管制行为的反垄断司法审查制度应综合考虑我国反垄断法行政垄断规定以及行政诉讼法的有关制度。虽然我国反垄断法没有行政垄断诉讼条款，但是，我国《行政诉讼法》第12条规定"行政机关滥用行政权力排除或限制竞争"可以提出行政诉讼。这意味着我国管制机关的垄断行为并不是不受司法审查约束。权利人认为管制机关的行政垄断行为侵害其合法权益，有权向法院提出行政诉讼。因此，下文对我国管制垄断行为的司法审查制度进行分析。具体而言，完善我国管制垄断行为的司法审查制度可以体现在三个方面：管制行为的行政诉讼受案范围、管制行为的审查强度以及管制行为的管辖权制度完善。

（一）管制行为之行政诉讼受案范围的完善

结合本章第一节我国行政诉讼受案范围的分析，管制行为在我国成为行政诉

讼受案范围应满足一定的条件，其中"管制行为被视为可诉行政行为"和"滥用行政权力"是两个主要的判断标准。

1. 管制行为被视为可诉行政行为

管制社会的出现，为了满足管制需求，管制机构的职能出现扩大和膨胀的趋势。管制机构的职能除了传统的行政职能，还包括产业政策、产业标准制定等准立法职能以及对产业争端进行裁决的准司法职能。但是，根据我国《行政诉讼法》受案范围的规定，我国法院将抽象行政行为排除在司法审查的范围之外。也就是说，根据我国现有的行政诉讼法，法院仅仅对管制机构针对特定人做出的具体管制行为是否违反反垄断法进行司法审查。

实践中，管制行为是否被视为可诉行政行为，我国法院采取了相对谨慎的态度。一般而言，管制机构针对具体企业或具体事件做出的管制行为是行政诉讼法的受案范围。但是，对于管制机构行使准立法权出台的规范、标准是否属于行政诉讼的受案范围，存在争议。

在养天和大药房企业集团有限公司（下简称养天和）诉原国家食药监总局行政垄断一案中，养天和认为原国家食药监总局强制推行电子监管码的管制行为违反反垄断法，并请求法院对《药品质量经营管理规范》的合法性进行审查。北京一中院审查后认为，《药品质量经营管理规范》属于管制部门的准立法行为，是部门规章。根据我国《行政诉讼法》，该行为不属于行政诉讼法的受案范围。同时，法院还进一步认为："公民、法人或者其他组织认为行政行为所依据的国务院部门和地方人民政府及其部门制定的规范性文件不合法，在对行政行为提起诉讼时，可以一并请求对该规范性文件进行审查。前款规定的规范性文件不含规章。"根据该案确立的原则，管制机构制定的部门规章不属于行政诉讼的受案范围。

但是，也并非所有管制机构制定的文件、规范制度都不属于行政诉讼法的受案范围。在深圳市斯维尔科技有限公司（以下简称斯维尔）诉广东省教育厅行政垄断一案中，广东省教育厅内部发布的"通知""文件"是否属于行政诉讼法的受案范围成为争议焦点。广东省教育厅认为，其指定工程造价基本技能大赛参赛软件的行为是内部抽象行政行为，不属于行政诉讼法的受案范围。但是，法院驳回了广东省教育厅的观点。法院认为，本案中的广东省工程造价基本技能省级选拔赛，是由广东省教育厅主办的，而省赛组委会发布的各种"赛项通知""赛项技术规范""竞赛规程"，也都是经过省教育厅审核通过方才对外公布的。因此"指定独家参赛软件"的行为，是广东省教育厅作出的具体行政行为，属于行政诉讼的受案范围。

我国自然垄断行业立法滞后，大多数行业立法颁布在反垄断法出台之前。因此，我国行业立法并没有对管制机构的管制行为与反垄断法之间的关系进行特殊规定。《行政诉讼法》第12条将"行政机关滥用行政权力排除或限制竞争"明确列为行政诉讼的受案范围无疑是一个很大的进步。遗憾的是，我国行政诉讼法的受案范围不宽，法院在受理管制行政垄断案件时信心不足，导致了实践中管制行为行政诉讼的受案范围受到很大局限。广州市中级人民法院"斯维尔诉广东省教育厅行政垄断"案的判决无疑是一个很好的判例。该判例明确了并非所有的管制机构"红头文件"都可以排除在行政诉讼的受案范围之外。

笔者认为，管制机构制定限制竞争的产业政策是我国自然垄断产业难于有效开展竞争的原因之一。随着我国自然垄断产业改革的进一步深入，应尽可能推动我国自然垄断产业的市场化。管制政策的竞争导向是我国自然垄断产业市场化改革的配套要求。我国管制机构存在行政化传统和官僚体系文化，难于在内部体系中自行建立竞争导向习惯。我国有必要通过行政诉讼的司法审查制度，监督管制机构的政策符合反垄断法的要求。因此，我国应尽可能地扩大管制行为司法审查的受案范围。除非管制机构经过明确的行政程序出台的行政规章，其他制度、文件只要是对当事人的具体权利义务产生影响，法院就都可以对其是否符合反垄断法进行司法审查。

2. 滥用行政权力

行政诉讼法在行政垄断之前加上"滥用行政权力"作为定语。那么，法院在受理案件之前是否应初步审查行政机关"滥用行政权力"的证据？也就是说，

"滥用行政权力"是受案范围的规定,还是实质审查的要求?

立法和司法实践都没有对这个问题做出明确的回答。本书认为,滥用行政权力应作为司法审查中是否违法的实质性要求,而不应该作为"受案范围"的判断条件。

将"滥用行政权力"作为政府和被授权组织的《反垄断法》违法要件,具有一定的积极意义,即彰示并非所有政府限制竞争的行为都是与反垄断制度相悖,只有那些具有负面意义、人们所不欲的"限制竞争"才是《反垄断法》所反对的。但是,"滥用行政权力"必须通过举证、质证等庭审程序才能有效认定。如果将"滥用行政权力"作为法院受案范围的条件,意味着法院立案庭在未经过庭审程序就需要认定"滥用行政权力",存在"未审先判"的情形。

同时,我国法院目前关于行政垄断的受案范围存在受案范围狭窄,受理案件被动的情况。法院在受理管制机构的行政垄断时,信心不足,如果将"滥用行政权力"作为行政诉讼受案范围的条件,无疑将增加管制行为司法审查的难度,不利于我国合理的司法审查范围的建立。

(二) 管制行为之司法审查强度分类

行政诉讼的司法审查强度可以划分为最低司法审查强度、中等限度的司法审查强度和严格司法审查强度三种强度。结合我国目前管制机构的现状,我国管制行为的司法审查强度应根据管制行为的不同类型,采取不同的司法审查强度。

1. 最低司法审查强度。面对管制机构的专业性判断行为以及管制机构在其专业范围内的授权立法行为,法院只进行最低强度的司法审查。管制机构在自然垄断产业的管制和技术标准方面具有更强的专业,而法院审判人员一般只是法律的专家,并不熟悉相关行业标准和技术指标,因此,法院面对管制机构的专业性判断时,应尊重管制机构的专业能力。同时,管制机构的授权立法行为一般是面对整个行业不特定对象的抽象性行为,管制机构的授权立法经过了相对严格的立法程序,且涉及行业的专业问题,法院介入立法评估在一定意义上超出我国法院的能力范围。最低的司法审查主要审查管制行为是否经过"正当程序"以及管制行为是否明显滥用或超越管制机构的职权。只要管制行为的程序合法，在管制机构的职权范围内，那么法院不进一步审查管制行为的合理性。

2. 中等限度的司法审查强度。中等限度的司法审查强度是指对管制行为的合法性及合理性进行审查。中等限度的司法审查不仅审查管制行为是否符合法律程序以及是否在管制机构的职权范围内，而且还应当对管制机构的行为是否具有合理性进行审查。具体到反垄断案件，中等限度的司法审查强度意味着法院不仅应审查管制机构作出管制行为的程序，而且还应该根据反垄断法的有关规定审查管制行为竞争的合理性。对于管制机构的大多数具体管制行为，如对自然垄断产业的处罚行为、行政强制措施或行政命令，法院不仅应对该管制行为的程序合法性进行分析，而且还应审查该管制行为的目的等，以判断管制行为的合理性。

3. 严格司法审查强度。严格司法审查强度不仅审查管制行为的程序合法性和实体合理性，而且还对诉争事宜作出替代性的判断。严格司法审查强度一般只适用于具有重大利益的行政事项。具体到反垄断案例，管制机构做出"价格管制""准入管制"等典型的"本身违法"限制竞争管制行为时，法院应对上述管制行为进行严格司法审查。"价格管制""准入管制"或"市场分割"等管制行为是典型的限制竞争的行为，司法机构应对上述行为的目的、程序、理由进行严格审查，并在可能的情况下作出替代性的判断，监督管制机构不肆意作出限制竞争的管制行为。

（三）我国管制行为反垄断司法审查的管辖法院

我国管制行为反垄断司法审查制度完善的最后一个问题是：是否需要设立独立的专业反垄断法审判法庭，甚至通过独立的反垄断法院审理反垄断行政案件。管辖法院的模式在一定程度上会影响管制行为的司法审查效果。

从20世纪90年代开始，许多国家引入竞争法，并设立了专门竞争执法机构执行竞争法。同时，为了限制竞争执法机构的不当行为，法院对竞争执法行为进行司法审查，但是，不同国家的法院体系不同，审查路径和方式也不同。有的国家由普通法庭审查反垄断案件。例如，美国没有设立专门的法庭审理反垄断案件，由普通法院审查管制行为的反垄断案件；根据统计，美国法院既审理反垄断案件，也审理其他案件，而且反垄断案件只占其所有案件量的1%。有的国家设立独立的专业反垄断法院或法庭审理反垄断案件。即使设立专业的法庭审查反垄断案件，基于案件数量，法院审级和管辖不同，具体模式也有细微的差别。例如，芬兰通过专门审理"商事"案件的市场法院审查管制行为的垄断问题；英国则专门设立竞争上诉法庭审查竞争；印度也建立了类似的竞争上诉法庭专门审理竞争执法机构的案件。

设立独立法庭或法院进行审查的主要优势在于独立的专业法庭或法院具有更强的专业性，因此可以应对复杂的反垄断行政案件，提高案件审理的效率和审理结果的一致性。同时，设立独立的专业反垄断法院可以有效地排除地方行政干预，更有效地审理地方管制机构的反垄断案件。但是，在提高专业性的同时，设立独立反垄断法庭或法院会带来选择偏向性、诉讼不便利和诉讼机构庞杂等问题。一个国家采取何种模式并没有定论，而应根据本国法院体系、案件多少以及诉讼成本效率等因素进行综合分析。

在我国目前的司法实践中，反垄断案件可以进一步划分为民事案件和行政案件。最高人民法院为了更好地审理反垄断民事案件，出台了《最高人民法院关于审理因垄断行为引发的民事纠纷案件应用法律若干问题的规定》，明确了反垄断民事案件第一审由省、自治区、直辖市人民政府所在地的市、计划单列市中级人民法院以及最高人民法院指定的中级人民法院或基层人民法院管辖。一般情况下，反垄断民事案件由知识产权审判法庭进行审查。2014年，为了进一步深化司法机制改革，加强知识产权审判工作，我国设立了北京、上海和广州三个专门的知识产权法院。在北京家乐福商业有限公司双井店、雅培贸易（上海）有限公司诉田军伟垄断纠纷案中，北京高院作出（2015）高民（知）终字第02717号裁定，明确知识产权法院对反垄断案件的管辖权。反垄断民事案件应该由知识产权法院管辖。但是，关于反垄断行政案件，是由知识产权庭统一行使管辖权还是由普通行政庭行使管辖权？最高人民法院没有明确的相关的制度，不同省市法院的实践也不同。有的法院由普通行政法庭审理，而有的法院由知识产权审判庭统一审理反垄断民事与行政案件。例如，上海市第二中级人民法院成立民行合一的反垄断专项合议庭。

　　本书认为，为了更好地对自然垄断产业进行司法审查，我国应由知识产权法院专门审理管制行为的反垄断行政案件。我国自然垄断产业的垄断现象比较严重。同时，我国自然垄断产业的企业或管制机构大多是国有控股企业或中央部委，管制机构的行政权力和控制较强，地方行政垄断现象突出。目前我国针对管制行为的行政诉讼案件数量还不是很多。同时，我国还成立了专门的知识产权法院对知识产权案件进行审理。因此，由知识产权法院对自然垄断的管制行为进行审查有利于我国反垄断审查的专业化和统一化，也有利于排除地方行政对案件的干预。

第五章 平台经济产业的管制与反垄断适用问题研究

随着网络技术和通信技术的发展，通过平台交易越来越成为一种新的主流商业模式。例如，银行卡消费平台、电信服务平台和互联网平台都是典型的平台交易。这种商业模式也逐渐演化形成一个新的经济产业——平台经济产业。平台经济产业通过平台空间服务引导或促成双方或多方客户之间的交易，追求自身的利益最大化。

与传统产业相比，平台经济产业具有双边或多边市场、强网络交叉外部性等特点。双边或多边市场以及网络交叉的外部性使得网络经济也类似于传统的铁路网络、电信网络的"关键设施"，具备了自然垄断产业的部分特征。另一方面，网络经济与传统的自然垄断产业存在着一些差异：网络经济是免费的，而其形成的自然垄断更多是通过消费者的消费习惯、消费心理形成的，而不是建立在客观的网络设施基础上的。

这些特点给反垄断法的传统方法在平台经济产业的适用带来了难题。在著名的奇虎诉腾讯反垄断案中，互联网平台的相关市场界定、支配地位的判断，以及免费行为是否应该规制成为庭审和学者争论的焦点。平台产业中的管制与反垄断适用问题成为自然垄断产业反垄断适用的一个新问题。

随着我国经济的转型升级，以及"互联网＋"的产业升级政策的提出，互联网平台经济已成为我国经济的一个重要形式和组成部分。但是，主要的互联网企业如百度、腾讯等垄断市场、滥用支配地位，侵害消费者和创新小企业的现象也层出不穷。在平台经济逐渐兴起和我国加强通过反垄断法维护市场竞争的大背景下，研究平台产业的管制与反垄断适用关系，有助于我国反垄断法的有效实施，维护平台之间的有序竞争，推动平台经济产业的健康发展。

平台经济产业是一个新兴的产业，关于平台经济产业的研究是一个新兴的课题。2000 年左右，美欧等国家和地区出现了国际银行卡网络反垄断案件。传统的反垄断政策难于完全实施于平台产业，引发了国外学者对于平台经济产业特殊性的关注。国外经济学者，如 Tirole 教授、Armstrong 教授、Caillaud 教授等对平台经济的"成员外部性""用途外部性""定价颠倒"等特性进行经济学的研究。Evans 博士 2012 年在芝加哥大学的平台经济产业的专题课题中，对平台经济产业中的竞争政策进行了研究。随后，在一系列关于新兴平台产业案件中，如微软公司垄断案、谷歌垄断案、Credit Suisse 案和 Trinko 案中，国外学者针对个案研究了平台产业中反垄断法适用的特殊性问题。总体而言，国外学者更侧重分析平台经济产业的经济学特性，以及带来的反垄断法适用特殊性，并针对个案评价分析了反垄断法适用问题。

国内关于平台产业的研究尚处于起步阶段，成果还不多。经济学研究方面，徐晋博士在 2007 年出版的专著《平台经济学——平台竞争的理论和实践》是我国第一部关于平台产业经济学的专著。曹洪、刘小梅在《经济学动态》上发表《平台产业研究现状和展望》一文提出了平台产业的未来三个研究重点。这些研究从经济学体系上初步构建了平台经济学理论。但是，平台经济学的体系和许多观点仍处于争论状态。法学研究方面，我国的一些学者通过对互联网的几个重要案例进行分析，研究互联网经济适用反垄断法的特殊性。

平台产业作为自然垄断产业的一个新形态，是本书研究的一个新的领域拓展。但是，拘于篇幅和研究时间，本书没有对平台经济学的管制与反垄断法适用的全部问题进行论述。本书拟就平台经济反垄断法适用中一些争议和案例进行分析，以期解决新自然垄断产业——网络平台产业经济中的反垄断法适用问题。

第一节　行为经济学视野下的网络行为——以谷歌案为分析对象

21世纪是见证网络经济勃兴的时代，谷歌、脸书、亚马逊等网络公司迅速扩张，攻城略地，成为经济大鳄。但是，互联网经济勃兴的同时也引发了互联网经济的垄断争议。从2003年开始，美国与欧盟的反垄断执法机构就启动对谷歌等互联网公司的反垄断调查，同时针对谷歌等互联网公司提出了系列的反垄断诉讼。欧美等反垄断机构针对谷歌的反垄断诉求主要集中在：竞价排名是否合理；不公正的搜索结果；排除竞争对手的搜索引擎等。

利用实体社会的反垄断规则难以对网络行为进行判断：例如美国联邦贸易委员会（Federal Trade Commission，简称"FTC"）就以谷歌搜索是免费的为由，认为不会产生反垄断问题。FTC认为，谷歌的服务是免费的，消费者只要动动鼠标就可以转向其他搜索引擎，准入壁垒很低，因此不会产生严重的垄断问题。

但是，借助行为经济学的理论可以看出上述判断并非合理。行为经济学家将行为划分为：无意识的，自动行为（以下简称系统1）和有意识的行为（以下简称系统2）。在一些日常的行为中，系统1发挥作用；而在一些相对复杂行为中，系统2发挥作用。系统2需要更多的时间、精力和能量，需要持续的关注和思考。相对应的，系统1更多的是直觉和习惯而产生的自动过程。在实践中，人更倾向于系统1，而避免需要繁杂推理过程及思考的系统2。

借助行为经济学的上述理论，可以有效地解释：为何消费者坚持同一个搜索网站；为何一个互联网网站取得优势后，会迅速扩张，市场份额越来越大；这些现象说明了，由于人的认知能力，要求其改变网站或搜索引擎的成本是很高的。行为经济学的行为习惯以及信息成本是网络经济中的主要成本，因此不能完全按照实体经济的判断标准来对互联网经济进行分析。消费者的消费习惯以及成本，使得消费者难于有效地改变互联网搜索引擎。简而言之，消费习惯也可以构成一种壁垒。

互联网企业可以利用上述成本作为壁垒，并利用这一壁垒取得"市场支配地位"，从而进行滥用。例如，谷歌可以通过消费者对其搜索引擎的熟悉和认知，扩展其新闻、电子邮件等其他服务，通过传导效应在其他领域也获得竞争优势。从这个意义上分析，谷歌的搜索引擎可以视为反垄断法上的基本设施（essential facility）。

一、目前的争论与管制诉讼

在欧盟和美国，由于谷歌在搜索引擎市场占据了绝对的市场份额，因此，关于谷歌是否滥用市场支配地位一直是争论的热点。2013 年 FTC 对谷歌的反垄断事项进行调查，使得相关争论白热化。关于谷歌的反垄断争论主要在以下几个方面。

（一）搜索引擎的限制竞争行为难于界定

认为谷歌滥用市场支配地位的观点，一般认为谷歌存在以下的限制竞争行为：搜索的竞价排名行为、通过付费的竞价排名，谷歌将有付费的信息排在免费信息之前；恶意排除其他搜索引擎的搜索结果；美国的议员担心：谷歌的这种行为直接操纵了信息流，影响了消费者的知识和信息获得。

也有部分学者认为谷歌并不具有限制竞争行为的动机：罗伯特教授和乔治认为，谷歌搜索排名的唯一目的是吸引搜索引擎消费者的注意。基于互联网的快速变动性，谷歌的这种目的促使谷歌不得不积极创新，保证竞争力。因此，罗伯特教授得出结论：因为谷歌拥有最有竞争力的搜索引擎而用反垄断法规制之，将侵害消费者并与反垄断法的目的相冲突——限制竞争并损害动态效率。

罗伯特教授同时指出：谷歌属于典型的双边市场类型的平台经济。谷歌的平台经济，一边是搜索引擎的消费者，另一边是广告投放者。对于谷歌而言，它必需吸引足够多的搜索引擎消费者，才能吸引广告投放者。

由于消费者使用搜索引擎是免费的，因而，改变搜索引擎的交易成本为零。互联网的开放性结构致使消费者体验互联网的成本为零。谷歌希望吸引更多的消费者使用谷歌的服务，而不是限制消费者的进入。因此，谷歌并不带来竞争法的问题。

（二）救济措施难于有效实施

救济措施的讨论是一个更加具有法律性质和实践性的问题。首先，指责谷歌操作搜索引擎算法的学者，也难于提出哪种算法是原汁原味，未经操纵的。也就是说，任何一种搜索引擎的算法都具有一定的经济基础和价值判断，难于做到真正的"价值中立"或"价值无涉"。

其次，即使存在"价值中立"的搜索算法，如何规制谷歌同样存在困难。第一，根据学者 volokh 和学者 Fald 的观点，谷歌的功能在于将有用的信息进行归集，并传播给使用者。谷歌的功能类似于报纸编辑或出版商，受到美国《宪法第一修正案》"言论自由"的保护；第二，商业秘密法同样阻碍要求谷歌公开其算法。

有些学者建议参考联邦通讯委员会在 Bell 案中的"结构分拆"救济方法，将谷歌进一步分拆成为普通搜索公司和特别搜索公司。特别搜索公司需要披露搜索的算法，并允许消费者非付费使用。但也有学者认为，这些救济措施都不具有实际可操作性，而且会侵害消费者的福利、竞争和创新。

（三）FTC 对谷歌的调查

FTC 近期对谷歌的调查主要集中在以下几个方面：第一，2012 年谷歌对摩托罗拉进行收购，拥有在智能手机、笔记本电脑方面的系列"基础设施"专利。FTC 担心谷歌会利用这些专利限制竞争。第二，谷歌可以使用其他网站的内容或链接，侵害其他网站的合法利益，损害公平竞争。第三，谷歌的搜索结果偏向谷歌内容的网站，或偏向谷歌的相关链接，会侵害到其他"垂直搜索"网站竞争者。

最后，谷歌与 FTC 达成了一致的协议：首先，谷歌同意继续开发"基础设施"专利，不对前期已经获得相关专利的合作者附加其他不利条件；其次，谷歌进一步开放其广告平台，允许广告者在多个平台投放广告；同时，谷歌允许拒绝其垂直搜索要约的广告者出现在搜索页面上。第三，FTC 评估谷歌推出普通搜索与广告相区分的做法：将广告相关信息单独列出，并将地图搜索等专业搜索与一般搜索区分开来。

学者分析，FTC 处理本案的思路，将谷歌等搜索产业作为一般产品进行分析，比较谷歌创新与谷歌可能带来的限制竞争结果，才最后得出结论。FTC 认为，谷歌给竞争造成的损害远远低于谷歌创新和谷歌产品给消费者带来的价值。

特别是，FTC 认为，即使谷歌的搜索引擎算法会在一定程度上限制竞争，但是，只要能提高消费者体验，就具有正当性。FTC 进一步分析认为，分析谷歌算法的关键在于，谷歌采取这种算法的目的在于限制竞争，还是提高消费者的体验。FTC 认为谷歌的搜索提高了消费者的体验，因此，具有竞争正当性。

另外，对于谷歌搜索结果将谷歌的垂直搜索结果显示在优先的位置，委员会认为这种搜索结果会影响谷歌的竞争性，无须 FTC 进行判断。

（四）讨论的前提假设

FTC 的决议在以下几个方面做出前提假设：FTC 的决议在很大程度上是 Bork 教授和 Sidak 教授学术观点在实践中的体现。作为芝加哥学派的代表，Bork 教授和 Sidak 教授对反垄断诉讼持否定的态度。FTC 认为，因为谷歌搜索是免费的，因此，消费者无论使用谷歌还是使用其他竞争搜索引擎的成本均为零。

二、行为经济学在平台经济反垄断法适用的进展

与传统经济学认为消费者根据自身效益选择商品和服务不同，行为经济学认为消费者倾向于选择自身熟悉的产品或服务，而避开困难的选择。更精确地说，即使不同的产品和服务都是免费的，消费者的选择和比较也需要成本。肯尼曼将心理学融入经济学，通过实证研究证明互联网中的免费选择确实需要成本。

（一）行为经济学的判断系统：系统1、系统2

诺贝尔经济学获得者肯尼曼在其经典著作中，提出与传统观念中认为人是理性人的观点不同，人往往是在未进行完全的利益比较分析的基础上作出经济决定。这就是行为经济学认为的人是有限理性的观点。

在有限理性的基础上，卡尼曼认为人的判断中存在两种不同的体系——体系1：主要负责快速和直觉型的判断；而体系2主要负责需要思考的复杂的判断；系统1更加自动和快速，一般不经过自愿控制系统；而系统2对系统1产生的错误进行修正，但同时受限于人类的努力与认知能力。

基于以下原因，人们在判断时更倾向于作出与系统1相关联的决定：首先，人们更倾向于有经验和经历的行为，这些行为使人们更具有安全感；其次，系统1，虽然相对简单，但给人们判断时带来更大的舒适感。由于具有相关的经验，人们在利用系统1时，更准确，更有信心。更进一步促进人们使用系统1产生的次优结果是，消费者不愿意花费时间和精力，因此，在免费互联网的选择上并不喜欢启动系统2。

如果购买或消费一种产品成为系统1指引的消费习惯，那么这种产品将具有很强市场优势。在市场经济历史上，充满着这种"指引消费"商业模式的案例。例如，在牙膏的推广过程中，正是由于薄荷加入牙膏，并培养和形成牙膏的消费习惯后，牙膏才真正成为日常消费的必需品。

最新的脑科学研究也进一步解释了消费习惯的形成，并支持"指引消费"的商业模式的可行性。明显的，复杂的和后续的行为可以进行分块——即在大脑中进行分组并形成习惯。而这种分块后的行为由大脑中的扁桃体部分负责，这部分脑组织主要负责不需要进行反馈的信息。而进行分块后的行为决策时，不再需要经过前脑叶等其他脑组织的工作。因此，神经心理学和脑科学的上述研究成果在一定程度上论证了系统 1、系统 2 理论。

（二）必要设施和行为倾向

对于互联网平台经济而言，问题在于：互联网企业如谷歌是否可以利用系统 1 行为的优势以最低的认知成本使得其搜索引擎成为网页的入口。换言之，基于浏览习惯和网页设计，搜索引擎成为消费者进入他们经常使用的网站和服务的最简单和最直接的方式。由于使用习惯和网页设计不同，使用其他搜索引擎给消费者带来不习惯。例如，消费者习惯了谷歌的搜索引擎、谷歌购物、谷歌音乐，那么，在一般情况下，消费者会首先选择习惯的搜索引擎。基于上述原因，网络搜索引擎在一定程度上成为网络经济的必要设施，会产生反垄断问题。

基本设施理论在反垄断法实施中是一个有争议的理论。该理论最早起源于 1912 年的美国诉圣路易斯铁路联盟案。1889 年，铁路大亨 Jay 联合几家铁路公司通过股权并购的方式，控制了横跨密西西比河的主要桥梁的铁路站，因此控制了横跨密西西比河的铁路运输。在 19 世纪，该桥梁是圣路易斯州连接美国西部的 24 个火车站的必经桥梁。因此，美国最高院认为该桥梁是必要设施，因此，要求控制该桥梁的合营企业允许其他非联合成员企业以"公正和合理的条件"使用和通过该桥梁的车站。

一些学者认为，谷歌将专项搜索和服务优先在搜索结果中显示，是滥用了必要设施，违反了反垄断法。但是，也有的学者不同意这种观点。Bork 教授和 Sadick 教授认为，谷歌不具有市场支配地位，更不能视为基础设施。

Bork 教授提出以下几点理由支持其观点。首先，存在许多搜索引擎模仿谷歌，而必要设施是不能被模仿的；其次，谷歌在其他专项搜索结果列在相对落后的位置，并不能视为阻止潜在竞争者进入必要设施；最后，谷歌将哪些专项搜索结果优先显示是市场竞争的结果。如果谷歌优先显示的结果不符合消费者的需求，消费者会选择其他的搜索引擎。

从表面上分析，谷歌搜索引擎并不像铁路联盟案中的桥梁，是所有互联网网络的唯一入口。事实上，在网络社会中存在着上百个不同的网络搜索引擎。因此，根据上述铁路联盟案例难于将谷歌搜索引擎视为必要设施。但是，从行为经济学的视角分析，则会得出不同的结论。谷歌作为基础设施并非谷歌的搜索结果，而是网络消费者使用谷歌搜索网络的使用习惯。这个使用习惯使得谷歌成为网络消费者进入网络的必要节点，因此构成必要设施。谷歌的搜索相对简单，而谷歌也通过技术扩大这种优势，因此，网络消费者在利用搜索引擎时，系统1使其使用谷歌的搜索引擎。如果要改变网络消费者的搜索引擎习惯，那么，需要消费者启动系统2，但消费者不愿意启动系统2。同时，谷歌拥有的视频资源、书本资源也使得谷歌进一步加强了网络消费者使用谷歌搜索引擎的习惯。这些资源加强了谷歌对网络消费者的吸引力，同时也形成了网络消费者使用谷歌作为网络资源入口的消费习惯。因此，有的学者认为谷歌应该可以视为必要设施。

（三）谷歌的行为是否构成认知能力的最小生成树

最小生成树是计算机或数学中的一个算法理论。一个有 n 个结点的连通图的生成树是原图的极小连通子图，且包含原图中的所有 n 个结点，同时有保持图连通的最少的边。在实践中，最小生成树可以应用在城市之间、地点之间通过最少的道路、管道和线路连接起来。借助最小生成树理论，可以发现谷歌通过电子邮件、谷歌学术、谷歌图片、谷歌新闻和谷歌地图等专业搜索建立了以脑力为媒介的网络，而这种网络满足了必要设施的四个基本条件。

第一，谷歌公司对谷歌电子邮件、谷歌学术、图片、新闻和地图等形成的最小生成树路径具有完全的控制权。

第二，谷歌的生成树难于被竞争对手所复制。虽然 Bork 教授认为存在上百家的搜索引擎公司，但是互联网的网络效应，使得越多人使用成本越低，导致赢者通吃的现象。同时，谷歌视频和书本等特有资源也是其他搜索引擎难于复制的。谷歌的这些优势使得谷歌具有一定的特殊性。

第三，谷歌的上述低价和独特的资源并没有向其他竞争者开放。

第四，谷歌可以通过在起始页分享链接等方式向其他竞争者开放。

（四）实证研究证明上述结论

为了规避高搜索成本，形成"路径依赖"，并由于"路径依赖"产生较高的转换成本，上述理论得到实证研究确认。

一系列的实证研究认为互联网搜索的认知成本高，人们通过习惯或直接进行搜索，即使产生次优的结果。例如，约翰逊教授通过实证研究，认为网络消费者事实上很少进行多种网络搜索，同时也很少审查搜索结果。高网络搜索认知成本使得网络搜索成为一种锁定行为。在最近的一项研究中发现互联网经济中一直存在着价格差量，而导致这种差量的主要原因就是搜索成本。另一项大型的关于信息搜索的研究表明，时间和方便是信息搜索中的决定性因素。有些学者对搜索成本进行量化研究，发现搜索同一网页需要花费的时间成本为 6.24 美元。

简言之，大量实证研究表明网络消费者面临高搜索成本，高搜索成本影响消费者行为及定价。当消费者面临高搜索成本时，利用习惯和页面设计降低搜索成本的搜索引擎公司具有很强的竞争优势——降低搜索认知成本，以最低成本路径进入网页。因此，网络搜索引擎的这些行为从行为经济学的意义上分析，构成新型的必要设施。

三、对行为经济学适用于反垄断法质疑的反驳

将行为经济学适用于反垄断法与消费者权益保护法成为美国实践的一个新趋

势，但仍存在很大的争议。奥巴马执政团队中更多成员认可行为经济学理论的价值。例如，行为经济学的领军人物卡斯被任命为信息和管制办公室负责人；而支持行为经济学的哈佛大学教授 Sendli 同样也在最近成立的金融消费者保护局的领导之列。

虽然行为经济学在政策制定和反垄断法执行中越来越受到学者的重视，但是，也同样存在一些反对的声音。特别是 FTC 主席赖特（Joshua Wright）一直反对将行为经济学作为反垄断法的政策基础。为此，莱特先生与斯通（Judd Stone）、道格拉斯（Douglas H. Ginsburg）一起发表了相关文章。在该文中，赖特先生认为以下两个认知偏差是行为经济学的理论基础，但是，这些认知偏差并不能作为反垄断管制的基础。第一，情景偏见。例如，即使给予高于正常的价格，人们也不愿意将捐赠的财物销售出去。第二，自控问题。例如，乐观偏见和夸大折扣等。更有甚的是，赖特认为行为经济学只是一系列偏离理性人的实验和假设，并没有提供建设性的解决方案。

总体而言，反对行为经济学适用于反垄断管制的理由主要有四个：第一，行为经济学只是提出理性人假设的偏差，但无法提出一个有预见性和可操作的方法；第二，管制者与被管制者具有相同的行为偏差；第三，行为经济学没有很好地列出这些偏差影响行为人决定的必要条件；第四，自由论者担心行为经济学阻止人们犯错误，并从错误中学习。

对于上述反对意见，行为经济学者进行了反驳。第一，关于行为经济学的预见性。行为经济学只是对传统经济学的理性人假设进行了必要的修正，使之更符合实践，而非全盘否定传统经济人的理性假设。因此，在反垄断法适用中适用行为经济学只是要求执法者考虑传统经济人假设的偏差，而非全盘否定传统经济学。第二，管制者与被管制者同样具有相似的偏差，因此，行为经济学要求管制者在进行管制时，应注意修正可能的偏差，而不是忽视这种偏差的存在。第三，行为经济学是一个新兴的学科，随着学科研究的深入，对于偏差的条件和环境设定将更具有可预见性。第四，从理性的角度分析，行为经济学认为人们更多地使用系统1而不是系统2，也可以视为是一种理性行为。人的认知能力同样需要成本，为了节约认知成本，人们选择成本较低的系统1，而不是需要花费大量时间和精力的系统2，这同样是理性的体现。因此，行为经济学的分析也不存在自由论者对人自由选择的干预的担忧。

四、结论

欧盟与谷歌之间的争议还未结束，而美国关于谷歌的市场支配地位同样存在一定的争议。互联网产业作为新兴的产业，其反垄断法的适用问题仍需要进一步的研究。但是，结合上述的分析，我们可以初步得出以下结论。

第一，谷歌等互联网产业经济，已经成为自然垄断产业的新类型之一。进入21世纪后，互联网经济已成为全球最重要的新经济形式之一。互联网经济具有轻资产、开放性、不确定性等特点，不具有传统的自然垄断产业早期高额沉没成本投入的特征。但是，互联网经济具有"强网络性""路径依赖"等特点，这些特征使得网络经济具备了自然垄断产业"必要设施"的条件要求。互联网公司的双边市场效应容易形成"赢者通吃"的现象，压制小网络公司的正常竞争与发展，阻碍网络技术的进步。大网络公司容易通过其消费者人数优势滥用市场支配地位，构成反垄断法意义上的问题。因此，互联网产业经济在一定程度上已经构成了一种新形态的自然垄断产业。

第二，互联网产业经济具有双边市场和平台经济等特点，因此，难于有效地适用传统的反垄断分析方法。传统的反垄断分析方法采用的是三段论的分析方法：界定相关市场、市场支配地位和滥用行为。而分析相关市场的主要方法是"假定垄断者测试"（SSNIP）。SSNIP测试方法主要是通过价格上涨分析替代市场的范围。但是，互联网以"免费""双边市场"为基本特征，难于有效地适用SSNIP。消费者的选择不仅取决于单边市场的供需弹性，而且还取决于双边市场间的交叉弹性。传统的反垄断分析方法难于有效地适用于互联网产业经济。

　　第三，行为经济学的理论可以修正传统的经济理论，适用于互联网产业经济。行为经济学借助心理学对传统经济理论中的"理性人假设"进行修正，并解释了网络路径依赖等互联网问题。在互联网产业经济中，借鉴行为经济学的相关理论对传统反垄断方法进行必要修正，可以更好地适用于互联网产业经济。

第二节 互联网平台经济的相关市场界定
——以奇虎诉腾讯一审判决案为分析对象

一、前言

以计算机和通信技术为依托的互联网是 20 世纪人类最伟大的发明之一。毫不夸张地说，互联网的发明与广泛使用造就了信息储存与交换方式的革命。从互联网进入民用领域那天起，它就显示了强大的生命力。它带来了无穷无尽的商业模式乃至社会管理方法的创新，并因此改变着人们的生活方式。[1]我国从 1994 年开始接入国际互联网，1995 年开始商用互联网服务。至今互联网经济已经高速繁荣发展，并成为我国经济的主要新兴力量。在我国互联网经济高速发展的同时，互联网市场中产生了一些的巨头企业，如腾讯、淘宝、百度等。

由于具有双边市场经济效应、网络黏性等平台经济特点，互联网行业蓬勃发展的同时，互联网的垄断问题也开始引发人们的关注。自 2008 年 7 月我国反垄断法生效实施后，我国就陆续出现了针对互联网巨头企业的反垄断诉讼。但是，由于原被告财务能力差距、信息不对称等客观原因，大多数反垄断案件诉而未审或审而未判。这些案件要么由于原告证据不足而结案，要么在法院的调解努力下而撤案，并未在规范层面对反垄断法在网络经济中的适用问题进行深入分析。2010 年 11 月，我国的两大互联网巨头腾讯与奇虎爆发了互联网 3Q 大战。2011 年 10 月，北京奇虎科技有限公司向广东省高级人民法院提出反垄断诉讼，诉称腾讯科技（深圳）有限公司、深圳市腾讯计算机系统有限公司滥用市场支配地位，请求赔偿 1.5 亿的巨额经济损失。

北京奇虎科技有限公司诉腾讯科技（深圳）有限公司、深圳市腾讯计算机系

---

[1] 王学庆．管制垄断：垄断性行业的政府管制［M］．北京：中国水利水电出版社，2004：12-25.

统有限公司滥用市场支配地位一案（以下简称奇虎诉腾讯反垄断案）从一开始就引起了法学界、经济学界、媒体及互联网行业的关注。奇虎诉腾讯反垄断案和其他案件相比，一方面，原被告双方当事人都是互联网的巨头企业，地位和经济能力较对等。庭审中双方提交了充足的证据，不仅仅各自聘请了专家证人，还向法院提交了相应的专家报告。在一定程度上，本案中双方已经用尽了所能提供的证据。另一方面，广东省高院经过开庭审理，对于互联网经济中的相关市场界定、滥用市场支配地位行为的认定进行了详细深入的分析，有利于研究我国司法实践关于互联网垄断的判定标准。因此，奇虎诉腾讯反垄断案被互联网行业人士视为互联网行业的反垄断诉讼第一案。该案相关市场界定的分析思路不仅对未来互联网垄断案件具有十分重要的影响，而且在一定程度上折射出我国司法实践中反垄断法适用的基本态度和价值取向。

二、一审判决的悖论与反思

（一）案情简介

虽然奇虎与腾讯之间的 3Q 大战已经耳熟能详，但是为了更好地展开下文的分析，本书还是以时间顺序为轴线，对奇虎诉腾讯反垄断案件的背景资料和进程做一简要的回顾。

3Q 大战缘起在于腾讯公司利用其 QQ 聊天软件的网络黏性进行平台横向扩展。腾讯公司于 2011 年 5 月 31 日推出 QQ 软件管家和 QQ 医生，随后，腾讯公司将 QQ 软件管家和 QQ 医生合二为一升级为 QQ 电脑管家，并配合 QQ 聊天软件的升级捆绑下载选择安装。QQ 电脑管家的功能类似于 360 安全卫士，涵盖了云查杀木马、系统漏洞修补、安全防护，系统维护和软件管理等功能。QQ 电脑管家的推出，凭借 QQ 聊天软件广大的用户群体，直接威胁到 360 安全卫士的地位，并严重影响了奇虎公司的商业模式。

　　为了阻止腾讯公司的横向扩张，2011 年 9 月 27 日，奇虎公司发布直接针对 QQ 聊天软件的"隐私保护器"工具，宣称其能实时监测曝光 QQ 聊天软件的行为，并提示用户"某聊天软件"在未经用户许可的情况下偷窥用户个人隐私文件和数据，引起了网民对于 QQ 客户端的担忧和恐慌。2011 年 10 月 14 日，针对 360 隐私保护器曝光 QQ 偷窥用户隐私事件，腾讯公司在北京二中院起诉奇虎公司不正当竞争，要求奇虎及其关联公司停止侵权、公开道歉并作出赔偿。该案经北京市第二中级人民法院二审审理审结，认定奇虎公司的行为具有明显的不正当竞争意图，构成商业诋毁和不正当竞争。

　　2011 年 10 月 29 日，奇虎公司推出一款名为"360 扣扣保镖"的安全工具。奇虎称该工具全面保护 QQ 用户的安全，包括阻止 QQ 查看用户隐私文件、防止木马盗取 QQ 以及给 QQ 加速，过滤广告等功能。该软件直接破坏了腾讯公司的商业模式。基于此，2011 年 11 月 3 日，腾讯公司公开信宣称，将在装有 360 软件的电脑上停止运行 QQ 软件，QQ 软件和 360 安全卫士只能二选一。该事件在网民中引起了激烈的反响。在工信部等三部委的积极干预下，奇虎公司收回扣扣保镖，QQ 软件与 360 软件相互兼容。随后，奇虎公司在广东省高院起诉腾讯公司滥用市场支配地位，要求赔偿 1.5 亿元的巨额损失。

（二）一审判决的逻辑冲突

　　2013 年 3 月 20 日，广东省高院经过近一年的审理，分析了大量的证据材料，作出了一审判决：腾讯公司不具有"相关市场的支配地位"，驳回原告的诉讼请求。但是，判决中也认定腾讯公司的"二选一"行为超出了必要的范围，缺乏法律正当性。广东省高院的判决书长达 4 万多字，层层推进，对案件的证据材料和法律关系进行较为完整的分析。虽然判决结论的合理性得到一些学者的肯定，但从逻辑关系上看，一审判决的观点仍存在逻辑上的冲突。

　　在市场经济条件下，企业享有交易自由。这意味着企业有权自主选择交易对象，协商交易条件、交易价格进行交易。只有企业提供的产品是基础性的公共产品（必要设施），或企业在市场上具有支配地位（市场力量）的情况下，竞争法才有必要禁止企业拒绝交易行为，妨碍市场竞争。竞争法的真正目的不是限制企业的合同自由，而是在于实现合同自由。❶ 在 1889 年美国精炼糖公司案中，美国纽约法院也明确指出："合同自由是商业最重要的因素。只有合同具有限制竞争的外部性，政府干预才具有正当性。"根据广东省高院的一审判决，腾讯公司在相关市场上不具有市场支配地位，同时，腾讯聊天软件有大量的替代产品（微博、网易泡泡等），腾讯公司的产品明显不属于基础必要设施。在市场自由经济环境下，腾讯公司作为一个互联网商业企业，拥有自主权决定 QQ 软件是与奇虎公司的杀毒软件，还是和其他杀毒软件相兼容。因为在没有垄断地位的前提下，只要消费者享有选择权，那么，腾讯公司的"二选一"行为会导致消费者选择其他兼容产品，损害将是腾讯公司自己的利益。从这个意义上分析，一审判决认定腾讯公司不具有市场支配地位，就无法律依据判定腾讯公司"二选一"的行为具有不当性。在广东省高院一审判决书中，一方面认定腾讯公司不具有市场支配地位，消费者可以自由在多种即时通信软件中转换；另一方面又判定腾讯公司的"二选一"行为超出必要限度，缺乏正当性。这种折中的判决结论明显存在着逻辑关系上的悖论。

三、一审判决的深入分析：互联网相关市场界定的再审视

广东省高院一审判决中存在逻辑关系上的悖论并不意味着一审判决结论"当然错误"。事实上，广东省高院在判决过程中借鉴欧盟案例的开放性态度，得到学者的肯定。本书的目的并非为了简单质疑广东省高院的一审判决结论，而是希冀分析判决产生上述悖论的原因，探析一审判决的分析思路及价值取向，为我国未来的反垄断司法实践提供必要的知识支持。

---

❶ 李来孺.竞争法与契约自由［N］.中国社会科学院报，2009 年 6 月 4 日，第 4 版。

腾讯公司的"二选一"行为侵犯到消费者的合法权益是业界的普遍观感。❶
广东省高院的判决正是考虑到上述因素，在判决书中认定腾讯公司的"二选一"
行为缺乏法律正当性。对于这一点，本书也持赞同的态度。因此，存在悖论的关
键就在于一审判决中腾讯公司不具有市场支配地位的结论。腾讯公司作为我国互
联网企业中的巨头企业，其在即时通信的市场份额达到 76.2%，QQ 软件的渗透
率高达 97%，腾讯公司在互联网市场中存在举足轻重的影响力。从表面证据和
大多数人的直观感觉判断，腾讯公司在中国大陆即时通信市场应具有市场支配地
位。❷ 然而，广东省高院一审判决中首先认为本案的相关市场不能局限于中国大
陆的即时通信市场，接着认定腾讯公司在相关市场上不具有市场支配地位。那
么，广东省高院如何作出上述结论？下文对广东省高院一审判决中相关市场的认
定思路和理由进行进一步的研读和评析。

（一）互联网平台经济商业模式

腾讯公司与奇虎公司作为互联网中的即时通信软件企业和网络杀毒软件企业
本来是风马牛不相及的。之所以发生 3Q 大战的原因在于互联网平台经济环境中
双方商业模式的交叉与冲突。

腾讯公司成立于 1998 年。最初的主要产品是腾讯。腾讯是一款即时通信软
件。QQ 软件具有一个好友清单，要进行聊天必须相互加为好友。正是因为如此，
腾讯具有很强的网络黏性。腾讯的文本聊天功能从一开始就是免费的。而根据腾
讯公司公开的财务报告，腾讯公司的营利主要来自以下几个方面：首先，开发客
户的移动手机客户端，手机 QQ 聊天产生的流量是电信的增值服务，向电信服务
商收取一定的费用。腾讯公司与电信服务公司达成分成协议。其次，腾讯公司利
用其强大的客户黏性横向推出相关产品，如社交网络、门户网站、电子商务等增

---

❶　武晓黎 . 互联网垄断力量令网民最受伤［N］. 中国消费者报，2011 年 2 月 23 日，第 CO1 版。

❷　Erik Brynjolfsson, Astrid A. Dick &Michael D. Smith, A Nearly PerfectMarket? Differentiationvs. PriceIn
Consumer Choice, 8 QUAN. MARKET ECON. 2 (2010).

值服务，通过增值服务收取费用获得收入。最后，利用腾讯巨大的用户数量及网络黏性获取广告投放收入。从上面的分析可以看出，腾讯公司的主要商业模式是通过免费网络聊天工具建立网络黏性，维持市场地位，以增值服务、横向扩展和广告服务获得收益。

奇虎公司则是杀毒软件和网络安全软件的提供商，其主要产品是 360 安全卫士、360 杀毒软件、360 软件小助手和 360 浏览器。奇虎公司的商业模式是首先向消费者提供免费的安全软件，而后推广 360 浏览器，客户通过 360 浏览器推荐链接访问有关网站，360 公司可以通过流量收费等方式向这些站点收取广告流量费用。因此，奇虎公司的商业模式是通过完全免费的互联网安全服务来占领市场的，扩大软件的装机数量，然后把安全服务延伸到网络浏览器上，通过网址导航来完成广告收费。

从上述的分析可以发现，腾讯公司和 360 公司作为互联网行业的商业模式，具有典型的双边市场平台经济特点。双边市场经济效应最早从 katz 和 Shapiro 提出网络的正外部性开始。Katz 和 Shapiro 发现在某些产品，如电话网络中，消费相同产品的人数增加，则消费者获得的效用也增加。随后，由于一连串发生在美国、欧洲的国际银行卡网络反垄断案件中，Rochet 和 Tirole 也提出了网络双边市场经济效应。银行卡双边市场中，持卡人和商户作为两种类型的市场参与者，都会因为另一边成员的增加而产生网络的正外部性。

平台经济商业模式与传统经济商业模式不同在于：第一，平台经济商业模式是典型的双边市场，具有交叉网络外部性。双边市场是指商家同时面对两个不同市场的消费者。网络外部性是指产品或服务的价值随着消费者消费该产品数量的增加而增加。交叉网络外部性是指两个市场相互依赖，相互影响。例如，腾讯公司同时面对 QQ 软件使用市场和广告市场两个市场。QQ 软件的用户越多，QQ 软件的广告效应就越好，腾讯公司收取的 QQ 广告费用就越高。由于平台经济商业模式的网络外部性特征，所以平台经济商业模式容易产生"赢者通吃"的情况。第二，在双边平台经济商业模式中，商家面对两边不同的消费者，可以采取定价倾斜政策。在网络经济情况下，一般采取一边市场利用免费产品吸引更多消费者，另一边市场进行横向扩展和广告流量收取费用。从上文的分析看出，腾讯公司和奇虎公司营利模式都是平台经济的商业模式。商业模式的交叉和重合，特别是广告市场的重叠，是双方产生纠纷的原因。

（二）奇虎诉腾讯案相关市场的界定分析

相关市场的界定是反垄断分析的起点和基础，对反垄断的分析结果起至关重要的作用。事实上，案件的主审法官张学军在案件判决后采访过程中也坦承，相关市场的界定是本案审理的关键。相关市场界定过宽，就可能错判垄断行为；相关市场界定过窄，则可能误判合法行为。

1.互联网相关市场界定的理论分析

相关市场界定有两个基本维度：产品市场，即集合在一起的产品群。地域市场，即集合在一起的地理区域。市场界定既考虑需求也考虑供给。从需求方面来说，产品从购买者的观点来看必须是可以替代的。从供给方面来说，那些生产或者能够容易地转向生产相关产品或密切替代品的卖方必须被包括在供给范围之列。其中，SSNIP 是传统经济模式中最有价值的系统化方法。

互联网双边市场的平台经济商业模式给相关市场的界定带来挑战。互联网平台经济具有交叉网络外部性和倾斜定价等特点，双边市场的竞争都会对企业的市场支配地位产生影响，但倾斜定价政策会使得两边市场的定价机制发生扭曲。在网络经济中，企业面对普通用户更多采取免费的措施。传统的相关市场界定方法，例如 SSNIP 方法，主要是以价格提升后的需求转移作为判断相关市场边界的主要因素。在双边市场的平台商业模式中，双边市场相互影响，相互依赖，以哪一边市场进行测试？一边市场免费情况下，价格因素是否可以成为判断相关市场边界的依据？这些问题都给互联网的相关市场判断带来困难。

关于互联网平台经济相关市场的界定，早在奇虎诉腾讯案判决之前就已经有学者开始研究。学术界对此主要存在以下三种观点：第一种观点是否定 SSNIP 方法和价格因素作为判断平台经济商业模式相关市场的方法。这些学者认为，考虑到互联网双边市场商业模式的特点，传统的需求及供给替代分析和 SSNIP 分析方法在双边市场适用上存在着局限性。对互联网双边商业模式的反垄断进行分析，具体分析互联网相关行业中双边市场的特性，以免费的一边市场作为界定相关市场时的主要认定基准，辅助分析利润来源一边市场的相关情况。❶ 第二种观点认为 SSNIP 方法和价格因素经过修正可以适用于双边市场平台经济模式。这种观点认为，双边市场虽然给相关市场的界定带来难题，但是双边市场并非颠覆传统的反垄断理论。传统的相关市场界定方法，如 SSNIP 在双边商业模式的相关市场仍然可以适用。在适用假定垄断者测试过程中，应对价格基准和网络强度的因素基于双边市场的特殊性进行分析。第三种观点则认为，在互联网市场中，应降低相关市场界定的重要性，并重视企业创新、企业的长期表现和供给替代，寻求市场界定的替代方法。

三种观点都认为互联网经济具有双边市场和网络强度等因素的特殊性，需要对传统方法中相关市场的界定进行修正和补充，但分歧在于 SSNIP 方法是否可以有效适用于平台经济商业模式。SSNIP 方法是 1982 年美国司法部在《并购指南》中提出的相关市场的界定方法。SSNIP 方法的提出是相关市场界定的一场革命，很大程度提高了实践中相关市场界定的准确性和科学性。从性质上分析，SSNIP 方法类似于经济实验室，对企业行为的可能竞争影响进行模拟分析。因此，SSNIP 作为一种实验方法，应该遵守实验的前提条件——也就是假设的条件在现实中可能真实发生。如果假设的条件现实中不可能，那么得出的结论也会错误。在美国近期的反垄断案件中，法院也越来越重视分析行为在实践中的合理性。在美国的 Bell Atlantic Corp. v. Twombly 案中，美国法院就以垄断行为在实践中"不可能"（Implausible）驳回了原告诉讼。在中国互联网环境中，互联网普通用户端免费是普遍的做法。由于网络的商业模式都是单边免费的模式，通过

---

❶ 徐骏，苏银珊.互联网行业反垄断面临的新难题——基于腾讯 QQ 与奇虎 360 诉讼案［J］.财经问题研究，2012（9）：32-40.

SSNIP方式测试免费市场小幅收费后，消费者是否转向其他竞争产品缺乏现实意义。互联网企业现实中可能采取的做法不是对普通用户收费，而是提高另一边广告市场的价格，或针对VIP增值服务收费。因此，SSNIP方法在互联网反垄断案件中适用于免费市场上不具有现实合理性。国外反垄断机构面对互联网双边市场案件时也慎用SSNIP方法。SSNIP方法是由美国司法部首先提出来的。但是，在美国司法部的一系列互联网案件中，例如美国诉微软案和谷歌收购雅虎案件，美国司法部也认为互联网市场具有特殊性，因而不适用SSNIP方法。虽然欧盟在1997年的《关于为欧洲共同体竞争法界定相关市场的委员会通知》中已经明确规定SSNIP作为相关市场的界定的方法。欧盟"微软收购SKYPE"案件，欧盟委员在消费者通信产品中也未适用SSNIP方法。国外反垄断机构在互联网垄断案件中，更多考虑网络企业是否会对网络技术创新产生影响。因此，在互联网双边市场平台经济中，普通消费者一边的互联网产品市场是判断垄断的关键，但其免费性使得SSNIP方法的适用不准确。相比较价格因素，在互联网反垄断案件中，应更多关注市场创新和准入壁垒等因素。

2. 一审判决的分析思路及结论

在奇虎诉腾讯公司案中，原告奇虎公司认为本案的相关产品市场应界定为即时综合通信软件及服务相关市场，相关地域市场为中国大陆。被告则认为QQ软件是一款综合性的平台产品，因此相关市场范围远远大于"即时通信软件及服务市场"，相关地域市场为全球市场，但未对相关产品市场的范围做出明晰的界定。原告相关市场的举证证据主要包括腾讯公司的招股说明书和三份专业分析报告。被告则主要从功能替代角度现场演示新浪微博、电子邮箱等也同样具有文字聊天、添加好友和通信的功能。从逻辑关系上分析，被告单纯通过功能替代演示其他产品同样也具有即时通信功能，并没有逻辑关系上成功证明即时通信与其他互联网服务存在真实的消费者需求的相互替代性，只是简单地证明了其他软件也可以提供一定程度的供给替代。相比较，原告的三份专业报告从需求替代的角度以实际数据分析了被告举证的几种产品的需求替代性，并分析了腾讯的网络黏性，从而得出其他产品难于替代QQ的结论。国务院反垄断委员会《关于相关市场界定的指南》关于相关市场的替代性分析中，明确规定界定相关市场主要从需求者角度进行需求替代分析。当供给替代对经营者行为产生的竞争约束类似于需求替代时，才应考虑供给替代。所以，在进行替代性分析过程中，应以需求性替代分析为主，供给替代只具有辅助作用。因此，从民事证据优势规则的角度分析，原告的主张似乎更应得到支持。

但法院并不只是简单地比较原被告双方提供的证据，而是依据国务院反垄断委员会《关于相关市场界定的指南》的方法进行综合的判断。法院认为"从需求者的角度定性分析不同商品之间的替代程度；同时亦结合考虑供给替代的影响"，采取"假定垄断者测试"的方法来确定相关市场。在此基础上，法院逐一对电话、电子邮件和社交网络、微博是否与QQ属于同一相关市场进行界定。法院认为，QQ与电话虽然存在的一定的竞争，但是由于商业模式不同不构成替代性，因此不是同一相关市场；由于电子邮件不具有互动的即时性，也不构成相关市场。至于社交网络、微博与QQ是否是相关产品，考虑到"竞争是一个动态的过程"和"商品或者服务所在产业的发展现状及未来一段时间的趋势"，"微博和社交网站从2010年之后在较短的时间内迅速表现出与即时通信高度融合的经营现状"，因此，法院认为QQ与社交网络、微博属于同一相关产品市场。但对于是否应该将相关市场界定为互联网应用平台，法院分析了互联网的商业模式和发展趋势后，并没有给出确定的答案，而只是判定原告的相关市场范围主张不能成立。关于相关地域市场，法院认为互联网具有"开放性和无国界性"，参照微软公司/Skype案中欧盟委员会观点，认为原告提出的"语言偏好和使用习惯不能作为划分地域市场的依据"。同时，法院认为互联网不存在额外的运输成本，所以，广东省高院将相关地域市场界定为全球市场。

3. 一审判决的评析

一审判决以普通互联网需求者的角度出发，从功能价格需求、质量认可和价格等因素界定相关市场。在面对互联网双边市场时，法院以互联网普通消费者的免费市场作为界定相关市场的基础，逐一比较单一功能的即使通讯、电子邮箱、SNS 社交网络和微博及传统电话与传真，并充分考虑到互联网的未来可能发展。法院的分析思路遵循了国务院反垄断委员会《关于相关市场界定的指南》的思路和方法。同时，法院以普通消费者的免费市场作为基础市场，并考虑到互联网未来发展的裁判思路都值得赞赏。但是，一审判决相关市场界定方法及技术，仍然存在一些问题值得商榷。

第一，SSNIP 方法在互联网平台经济商业模式的适用性。在一审判决中，广东省高院认为"即便在缺乏完美数据的实际情况下，本案依然可以考虑如果被告持久地（假定为 1 年）从零价格到小幅度收费后，是否有证据支撑需求者会转向那些具有紧密替代关系的其他商品，从而将这些商品纳入同一相关商品市场的商品集合"。因此，一审判决法院认可并使用了 SSNIP 方法界定本案的相关市场。正如上文的分析，SSNIP 方法中，价格因素是测试相关市场的主要因素。但是，如果在被测试市场的价格因素不发生作用的情况下，那么 SSNIP 方法就不具有适用性。互联网平台经济是典型的双边市场。其盈利模式是通过一边市场免费，产生网络黏性后，另一边市场产生竞争优势收费的方式。在中国互联网经济环境下，作为理性的商业人，腾讯公司实践中只有扩大互联网普通消费者免费服务的范围，增加平台的吸引力，从而增加另一边市场的议价能力。腾讯公司在消费者基础服务价格小幅上涨，实践中不具有现实"可行性"。SSNIP 方法在本案双边市场中难于有效适用。一审法院以 SSNIP 方法判断相关市场，结论可能会发生偏差。

第二，互联网产品市场细分和可替代性分析。一审判决中，法院认为 SNS 社交网络和微博从功能上同样提供点对点的网页即时通信服务，因此，即时通信软件和 SNS 社交网络及微博具有可替代性，可以作为同一相关产品市场。法院认为，在未来的发展趋势中 SNS 社交网络和微博功能越来越综合，并可以和即时通信软件相互替代。法院判决中虽然发现了互联网软件越来越综合化的趋势，但是却忽略了互联网软件市场越来越细分的趋势。正如大家所了解的，SNS 社交网络和微博与即时通信软件虽然具有一定互通性，但是两类产品的消费者定位还具有很大的区别。SNS 社交网络和微博的主要功能是向社会公众发布信息，即时通信软件的主要功能则是点对点的私密即时通信。在互联网的市场竞争过程中，成功互联网企业不仅会增加其软件的综合性，更重要的是不断注重和突出其软件特色。而这种特色通过较长时间的积累，形成了消费者的消费习惯和网络黏性。消费者的消费习惯和网络黏性会因为消费者的"非理性购买"而产生市场支配力。考虑到上述因素，那么 SNS 社交网络和微博与即时通信软件的可替代性就有必要进一步审查。

第三，互联网是否真的"无疆域"？广东省高院考虑到互联网服务的特点，将地域市场界定为全球市场，意味着法院认为互联网经济不存在任何的地域限制。但是，法院的这种观点同样与互联网经济的现实存在着出入。互联网的无国界性确实给互联网相关地域市场的界定带来了困难。不可忽视的是，全球互联网目前并非完全没有国界障碍。事实上，各个国家都会对互联网的连接进行一定的监管和控制。更重要的是，不同的民族文化、语言背景及消费者习惯对互联网服务产生巨大的影响。一个典型的例证是，国外市场份额很大的 twitter 在我国市场份额很小。Google 在中国的市场份额也难以超于百度。因此，判断互联网产品的地域市场应该侧重于不同的民族文化和消费习惯的划分。广东省高院借助以微软公司 /Skype 案中欧盟委员会的观点，认为消费习惯不会作为地域障碍，明显是出现了"情景错位"的盲从情况。❶ 一方面，欧盟内部的文化融合和消费习惯差异比较小，不会构成地域障碍。而中华文化、西方文化及阿拉伯文化的消费习惯的差异就足以构成障碍。另一方面，从国际经验上分析，互联网案件中大多数案件还是将互联网经济的地域市场界定在本国地域范围内，还未有案例将地域市场界定为全球。因此，法院将地域市场界定为全球市场的结论就存在过于宽泛的可能性。

---

❶ Katz, M, L., Shapiro, C. Network Externalities, Competiton, and Compatibility, American Economic Review, 1985, 75（3）: .424-440.

四、我国反垄断法司法适用的价值取向和基本态度

对广东省一审判决的深入分析揭示，一审判决在相关市场界定的一些方面值得商榷。但是，这也并不表示一审判决的结论就是错误的。学者认为，一审判决关于相关市场的界定比较宽泛，但还是很有说服力的。正如学者研究判决的推理过程中发现，直觉在司法过程中起着先行的加工作用，为后续的理性分析提供基础。❶ 反垄断法作为一部维护竞争的核心法律，法律条文相对原则。反垄断法的具体适用具有很强的不确定性，受到反垄断执法者司法直觉的影响。而反垄断执法者的司法直觉取决于执法者所采取的价值取向和宽严拿捏等因素。奇虎诉腾讯一案的判决结论同样受到主审法官上述因素的影响。为此，在文本研读一审判决书的基础上，有必要进一步分析判决背后的哲学基础及宏观态度。

（一）哲学基础：反垄断法实施的价值之争

反垄断法的价值目标是反垄断立法和实施中的核心和前置性问题。反垄断法作为维护市场竞争的法律，自由、公正和效率是反垄断法的核心价值理念。但是，公正和效率之间本身也存在着紧张关系。结构主义观点更侧重于维护市场竞争结构，维护市场中小竞争者的利益；效率主义观点则认为反垄断法的核心目的在于促进企业的效率，而非保护市场的竞争者。反垄断法实施的价值也会由于时代背景、经济理论的变化而发生变化。美国与欧共体竞争法的融合、发展与演变也凸显了竞争法哲学基础给竞争法具体适用带来的影响。美国反垄断法实施之初，主要在于维护市场的公平竞争，保护消费者；而随着美国反垄断司法实践的发展，反垄断法更注重于维护效率和企业创新。欧盟竞争法的实施目的早期更侧重于维护共同体市场的统一，保护竞争者。直到近期，欧盟才确立以效率作为反垄断的

❶ Rochet. J., Tirole, J. Platform Competition in Two-sided Markets [J]. Journal of the European Economic Association, 2003, 1（4）: p.p. 128-136.

实施价值之一。

在我国的反垄断法制定之初，同样也存在着社会公平和促进效率的价值之争。而我国的反垄断法条文则将上述的价值之争内化在《反垄断法》第1条的立法目的中。反垄断法条文的折中必然给未来的反垄断法具体实施带来一定的困惑。在奇虎诉腾讯一审判决书中就充分表现出了主审法官的价值挣扎。从公平和自由的角度分析，腾讯公司的"二选一"行为显得霸道，对市场的弱小企业和竞争者不利；从效率的角度分析，法院认为互联网经济发展迅速，技术创新快，腾讯公司并未给市场效率造成影响（虽然本文认为法院上述观点值得商榷）。

奇虎诉腾讯案中主审法官的价值挣扎是案件判决出现冲突的深层根源，也是我国《反垄断法》第1条缺乏必要的价值共识的体现。事实上，反垄断法的公平价值、自由价值和效率价值存在着互动关系。而随着经济学分析方法深嵌入反垄断分析中，效率价值已经成为反垄断法的核心价值，美国的反垄断法如此，欧盟的也如此。在互联网领域中，效率的保护则更多地体现在对互联网创新的保护。美国司法部在解读 AT&T 并购 T-Mobile 一案中提出，"我们的目的是在重要产业内保护好价格竞争和创新"。因此，我国法院在具体互联网反垄断案件中，应更突出被诉企业的行为是否对市场创新造成影响。腾讯公司之所以引发垄断的担忧，更多在于腾讯公司利用 QQ 软件的网络黏性，模仿其他互联网企业的研发产品，挤压了其他互联网企业的创新。3Q 大战产生的原因也正是腾讯公司希望通过 QQ 软件推广 QQ 管家，挤压奇虎公司生存空间。"走别人的路，让别人无路可走"的腾讯扩展模式是否会对互联网的创新产生影响，应该是效率价值取向下奇虎诉腾讯案件的分析焦点。

（二）宽松抑或严格：我国反垄断法适用的基本态度

除了反垄断实施的价值冲突，奇虎诉腾讯案一审判决同样取决于我国反垄断法实施的基本基调。反垄断法作为维持市场竞争的基本法律，其法律条文具有概括性和不确定性的特点。虽然反垄断法的不确定性一直为学者所诟病。例如，美国学者 Brozen(1975)，Mcgee(1958)，Posner (1975) 和 Demsetz(1973，1982) 对反托拉斯法律的不确定性进行了激烈批判。❶但是，学者又不得不承认反垄断法难于有效地采取规则性立法，而只能更多采取原则性立法。"反垄断法源于国家对市场经济运行进程中垄断的消除与禁止，其意义不在于似民法般抽象地设置和保障民事关系各方的权利和义务，而需及时应对市场中变幻莫测的垄断，以求兴避害、保护市场竞争的有序性，进而维护消费者权益和社会整体利益。其使命在于依据市场经济运行状况，满足和实现国家制定和颁布的竞争政策的要求，因此，反垄断法具有显著的政策性。"

反垄断法实施的基本基调受到反垄断政策的影响。而一个国家的反垄断政策则受到利益、价值、经济理论等多方面复杂因素的影响。总体上分析，反垄断法实施政策存在宽松或严格的两种基本基调。不同国家在不同时期，由于反垄断法实施追求的价值和适用经济理论的不同，反垄断法的适用基调也会发生变化。

以反垄断法的母国美国为例，19 世纪的下半叶随着工业革命的深入，规模巨大、资金雄厚的美国铁路集团滥用其垄断地位、盘剥中小业者，美国消费者苦不堪言。在美国民众的巨大压力之下，以参议员谢尔曼命名的反垄断法于 1980 年在国会高票通过。但是，由于利益集团的压力，谢尔曼法通过的初期并未实际发挥规制垄断的作用。美国最高法院在适用时极大程度地容忍了大型企业的合并行为。在这个阶段，谢尔曼法也被许多学者认定为"没有牙齿的摆设"。反垄断法适用的消极怠工，对垄断行为难于形成有效的威慑作用。垄断企业的滥用市场支配地位行为严重损害美国的市场自由和消费者福利，也引起了美国各界对谢尔曼法适用效果的质疑。随后，布兰戴斯（Brandeis）和道格拉斯（Douglas）被任命为美国最高法院的法官，开始反思早期的反垄断适用判例。这两位法官深受"大企业会对市场自由产生限制"理念的影响，在一系列案件中对大企业抱着怀疑态度，开始了美国反垄断法的严格适用时期。这一时期，法院更多适用自身违法

---

❶ Katz Michael & Carl Shapiro，Network Externality，Competition and Compatibility，American Economic Review，1985.

原则，而对于合理原则也采取了相对谨慎的态度。美国拆分 AT&T 案例成为美国反垄断法适用的典型案例。这一时期的严格适用，让美国反垄断法的作用得到了充分的体现。美国垄断企业在采取相关行为时不得不慎重考虑是否会违反反垄断法。但是，这一时期的严格适用矫枉过正，美国谢尔曼法的三倍赔偿制度也使得美国的反垄断诉讼成为一些律师牟利的法律工具。经济学家批评律师并不是追求真理，只是为了获得案件的胜诉。从 20 世纪 70 年代中期开始，芝加哥学派的新古典经济理论开始占据美国反垄断经济理论的高地。❶ 效率抗辩成为垄断企业对抗反垄断审查的主要理由。为了培育美国大企业的国际竞争力，美国的反垄断法适用司法实践又出现了宽松的趋势。

从美国反垄断法适用的历史看出美国自由竞争的市场环境也不是自然形成的。其中，美国反垄断法的严格适用阶段形成了美国反垄断法的威慑力，对美国竞争文化的培育发挥了重要的作用。"反托拉斯法的主要贡献是通过间接作用体现出来的而不是通过它们的直接执行来反映的。"反托拉斯法的存在和实施与其说是针对被告发的少数人不如说是对没有被发现的其他人的行为起到更大的预防作用。目前的宽松适用趋势更多的是对早期过于严格适用的一种矫正。而这种宽松适用趋势的背景是前期已形成了反垄断法威慑力的竞争文化。

我国《反垄断法》是保障我国市场竞争的基本法律。但是，在反垄断立法通过后，反垄断法的具体适用效果却饱受批评。我国《反垄断法》第 50 条规定，法院作为司法机构有权审理反垄断案件。在反垄断法颁布之初，民众对反垄断法的强烈期待，引发了一系列的反垄断民事案件，也引起了媒体和学术界的关注。但是，从数据上来看，自 2008 年 8 月 1 日至 2012 年底，全国地方法院共受理反垄断民事一审案件约有 120 件，但审结案件中原告胜诉的案件极少。反垄断案件胜诉率低有举证困难、经验不足等多方面的原因，但是以法院相对宽松的反垄断适用基调也是分不开的。在 360 诉腾讯公司案件中，法院宽松的适用基调也体现

---

❶ Rochet J, Tirole J. Two-sided markets: a progress report, The RAND Journal of Economics, 2006, 37 (3): 645-667

出宽松的一面。典型的是，在产品市场的界定中，以互联网的发展为基础，将微博等市场定位存在明显差异的产品纳入同一相关产品市场；在地域市场的界定过程中，法院将全球市场界定为地域市场。

反垄断法适用的宽松，法院在反垄断案件维持谦抑无疑是受到美国近期反垄断法适用趋势的影响。但是，正如前文论述，反垄断"宽严相济"司法政策的选择应以其经济环境与社会竞争文化相协调。美国近期宽松的适用基调是建立在前期反垄断威慑力已经形成，竞争文化比较健全的大环境基础上的。对比美国的反垄断适用环境，我国的反垄断适用语境则有较大不同。我国早期并无反垄断法的适用经历，社会的竞争文化还远未形成。我国反垄断法实施十几年来乏力的原因，与其说是技术性的困难，倒不如说是竞争文化和理念的体制障碍。❶

在目前我国竞争文化语境中，法院宽松的反垄断法适用基调给企业传达一个信息：我国的反垄断诉讼难于获得胜诉，反垄断法是"无齿之虎"。这种信息的传达不利于我国社会和企业尊重反垄断法，维护反垄断法的威慑效应。而维护反垄断法的威慑效应是有效培育市场竞争文化的主要手段之一。例如，奇虎诉腾讯案件中，腾讯公司作为互联网的巨无霸企业被认定不具有市场支配地位。那么互联网行业的企业就容易形成这样的观念：如果腾讯公司都不具有市场支配地位，那么互联网反垄断案件中应该难于认定存在市场支配地位的互联网企业。因此，在我国目前阶段，法院在审理反垄断案件中采取"适度严格"的基本基调，更有利于我国市场经济竞争文化的形成。在互联网相互市场的界定中，我国目前并不适宜将相关市场界定得过宽。

五、结论

互联网本身是自由和开放的。但是，互联网的平台经济商业模式容易导致互联网市场的垄断行为。维护互联网行业的自由和竞争是反垄断法的基本任务。但

---

❶ 丁茂中.反垄断法实施中的相关市场界定研究［M］.上海：复旦大学出版社，2011：1.

是，互联网双边市场的平台经济模式给互联网相关市场的界定带来了难题。对奇虎诉腾讯案一审判决的深入分析发现，互联网反垄断案件审理过程中不仅需要解决技术性的难题，更重要的是全社会对反垄断法的价值取向和基本态度应形成共识。奇虎诉腾讯案中，法官采取了宽松和谦抑的基本态度虽然符合美国等国外反垄断法适用宽松的发展趋势，但是却忽略了我国市场经济转型的制度背景和竞争文化未形成的文化语境。现阶段，通过适度严格的反垄断法适用，更有利于培育我国的竞争文化。在完善互联网反垄断适用技术理论，形成我国反垄断法对互联网行业限制竞争行为的威慑力等方面，我国的法学理论界和司法实务界仍任重道远。

参考文献

中文著作

［1］陈建安 . 日本公有企业的民营化及其问题［M］. 上海：上海财经大学出版社，1996.

［2］丁茂中 . 反垄断法实施中的相关市场界定研究［M］. 上海：复旦大学出版社，2011.

［3］傅思明 . 中国司法审查制度［M］. 北京：中国民主法制出版社，2002.

［4］胡德宝 . 转型经济条件下中国自然垄断产业的有效竞争研究［M］. 北京：经济管理出版社，2012.

［5］黄进喜 . 反垄断法适用除外与豁免制度研究——以产业政策与竞争政策的冲突与协调为视角［M］. 厦门：厦门大学出版社，2010.

［6］何海波 . 行政诉讼法［M］. 北京：法律出版社，2011.

［7］姜明安 . 行政法与行政诉讼法［M］. 北京：北京大学出版社，高等教育出版社，2005.

［8］张江莉 . 反垄断制度与政府管制［M］. 北京：北京师范大学出版社，2011.

［9］刘迪瑞 . 日本国有铁路改革研究［M］. 北京：人民出版社，2006.

［10］刘桂清 . 反垄断法中的产业政策与竞争政策［M］. 北京：北京大学出版社，2010.

［11］李钟斌.反垄断法的合理原则研究［M］.厦门：厦门大学出版社，2005.

［12］孔祥俊.反垄断法原理［M］.北京：中国法制出版社，2001.

［13］戚聿东.中国垄断行业市场化改革等模式与路径［M］.北京：经济管理出版社，2013.

［14］戚聿东.垄断行业改革报告［M］.北京：经济管理出版社，2011.

［15］戚聿东，柳学信等著.自然垄断产业改革——国际经验和中国实践［M］.北京：中国社会科学出版社，2009.

［16］世界银行.官办企业问题研究——国有企业改革的经济学和政治学［M］.北京：中国财政经济出版社，1997.

［17］沈敏荣.法律的不确定性——反垄断法规则分析［M］.北京：法律出版社，2001.

［18］时建中.反垄断法——法典释评与学理探源［M］.北京：中国人民大学出版社，2008.

［19］尚明.反垄断法理论与中外案例评析［M］.北京：北京大学出版社，2008.

［20］王俊豪.政府管制经济学导论——基本理论及其政府管制实践中的应用［M］.北京：商务印书馆，2001.

［21］王晓晔.欧共体竞争法［M］.北京：中国社会科学出版社，2007.

［22］王先林.竞争法学［M］.北京：中国人民大学出版社，2009.

［23］王先林.WTO竞争政策与中国反垄断立法［M］.北京：北京大学出版社，2005.

［24］王俊豪.中国垄断性产业管制机构的设立与运营机制［M］.北京：商务出版社，2008.

［25］王俊豪.政府管制经济学导论［M］.北京：商务印书馆，2003.

［26］王健.反垄断法的私人执行——基本原理与外国法制［M］.北京：法律出版社，2008.

［27］吴小丁.反垄断与经济发展［M］.北京：商务印书馆，2006.

［28］夏大慰，史东辉.政府规制：理论经验与中国的改革［M］.北京：经济科学出版社，2003.

［29］许光耀.欧共体竞争法通论［M］.武汉：武汉大学出版社，2006.

［30］郑鹏程著.对政府规制的规制——市场统一法律制度研究［M］.北京：法律出版社，2012.

［31］［美］波斯纳.反托拉斯法［M］.北京：法律出版社，2003.

［32］［美］维斯库斯.反垄断与管制经济学［M］.北京：中国人民法学出版社，2010.

［33］［美］约翰·穆勒.政治经济学原理（下卷）［M］.北京：商务印书馆，1991.

［34］［美］保罗萨缪尔森.经济学（第14版）［M］.北京：首都经济贸易大学出版社，1996.

［35］［美］凯斯·R.桑斯坦著，泮伟江，周武译.就事论事——美国最高法院的司法最低限度主义［M］.北京：北京大学出版社，2007.

［36］［英］亚当·斯密.国富论［M］.北京：北京联合出版社，2015.

［37］［英］阿尔弗雷德·马歇尔.经济学原理［M］.北京：人民日报出版社，2009.

［38］［德］哈耶克.致命的自负［M］.北京：中国社会科学出版社，2000.

［39］［日］根岸哲，舟田正之.日本禁止垄断法概论［M］.北京：中国法制出版社，2007.

中文期刊

［1］陈晓东.铁路改革与规制的经济学分析：以俄罗斯为例［J］.南京财经大学学报，2013，（6）.

［2］邓峰.传导、杠杠与中国反垄断法的定位［J］.中国法学，2011，（1）.

［3］方玉霞.论"百度竞价排名案"相关市场的法律界定［J］.北京交通大学学报（社会科学版），2013，（2）.

［4］高玥.自然垄断产业的产权、竞争与规制改革：一个实证检验［J］.产业组织评论，2014，（2）.

［5］黄勇.中国《反垄断法》中的豁免与除外适用［J］.法学，2008，（2）.

［6］何治中.反垄断法实施的反垄断——论中国反垄断法的私人执行［J］.南京师大学报(社会科学版)，2010，（5）.

［7］胡蓉，高世葵.中国电力市场改革的方向研究——基于俄罗斯电力市场改革的经验和教训［J］.大连海事大学学报（社会科学版），2015，（5）.

［8］韩立余.反垄断法对产业政策的拾遗补缺作用［J］.法学家，2008，（1）.

［9］蒋红珍，王茜.比例原则审查强度的类型化操作——以欧盟法判决为解读文本［J］.政法论坛，2009，（1）.

［10］刘水林.反垄断诉讼的价值定位与制度建构［J］.法学研究，2010，（4）.

［11］李剑.反垄断私人诉讼困境与反垄断执法的管制化发展［J］.法学研究，2011，（5）.

［12］李剑.双边市场下的反垄断法相关市场界定——"百度案"中的法与经济学［J］.法商研究，2010，（5）.

［13］林来梵，张卓明.论法律原则的司法适用——从规范性法学方法论角度的一个分析［J］.中国法学，2006，（2）.

［14］骆旭旭.自由贸易协定中的竞争规则研究［J］.华侨大学学报（社会哲学版），2012，（6）.

［15］孟雁北.我国反垄断法执法机构与政府管制部门的关系［J］.人民大学学报，2015，（2）.

［16］倪子靖.规制俘获理论的变迁［J］.制度经济学研究，2008，（3）.

［17］史际春，王先林.必要的监控手法——中国的反垄断法应规定的限制竞争暨

垄断［J］.国际贸易，1998，（12）.

［18］史际春，杨子蛟.反垄断法适用除外制度的理论和实践依据［J］.学海，
2006，（1）.

［19］孙晋，张田.关于垄断法在垄断国企适用的思考——对王先林、徐晓松两篇
文章的回应［J］.法治研究，2014，（8）.

［20］盛杰民，张江莉.论《反垄断法》中的"滥用行政权力"［J］.竞争政策研
究，2015，（7）.

［21］韦伟强.哈耶克、凯恩斯之争谁赢了——评新自由主义理论和凯恩斯主义理
论的兴衰及对我国经济的启示［J］.理论观察，2006，（6）.

［22］王为农，叶通明.公正交易委员会：机构、特性和权限［J］.财经问题研究，
2004，（1）.

［23］王先林.产业政策法初论［J］.中国法学，2003，（3）.

［24］王先林.我国反垄断法实施的基本机制及其效果——兼论以垄断行业作为我
国反垄断法实施的突破口［J］.法学评论，2012，（5）.

［25］王先林.试论竞争政策与贸易政策的关系［J］.河北法学，2006，（1）.

［26］王天习.论美国反托拉斯法"模糊性"的三大表现——从微软垄断案说起
［J］.法学评论，2002，（1）.

［27］王健.关于推进我国反垄断法私人诉讼的思考［J］.法商研究，2010，（3）.

［28］王健.日本反垄断法的私人执行制度——历史演进与最新发展［J］.太平洋
学报，2007，（7）.

［29］王俊豪，王惠.中国电信管制产业管制机构与反垄断机构的协调博弈分析
［J］.经济与管理研究，2014，（8）.

［30］王贵松.论行政裁量的司法审查强度［J］.法商研究，2012，（4）.

［31］刘晗.宪制整体结构与行政权的司法审查"马伯里诉麦迪逊案"再解读
［J］.中外法学，2014，（3）.

［32］吴婷婷，高静.自由化改革、金融开放与金融危机——来自阿根廷的教训及

启示［J］.拉丁美洲研究，2015，（5）.

［33］吴伟达.自然垄断产业政府管制机构法律监督机制探析［J］.江西社会科学，2004，（5）.

［34］吴韬.互联网行业反垄断案件中的相关市场的界定：美国的经验与启示［J］.电子知识产权，2011，（5）.

［35］江必新.司法审查强度问题研究［J］.法治研究，2012，（10）.

［36］许光耀."合理原则"及其立法模式比较［J］.法学评论（双月刊)2005，（2）.

［37］徐晓松.论垄断国有企业监管法律制度框架的重构［J］.政治与法律，2012，（1）.

［38］于馨淼.搜索引擎与滥用市场支配地位［J］.中国法学，2012，（3）.

［39］颜鹏飞，曾红艳.关于国家干预主义与经济自由主义两大思潮的再研究——兼论从"社会主义市场经济"到"社会主义调节经济"［J］.经济学家，2015，（1）.

［40］姚允柱.自然垄断产业规制理论的演化与我国电信业的规制改革［J］.江苏大学学报，（社会科学版）2008，（4）.

［41］叶卫平.反垄断法的价值构造［J］.中国法学，2012，（3）.

［42］张希栋，张晓.行政垄断、政府管制与产业绩效——对天然气开采业的一般均衡分析［J］.北京理工大学学报（哲社版)，2016，（6）.

［43］张静.新凯恩斯主义经济学的兴起、发展与问题［J］.经济问题探索，2016，（4）.

［44］张文泉，曹景山.管制与放松管制及应用探讨［J］.华北电力大学学报，2001，（3）.

［45］张永忠.反垄断法中的消费者福利标准：理论确证与法律适用［J］.政法论坛，2013，（3）.

［46］张占江.政府反竞争行为的反垄断法规制路径研究——基于路径适用的逻辑展开［J］.上海财经大学学报，2014，（5）.

［47］郑鹏程.《反垄断法》私人实施之难题及其克服：一个前瞻性探讨［J］.法学家，2010，（3）.

［48］赵学清，温寒.欧美竞争中立政策对我国国有企业影响研究［J］.河北法学，2013，（1）.

［49］朱沛智，陈浩.关于我国反垄断执法机构设置模式的思考［J］.天津师范大学学报（社会科学版），2015，（5）.

［50］仲春.互联网行业反垄断执法中相关市场界定［J］.法律科学（西北政法大学学报），2012，（4）.

外文著作

［1］Antonio Capobianco, Hans Christiansen. Competitive Neutrality and State-owned Enterprises：Challenges and Policy Options. OECD Publishing, 2011.

［2］Cosmo Graham, Fiona Smith. Competition, Regulation and the New Economy, Hart Publishing, 2004.

［3］Diana L. Moss. Network Access, Regulation and Antitrust, Routledge, 2012.

［4］MarkFurse. Competition Law of the EC and UK($5^{⑳⑧}$ed.), Oxford University Press, 2006.

［5］Hilip E.Areeda, Louis Kaplow, Aaron Edlin. Antitrust Analysis：Problems, Texts and Cases(6th ed.), Aspen Publishers, 2004.

［6］John Flynn , Harry First , Darren Bush. Antitrust Statutes, Treaties, Regulations, Guidelines, Policies, 2014-2015, West Academic Press, 2014.

［7］Ian Walden. Telecommunications Law and Regulation, OUP Oxford, 2009.

［8］Philip Clarke, Stephen Corones. Competition Law and Policy, Oxford University Press, 2003

［9］RichardA.Epstein. AntitrustConsentDecrees in Theory and Practice：Why Less is

More, AEIPress, 2007.

[10] Roger Zach. Towards WTO Competition Rules. Kluwer Law International, 1999.

[11] Ulrike Schaede. Cooperative Capitalism: Self-Regulation, Trade Associations, and the Antimonopoly Law in Japan, OUP Oxford, 2000.

[12] W. Kip Viscusi, Joseph E., Jr. Harrington, John M. Vernon. Economics of Regulation and Antitrust, MIT Press(4th Revised ed.), 2005.

外文期刊

[1] Alan J. Meese. Reframing the(False?) Choice Between Purchaser Welfare and Total Welfare, Fordham Law Review, 2013, Vol.81.

[2] Alan J. Meese. Competition Policy and the Great Depression: Lessons Learned and a New Way Forward, Cornell Journal of Law and Public Policy, Vol. 23, No. 2, 2013, William & Mary Law School Research Paper No. 09-281.

[3] Bobak Razavi. Harmonizing Antitrust Exmption Law: A Hybrid Approach To State Action And Implied Repeal, 9 J. Bus. & Sec. Law. 1 2009.

[4] Christopher R. Leslie. Rationality Analysis in Antitrust, University of Pennsylvania Law Review, 2010 Jan, Vol. 158.

[5] Demsetz H. Why Regulate Utilities? , Journal of Law and Economics, Vol.11, No.1 1969.

[6] DavidS. Evan. Antitrust Issues Raised by the Emerging Global Internet economy, Northwestern University Law Review. Vol. 102, 2008.

[7] David S. Evan. The Antitrust Economics of Multi-sided Platform Markets, 20 Yale J. on Reg. 325 2003

[8] Ernst-ulrich Petersmann. Challenges to the Legitimacy and Efficiency of the World

Trading System: Democratic Governance and Competition Culture in the WTO , Journal of International Economic Law, September2004, Vol. 7.

［9］ Fred. S MeChesney. Be True to Your School: Chicago' s Contradict View of Antitrust and Regulation, 10 Cato Journal, 1991.

［10］ Spencer Weber Waller. Prosecution by Regulation: The Changing Nature of Antitrust Enforcement, 77 Oregon L. R.1392, 1998.

［11］ Goneng GOrkaynak, Derya Durlu and Margaret Hagan. Antitrust on the internet: a Comparative Assessment of Competition Law on the internet realm, Bussiness Law International 2013, Vol. 1.

［12］ George J.Sitgler, Claireir Fedland. What Can Regulators Regulate? The Case of Electricity., The Journal of Law and Economics, 1962, Vol.2.

［13］ Howard A. Shelanski. The Case for Rebalancing Antitrust and Regulation, Michigan Law Review, 2014, Vol.109.

［14］ Hedvig K. Schmidt. Civil Actions-Striking a Balance Between Public And Private Enforcement. Competition Law Insight, 2004.

［15］ Herbert Hovenkamp. Exclusion and the Sherman Act, 72 U. CHI. L. REV. 147, 2005.

［16］ JF Brodley. The Economic Goals of - Antitrust: Efficiency, Consumer Welfare, and Technological Progress, 62 N.Y.U. Law review, 1987.

［17］ James R. Ratner. Should There Be An Essential Facility Doctrine?, 21 U.C. DAVIS L. REV. , 1988.

［18］ M.D.MeCubbins, R.Noll & B.R.weingast. Administrative Procedure as Instrument of Political Control, 3 Journal of Law, Economies and Organization, 1987.

［19］ Orly Lobel. The Law of the Platform, Minnesota Law Review, 2016, San Diego Legal Studies Paper No. 16-212.

［20］Philip J. Weiser. The relationship of antitrust and regulation in a deregulatory era, The Antitrust Bulletin: No. 4, 2005, Vol. 50.

［21］Rochet. J., Tirole, J. Platform Competition in Two-sided Markets, Journal of the European Economic Association, 2003, Vol 4.

［22］Rosemary O' Loughlin. EC Competition Rules and Free Movement Rules: An Examination of the Parallels and Their furtherance by the ECJ Wouters Decision. E.C.L.R. 2003, Vol. 24(2).

［23］Richard W. Pogue. The Rationale of Exemptions from Antitrust, 19 A.B.A.A. Antitrust Section, 1961.

［24］Richard Brunell. In Regulators We Trust: The Supreme Court' s New Approach to Implied Antitrust Immunity, Antitrust Law Journal, 2012, Vol. 78, No. 2.

［25］Spencer Weber Waller. Prosecution by Regulation: The Changing Nature of Antitrust Enforcement, Oregon L.R., 1998, Vol.77.

［26］WarranPengilley.AccesstoEssentialFacilities: AnUnique Antitrust Experiment inAustralia, AntitrustBulletin, 1998, Vol 43.

［27］Zhenguo Wu, Perspectives on the Chinese Anti-Monopoly Law, Antitrust Law Journal, 2012, Vol.75.